DuMont's Kriminal-Bibliothek

John Dickson Carr (1906–1977) wurde als Sohn schottischer Eltern in Uniontown, Pennsylvania, geboren. In seinen über 80 Romanen nimmt Carr die Tradition seiner großen Vorbilder Conan Doyle und G. K. Chesterton anspielungsreich auf. Wie in »Der Tod im Hexenwinkel« und »Der Tote im Tower» (DuMont's Kriminal-Bibliothek, Band 1002 und 1014) löst der beleibte und biertrinkende Privatgelehrte Dr. Gideon Fell geistreich und scharfsinnig einen geheimnisvollen Mordfall.

Von John Dickson Carr ist außerdem in der DuMont's Kriminal-Bibliothek erschienen: »Die Schädelburg« (Band 1027), »Fünf tödliche Schachteln« (Band 1034) und »Der verschlossene Raum« (Band 1042).

Herausgegeben von Volker Neuhaus

John Dickson Carr

Die schottische Selbstmord-Serie

DUMONT

Umschlagmotiv von Pellegrino Ritter
Aus dem Amerikanischen von Hans Bangerter

4. Auflage 1995

Die der Übersetzung zugrundeliegende englischsprachige Originalausgabe erschien 1941 unter dem Titel »The Case of the Constant Suicides« bei Hamish Hamilton Ltd., London
Satz: Froitzheim Satzbetriebe, Bonn
Druck und buchbinderische Verarbeitung:
Clausen & Bosse GmbH, Leck

Printed in Germany ISBN 3-7701-2031-0

Inhalt

Kapitel 1

Das Mädchen im Abteil

Der Neunuhrfünfzehn nach Glasgow verließ Euston an diesem Abend mit einer halben Stunde Verspätung: Vierzig Minuten zuvor hatte es einen Fliegeralarm gegeben.

Als die Sirenen aufheulten, wurden sogar die schummrigen blauen Lampen entlang des Bahnsteigs gelöscht.

Eine drängelnde, rempelnde und fluchende Menschenmenge – größtenteils in Khakianzügen – schob sich über den Bahnsteig. Schienbeine und Knöchel stießen sich an allerlei militärischen Ausrüstungsgegenständen und Gepäckstücken; das eiserne Gehuste der Lokomotiven war ohrenbetäubend. Durch dieses Chaos tappte verloren ein junger Professor für Geschichte, der sein Schlafwagenabteil im Zug nach Glasgow suchte.

Nicht, daß es Grund zur Beunruhigung gegeben hätte. Man schrieb erst den ersten September, und die schwere Bombardierung Londons hatte noch nicht begonnen. Wir waren in jenen Tagen noch sehr jung. Ein Fliegeralarm war nichts als eine Unannehmlichkeit – mit vielleicht einem einzelnen Bomber, der irgendwo vorbeibrummte; Sperrfeuer gab es keins.

Aber der Professor für Geschichte Alan Campbell (M. A., Oxford; Ph. D., Harvard) wühlte sich mit unakademischer Hast vorwärts. Die Schlafwagen erster Klasse schienen sich ganz an der Spitze des langen Zuges zu befinden. Er sah einen schwerbeladenen Gepäckträger, der an der offenen Tür eines Waggons Zündhölzer anstrich und Namen beleuchtete, die auf einer Tafel neben den Abteilnummern geschrieben standen.

Alan Campbell strich nun seinerseits ein Zündholz an und stellte fest, daß der Zug voll war; sein eigener Name war beim Abteil Nummer vier aufgeführt.

Er stieg ein. Schwach beleuchtete Nummernschildchen über jeder Abteiltür im Gang wiesen ihm den Weg. Als er endlich die Tür seines Abteils öffnete, fühlte er sich deutlich besser. Dies, dachte er, war – was den Komfort betraf – wirklich erste Klasse.

Das Abteil war eine winzige, grünlackierte Kammer aus Metall und enthielt ein Bett, ein vernickeltes Waschbecken und einen großen Spiegel an der Tür zum Nachbarabteil. Die Verdunkelung bestand aus einem Rolladen, der das Fenster dicht abschloß. Im Abteil war es überaus heiß und stickig, doch entdeckte Alan über dem Bett einen Ventilator aus Metall, den man so verstellen konnte, daß er Außenluft einließ.

Alan schob seinen Koffer unter das Bett und setzte sich, um zu Atem zu kommen. Sein Lesestoff, ein Taschenbuchroman und eine Ausgabe des *Sunday Watchman,* lag neben ihm. Er warf einen Blick in die Zeitung, und ihm lief die Galle über.

»Soll er doch in der tiefsten Hölle schmoren!« sagte Alan laut, womit er den einzigen Feind meinte, den er in dieser Welt hatte. »Soll er . . .« Dann fing er sich wieder und erinnerte sich an seinen Vorsatz, seine gute Laune nicht zu verlieren. Schließlich hatte er eine Woche Urlaub; und wenn der Zweck seiner Reise genaugenommen auch zweifellos traurig war, so trug sie dennoch Feriencharakter.

Alan Campbell war ein Schotte, der noch nie in seinem Leben schottischen Boden betreten hatte. Mehr noch: er hatte England mit Ausnahme seiner Jahre im amerikanischen Cambridge und einiger Reisen auf den Kontinent nie verlassen. Er war fünfunddreißig: ein Bücherwurm, ernsthaft, aber nicht humorlos – durchaus gutaussehend, aber vielleicht schon an der Grenze zur Fülligkeit.

Seine Vorstellungen von Schottland hatte er den Romanen Sir Walter Scotts oder – wenn er in leichtfertiger Stimmung war – John Buchans entnommen. Dazu kam ein verschwommenes Gefühl, das sich aus Granit, Heidekraut und Schottenwitzen zusammensetzte – welche er eher ablehnte, wodurch er verriet, daß er im Geiste kein echter Schotte war. Jetzt würde er sich endlich selbst ein Bild machen können. Wenn nur . . .

Der Schlafwagenschaffner klopfte und streckte den Kopf herein.

»Mr. Campbell?« fragte er und zog das kleine Schild aus Elfenbeinimitat an der Tür zu Rate, auf das mit einem Stift Namen geschrieben und wieder ausgewischt werden konnten.

»Dr. Campbell«, sagte Alan nicht ohne Würde. Er war noch jung genug, um beim Gedanken an den neuen und unerwarteten Titel eine innere Erregung zu verspüren.

»Um wieviel Uhr wünschen Sie morgen geweckt zu werden, Sir?«

»Wann kommen wir denn in Glasgow an?«

»Nun, Sir, laut Fahrplan um halb sieben.«

»Dann wecken Sie mich um sechs.«

Der Mann hüstelte, was Alan richtig interpretierte. »Also, wecken Sie mich eine halbe Stunde vor der Ankunft.«

»In Ordnung, Sir. Hätten Sie morgen früh gerne Tee und Biskuits?«

»Ist es möglich, im Zug ein richtiges Frühstück zu bekommen?«

»Nein, Sir. Nur Tee und Biskuits.«

Mit seinem Magen krampfte sich auch Alans Herz zusammen. Beim Packen war er in solcher Eile gewesen, daß er kein Abendbrot zu sich genommen hatte, und jetzt spielte sein Inneres Ziehharmonika. Der Schaffner verstand seinen Blick.

»Wenn ich Sie wäre, Sir, würde ich noch schnell rausgehen und versuchen, am Buffet etwas zu kriegen.«

»Aber wir fahren doch in weniger als fünf Minuten ab!«

»Darüber würde ich mir keine Sorgen machen, Sir. So bald wird der Zug nicht fahren, wenn Sie mich fragen.«

Ja – er sollte es versuchen.

Es war ihm ausgesprochen lästig, den Zug wieder zu verlassen und sich im Dunkeln über den lauten und vollen Bahnsteig zurück bis durch die Sperre zu schieben. Als er mit einer überschwappenden Tasse Tee und ein paar trockenen Sandwiches – die mit so dünnem Schinken belegt waren, daß er schon durchsichtig war – am Buffet stand, fiel sein Blick wieder auf den *Sunday Watchman*. Und wieder kam ihm die Galle hoch.

Wie schon erwähnt, besaß Alan Campbell auf der Welt nur einen Feind – abgesehen von einem Vorfall während seiner Schulzeit, wo er bei einer Prügelei blaue Augen und blutige Nasen mit dem Jungen ausgetauscht hatte, der anschließend sein bester Freund wurde. Aber seitdem war es seines Wissens nicht mehr vorgekommen, daß er irgendwen besonders wenig mochte.

Der fragliche Mann hieß auch Campbell, war aber – wie Alan hoffte und glaubte – nicht mit ihm verwandt. Der andere Campbell hauste in einem finsteren Bau irgendwo in Harpenden, Hertfordshire. Alan hatte ihn nie zu Gesicht bekommen und wußte auch nichts Näheres über ihn. Und doch verabscheute er ihn aus ganzem Herzen.

Wie Hilaire Belloc einmal treffend bemerkte, kann es keinen hitzigeren, verbisseneren und – für den distanzierten Beobachter – amüsanteren Streit geben als den, der zwischen zwei Gelehrten über einen obskuren Gegenstand ausgefochten wird, um den sich sonst kein Mensch auf der Welt schert.

So etwas haben wir ja alle schon einmal voller Schadenfreude miterlebt. Jemand schreibt in einer seriösen Zeitung oder einer literarischen Wochenschrift, Hannibal sei bei seiner Alpenüberquerung in der Nähe des Dorfes Viginum vorbeigekommen. Es folgt die Zuschrift eines wohlbewanderten Lesers, der anmerkt, das Dorf habe Biginium, nicht Viginum, geheißen. Eine Woche später beklagt der Verfasser des Artikels milde, aber gehässig die Ignoranz seines Kritikers und bittet um die Erlaubnis, im folgenden den zweifelsfreien Beweis antreten zu dürfen, daß es sich um Viginum gehandelt habe. Der zweite Schreiber erwidert daraufhin, er bedaure, daß sich ein unnötig scharfer Ton in die Debatte eingeschlichen habe, der zweifellos daran schuld sei, daß Mr. Soundso seine Manieren vergessen habe; dessenungeachtet sei festzuhalten, daß ... Und dann gibt es kein Halten mehr. Manchmal zieht sich so eine Fehde über zwei oder gar drei Monate hin. Etwas Ähnliches hatte sich wie ein plötzlicher Gewitterregen über Alan Campbells beschauliches Leben ergossen.

Alan, die gute Seele, hatte es nicht böse gemeint. Manchmal rezensierte er historische Werke für den *Sunday Watchman,* eine Zeitung, die der *Sunday Times* oder dem *Observer* ähnelt.

Mitte Juni hatte diese Zeitung ihm ein Buch mit dem Titel *Die letzten Tage Charles' des Zweiten* geschickt, eine umfangreiche Untersuchung der politischen Ereignisse zwischen 1680 und 1685, verfaßt von K. I. Campbell (M. A., Oxford). Alans Rezension erschien am folgenden Sonntag, und sein Vergehen bestand in folgenden Worten im letzten Teil des Artikels:

Man kann nicht sagen, daß Mr. Campbells Buch das Thema in neuem Licht erscheinen ließe; es weist sogar kleinere Schwächen auf: Mr. Campbell kann doch wohl nicht ernsthaft die Meinung vertreten, daß Lord William Russell nichts von der Rye-House-Verschwörung wußte. Barbara Villiers, Lady Castlemaine, wurde 1670 zur Herzogin von Cleveland ernannt, und nicht im Jahr 1680, wie der Verfasser schreibt. Und wie kommt Mr. Campbell auf die außerordentliche Feststellung, diese Dame sei ›zierlich‹ gewesen und habe ›kastanienbraunes Haar‹ gehabt?

Alan hatte sein Manuskript freitags abgeschickt und dachte nicht weiter an die Sache. Aber neun Tage später erschien im *Watchman* ein Brief des Buchautors aus Harpenden, Hertfordshire. Er schloß mit den Worten:

Ich möchte erwähnen, daß es sich bei der Quelle für das, was Ihr Rezensent meine ›außerordentliche Feststellung‹ nennt, um Steinmann handelt, den einzigen Biographen der Dame. Falls Ihr Rezensent mit diesem Werk nicht vertraut sein sollte, würde ich ihm einen Besuch im Britischen Museum empfehlen: Das wäre sicherlich der Mühe wert.

Dies verärgerte Alan zutiefst.

Zwar muß ich mich dafür entschuldigen, die Aufmerksamkeit der Leser auf eine so triviale Angelegenheit zu lenken – so schrieb er – und Mr. Campbell für seine Freundlichkeit danken, meine Aufmerksamkeit auf ein Buch gelenkt zu haben, mit dem ich bereits vertraut war, glaube aber trotzdem, daß ein Besuch im Britischen Museum weniger ergiebig wäre als einer in der National Portrait Gallery. Dort wird Mr. Campbell ein von Lely gemaltes Bildnis dieser hübschen, machthungrigen und lebenslustigen Walküre finden. Ihr Haar ist tiefschwarz, ihre Proportionen sind stattlich. Es ist denkbar, daß ein Maler seinem Modell schmeichelt, aber es ist undenkbar, daß er aus einer Blonden eine Brünette macht oder eine Hofdame fetter abbildet, als sie tatsächlich war.

Das – so glaubte er – traf den Nagel auf den Kopf und war gleichzeitig recht vernichtend. Aber die Schlange aus Harpenden fing nun an, unter die Gürtellinie zu beißen. Nach der Erörterung einiger bekannter Porträts schloß die Replik seines Widersachers folgendermaßen:

Ihr Rezensent hat – beiläufig erwähnt – die Güte, diese Dame als machthungrige und lebenslustige Walküre zu bezeichnen. Aus welchem Grund? Die Bezeichnung scheint andeuten zu wollen, daß sie energisch war und gern Geld ausgab. Wenn ein Mann Entsetzen und Bestürzung über diese beiden angeblichen Eigenschaften einer Frau zur Schau stellt, ist es erlaubt zu fragen, ob er jemals verheiratet war.

Jetzt ging Alan in die Luft. Es war nicht die Verunglimpfung seines historischen Wissens, die ihn so sehr traf, sondern die

Unterstellung, daß er nichts von Frauen verstünde – was allerdings unleugbar der Wahrheit entsprach.

K. I. Campbell, dachte er, hatte unrecht, war sich dessen bewußt und versuchte jetzt wie üblich, die Sache mit Ablenkungsmanövern zu vernebeln. Alans Erwiderung fiel um so ätzender aus, zumal sich inzwischen andere Leser in die Kontroverse eingemischt hatten.

Die Leserbriefe stapelten sich. Ein Major schrieb aus Cheltenham, seine Familie sei seit Generationen im Besitz eines Gemäldes, das angeblich die Herzogin von Cleveland darstelle und auf welchem ihr Haar als mittelbraun erkennbar sei. Ein Gelehrter aus dem renommierten Athenäum-Club verlangte von den Kontrahenten, sie sollten ihre Begriffe definieren, insbesondere die Bedeutung von ›stattlich‹ in bezug auf ›Proportionen‹, und zwar differenziert nach den verschiedenen Körperteilen und bezogen auf den heutigen Standard.

»Heiliger Strohsack«, sagte der Herausgeber des *Sunday Watchman,* »was Besseres haben wir seit Nelsons Glasauge nicht mehr erlebt. Sie sollen weitermachen.«

Der Streit setzte sich den ganzen Juli und August hindurch fort. Der unglücklichen Geliebten Charles' des Zweiten wurde fast so viel traurige Berühmtheit zuteil wie zu Zeiten Samuel Pepys'. Die Diskussion über ihre Anatomie ging ziemlich ins Detail. An der Kontroverse beteiligte sich – ohne zu ihrer Klärung beizutragen – auch ein Gelehrter namens Dr. Gideon Fell, der ein hämisches Vergnügen daran zu finden schien, die zwei Campbells zu verwechseln und alle Welt mit seinen Beiträgen zu verwirren.

Schließlich machte der Herausgeber selbst der Sache ein Ende. Zum einen hatte die Diskussion der anatomischen Einzelheiten nun die Schwelle des Geschmacklosen erreicht, und zum anderen waren die Teilnehmer des Disputes inzwischen selbst so verwirrt, daß niemand mehr wußte, wer nun eigentlich wen was schimpfte.

Aber Alan hegte weiterhin den dringenden Wunsch, K. I. Campbell in Öl zu sieden. Dieser K. I. Campbell war jede Woche wie ein Scharfschütze aus dem Hinterhalt aufgetaucht und hatte auf Alan seine Spitzen abgefeuert. Langsam begann Alan der unbestimmt-eindeutige Ruf eines Menschen anzuhaften, der sich ungalant benimmt – eines Menschen, der eine tote Dame verleumdet hat und dem deshalb auch sicherlich jederzeit zuzutrauen ist, eine lebende Dame zu verleumden. K. I. Campbells letzter Brief enthielt eine deutliche Anspielung in diese Richtung.

Alans Kollegen von der Fakultät machten ihre Witze darüber, und auch seine Studenten hatte er im Verdacht, daß sie sich über den Disput amüsierten. ›Wüstling‹ war ein Begriff, der fiel, ›Denunziant‹ ein anderer.

Er hatte ein dankbares Stoßgebet zum Himmel geschickt, als die Debatte endlich vorüber war. Aber selbst jetzt, als Alan in der dunstigen Luft des Bahnhofsbuffets seinen halbverschütteten Tee schlürfte und trockene Sandwiches aß, verkrampfte er sich unwillkürlich, als er den *Sunday Watchman* durchblätterte. Er fürchtete, sein Auge könnte auf eine Anmerkung zur Herzogin von Cleveland fallen und daß sich K. I. Campbell wieder in die Spalten geschlichen hätte.

Nein. Nichts. Nun, das war wenigstens ein gutes Omen für den Beginn seiner Reise.

Die Zeiger der Uhr über dem Buffet standen auf zwanzig Minuten vor zehn. Erschrocken erinnerte sich Alan plötzlich an seinen Zug. Er kippte den Tee hinunter – immer wenn man es eilig hat, scheint es sich plötzlich um einen Liter kochendheiße Flüssigkeit zu handeln – und eilte hinaus auf den verdunkelten Bahnsteig. Wieder kostete es ihn einige Minuten, bis er an der Sperre seine Fahrkarte gefunden hatte – nachdem er in allen Taschen gesucht hatte, tauchte sie schließlich in der Tasche auf, in der er zuerst nachgeschaut hatte. Er wühlte sich durch Menschentrauben und Gepäckkarren, fand nach einigen Schwierigkeiten den richtigen Bahnsteig und kam schließlich gerade noch rechtzeitig zu seinem Waggon, als bereits die Türen des Zuges zugeschlagen wurden und ein Pfiff ertönte.

Gemächlich rollte der Zug aus der Bahnhofshalle.

Also, auf ging's ins große Abenteuer. Alan, wieder ganz mit dem Leben versöhnt, stand im schummrigen Gang des Waggons und holte Atem. Einige Worte aus dem Brief, den er aus Schottland bekommen hatte, geisterten ihm durch den Kopf: Burg Shira, Inveraray, am Loch Fyne. Er genoß den melodischen, zauberhaften Klang dieser Worte. Dann ging er zu seinem Abteil, stieß die Tür auf und blieb wie angewurzelt stehen.

Auf dem Bett lag ein offener Koffer – und es war nicht sein Koffer. Er enthielt Damenbekleidungsstücke. Eine junge braunhaarige Frau von sieben- oder achtundzwanzig Jahren stand darüber gebeugt und kramte in ihm herum. Von der aufgestoßenen Tür war sie fast umgeworfen worden; jetzt richtete sie sich auf und starrte Alan an.

Alan pfiff unhörbar durch die Zähne.

Sein erster Gedanke war, daß er wohl das falsche Abteil oder den falschen Waggon erwischt haben mußte. Aber ein schneller Blick auf die Tür beruhigte ihn. Auf dem Schildchen aus Elfenbeinimitat stand mit Bleistift sein Name: Campbell.

»Verzeihen Sie«, sagte er, »haben Sie sich – äh – nicht geirrt?«

»Nein, das glaube ich nicht«, antwortete die Frau, während sie sich den Arm rieb und ihn mit wachsender Reserviertheit anstarrte.

Aber selbst jetzt noch fiel ihm auf, wie attraktiv sie war, obwohl sie nur wenig Puder und Lippenstift aufgetragen hatte und ihr rundes Gesicht Entschlossenheit und Strenge ausstrahlte. Sie war etwa einen Meter sechzig groß und hatte eine erfreuliche Figur. Sie hatte blaue Augen, die ziemlich weit auseinanderstanden, eine schöne Stirn und volle Lippen, die sie jetzt fest zusammenzupressen versuchte. Jacke und Rock waren aus Tweed; dazu trug sie einen Pullover, braune Strümpfe und flache Schuhe.

»Aber«, stellte er fest, »dies ist Abteil Nummer vier.«

»Ja. Das weiß ich.«

»Madam, was ich sagen will, ist, daß es sich um mein Abteil handelt. Mein Name ist Campbell. Er steht hier an der Tür.«

»Und mein Name«, gab die junge Frau zurück, »ist zufällig auch Campbell. Und ich muß darauf bestehen, daß es m e i n Abteil ist. Hätten Sie jetzt bitte die Freundlichkeit, sich zu entfernen?« Sie zeigte auf den Koffer.

Alan schaute ihn an, wandte seinen Blick ab und sah dann direkt noch einmal hin. Schwankend rumpelte der Zug über ein paar Weichen; er gewann an Geschwindigkeit. Alan hatte Mühe, die Bedeutung der Worte zu fassen, die in winzigen weißen Buchstaben auf der Seite des Koffers geschrieben standen: *K. I. Campbell, Harpenden.*

Kapitel 2

Nächtlicher Zank

Nur allmählich wich Alans Ungläubigkeit einer ganz anderen Empfindung.

Er räusperte sich. »Darf ich fragen«, sagte er streng, »was die Initialen ›K. I.‹ bedeuten?«

»Kathryn Irene natürlich, meine Vornamen. Aber würden Sie jetzt bitte –?«

»Aha!« sagte Alan. Er hielt die Zeitung hoch. »Darf ich ferner fragen, ob Sie sich kürzlich an einem schändlichen Streit im *Sunday Watchman* beteiligt haben?«

Miss K. I. Campbell legte sich eine Hand an die Stirn, als wollte sie ihre Augen schützen. Mit der anderen Hand stützte sie sich am Waschbecken ab. Der Zug ratterte und schaukelte. Ein plötzlicher Verdacht, aus dem schnell Gewißheit wurde, war aus ihren blauen Augen zu lesen.

»Ja«, sagte Alan. »Ich bin A. D. Campbell vom University College, Highgate.«

Sein Auftreten wirkte so stolz und finster, als würde er sagen: ›Und ich, Sachse, bin Roderick Dhu.‹ Als er drohend seinen Kopf senkte, die Zeitung aufs Bett warf und seine Arme verschränkte, kam ihm der Gedanke, daß sein Betragen etwas Lächerliches hatte. Aber das Mädchen faßte es ganz und gar nicht so auf.

»Sie Ungeheuer! Sie hinterhältige Schlange! Sie Wurm!« schrie sie aufgebracht.

»In Anbetracht der Tatsache, Madam, daß ich noch nicht die Ehre hatte, Ihnen förmlich vorgestellt zu werden, unterstellen diese Bezeichnungen einen Grad an Vertrautheit, den . . .«

»Unsinn«, entgegnete K. I. Campbell. »Sie sind mein Vetter dritten Grades. Aber Sie haben ja gar keinen Bart!«

Instinktiv faßte sich Alan ans Kinn. »Gewiß habe ich keinen Bart. Wie kommen Sie zu der Annahme, ich könnte einen haben?«

»Das dachten wir alle. Wir dachten, Sie hätten so einen langen Bart«, rief das Mädchen und hielt die Hand etwa in Höhe der Taille. »Und eine große Brille mit dicken Gläsern. Und daß Sie eine oberlehrerhafte, gehässige und höhnische Art zu reden hätten. Die haben Sie übrigens tatsächlich. Und jetzt kommen Sie auch noch hier hereingestürmt und stoßen mich um ...« Mit einiger Verspätung rieb sie sich wieder den Arm. »Von allen gemeinen, zynischen, herablassenden Buchrezensionen, die jemals geschrieben wurden, ist Ihre die ...«

»Sehen Sie, Madam, hier fehlt es Ihnen einfach am nötigen Verständnis. Es war meine Pflicht als professioneller Historiker, auf bestimmte Fehler hinzuweisen, eklatante Fehler ...«

»Fehler!« sagte das Mädchen. »Und auch noch eklatante Fehler – was Sie nicht sagen!«

»So ist es. Ich denke dabei nicht an diese triviale und bedeutungslose Sache mit der Haarfarbe der Herzogin von Cleveland. Ich denke an viel gewichtigere Punkte. Sie wollen meine Offenheit entschuldigen, aber über Ihre Behandlung der Wahlen von 1680 lachen ja die Hühner. Ihre Behandlung der Rolle von Lord William Russell war geradezu unredlich. Ich will gar nicht behaupten, daß er so ein großer Schuft war wie Shaftesbury, Ihr Held. Er war bloß ein Schafskopf ›von‹, wie es beim Prozeß formuliert wurde, ›unvollkommenem Verstand‹; bemitleidenswert, wenn Sie so wollen, aber man kann ihn keineswegs als etwas anderes ansehen als das, was er nun einmal war: ein Verräter.«

»Ach«, sagte K. I. Campbell wütend. »Sie sind nichts als ein verbiesterter Tory, ein gräßlicher Konservativer.«

»Als Erwiderung zitiere ich keine geringere Autorität auf dem Gebiet als Dr. Johnson. ›Madam, meiner Auffassung zufolge sind Sie eine schändliche Vertreterin der Whigs, eine abscheuliche Liberale.‹«

Sie standen sich gegenüber und starrten einander an.

Wohlgemerkt, Alan redete normalerweise nicht so. Aber er war so wütend und auf seine Würde bedacht, daß er Edmund Burke persönlich eine Abreibung hätte verpassen können.

»Wer sind Sie denn nun eigentlich?« fragte er nach einer Pause in normalerem Tonfall.

Dies hatte die Wirkung, daß Kathryn Campbell ihrerseits einen Angriff auf ihre Würde witterte. Sie preßte ihre Lippen zusammen und reckte sich zur ganzen majestätischen Größe ihrer einssechzig auf.

»Wenn ich auch keinerlei Verpflichtung anerkenne, diese Frage zu beantworten«, erwiderte sie und setzte sich eine Perlmuttbrille auf die Nase, mit der sie nur noch hübscher aussah, »so kann ich Ihnen doch mitteilen, daß ich ein Mitglied des historischen Seminars am Harpenden College für Frauen bin ...«

»Ach.«

»Jawohl. Und ich bin genauso gut, ja noch besser in der Lage als so mancher Mann, mich mit der fraglichen Periode zu befassen. Würden Sie jetzt bitte so liebenswürdig sein, mein Abteil zu verlassen?«

»Der Teufel soll mich holen, wenn ich das tue. Es ist nicht Ihr Abteil!«

»Ich sage, es ist mein Abteil.«

»Und ich sage, es ist nicht Ihr Abteil.«

»Wenn Sie hier nicht sofort verschwinden, Dr. Campbell, läute ich nach dem Schaffner.«

»Bitte sehr. Wenn Sie nicht läuten, tu' ich es selbst.«

Der Schaffner, den ein zweifaches Läuten – beide Campbells hatten nach ihm verlangt – herbeigerufen hatte, fand sich zwei würdevollen, aber vor Erregung schnatternden Akademikern gegenüber, die darauf brannten, ihre Geschichten zu erzählen.

»Tut mir leid, Ma'am«, sagte er und sah verstört in seiner Liste nach. »Tut mir leid, Sir. Aber da muß irgendwo ein Irrtum passiert sein. Ich habe hier nur einen Campbell, und es steht nicht einmal ›Miss‹ oder ›Mr.‹ dabei. Ich weiß nicht, was ich dazu sagen soll.«

Alan gab sich einen Ruck. »Ist schon gut. Für nichts in der Welt«, erklärte er herablassend, »würde ich dieser Dame ihr unrechtmäßig erworbenes Bett streitig machen wollen. Bringen Sie mich in ein anderes Abteil.«

Kathryn knirschte mit den Zähnen. »Das würde Ihnen wohl so passen, Dr. Campbell. Ich akzeptiere keine Privilegien, nur weil ich eine Frau bin. Schaffner, Sie begleiten mich in ein anderes Abteil.«

Der Schaffner breitete die Hände aus. »Tut mir leid, Miss. Tut mir leid, Sir. Aber das kann ich nicht. Es gibt im ganzen Zug kein freies Schlafwagenabteil mehr – nicht einmal mehr einen Sitzplatz. In der dritten Klasse stehen die Leute sogar.«

»Macht nichts«, knurrte Alan nach einer kurzen Pause. »Lassen Sie mich meine Tasche von da unten hervorholen, und dann werde ich eben die ganze Nacht im Gang stehen.«

»Ach, seien Sie doch nicht albern«, sagte die junge Frau. Ihre Stimme klang jetzt verbindlicher. »Das geht doch nicht.«

»Ich wiederhole, Madam ...«

»Die ganze Strecke nach Glasgow? Das können Sie nicht. Seien Sie doch kein Dummkopf.« Sie setzte sich auf die Bettkante. »Es gibt nur eine Möglichkeit. Wir teilen uns dieses Abteil und bleiben die ganze Nacht hier sitzen.«

Dem Schaffner fiel sichtlich ein Stein vom Herzen.

»Also, Miss, das ist sehr freundlich von Ihnen! Und ich bin sicher, daß Ihnen dieser Herr auch dankbar sein wird. Hab' ich nicht recht, Sir? Wenn's Ihnen nichts ausmacht ... Wenn wir am Ziel sind, können Sie dann sicher mit der Eisenbahngesellschaft alles regeln. Es ist doch sehr nett von der Dame, oder, Sir?«

»Nein, keineswegs. Ich weigere mich ...«

»Was ist denn los, Dr. Campbell?« fragte Kathryn honigsüß. »Haben Sie etwa Angst vor mir? Oder trauen Sie sich nur nicht, der historischen Wahrheit ins Auge zu sehen, wenn sie Ihnen präsentiert wird?«

Alan wandte sich an den Schaffner. Wenn genug Platz gewesen wäre, hätte er mit einer dramatischen Geste auf die Tür gewiesen wie ein Vater in diesen altmodischen Melodramen, der sein Kind ins Gewitter hinausschickt. Unter den gegebenen Umständen blieb ihm nur, mit der Hand gegen den Ventilator zu schlagen. Aber der Schaffner verstand ihn auch so.

»Dann ist also alles in Ordnung, Sir. Gute Nacht.« Er lächelte. »Ist doch nicht das Schlechteste, was?«

»Was meinen Sie damit?« fragte Kathryn scharf.

»Nichts, Miss. Gute Nacht. Schlafen Sie – ich meine, gute Nacht.«

Wieder standen sie da und sahen einander an. Dann setzten sie sich plötzlich gleichzeitig auf die beiden Enden des Bettes. So eifrig sie zuvor geredet hatten – jetzt, bei geschlossener Tür, waren sie beide verlegen und gehemmt.

Der Zug fuhr nun langsam – gleichmäßig und doch etwas ruckartig. Das hieß wahrscheinlich, daß irgendwo über ihnen ein Bomber flog. Die Luft strömte durch den Ventilator herein, und es war nicht mehr so heiß.

Kathryn war es schließlich, die der verlegenen, angespannten Atmosphäre ein Ende machte. Zuerst lächelte sie überheblich, dann kicherte sie, und endlich konnte sie nicht mehr an sich halten und brach in hilfloses Gelächter aus. Alan mußte schließlich mitlachen.

»Pst!« drängte sie flüsternd. »Wir stören noch die Leute im Nachbarabteil. Wir haben uns aber auch wirklich lächerlich benommen, stimmt's?«

»Das muß ich abstreiten. Allerdings ...«

Kathryn nahm die Brille ab und legte ihre glatte Stirn in Falten.

»Warum fahren Sie in den Norden, Dr. Campbell? Oder sollte ich sagen: Vetter Alan?«

»Aus demselben Grund wie Sie, nehme ich an. Ich habe einen Brief von einem Mann namens Duncan bekommen, der den beeindruckenden Titel *Writer to the Signet* trägt.«

»In Schottland«, sagte Kathryn kalt und herablassend, »bedeutet *Writer to the Signet* einfach Rechtsanwalt. Wirklich, Dr. Campbell! So eine Ignoranz! Waren Sie denn noch nie in Schottland?«

»Nein. Und Sie?«

»Na ja ... seit meiner frühen Kindheit nicht mehr. Ich mache mir aber die Mühe, auf dem laufenden zu bleiben, besonders was mein eigenes Fleisch und Blut angeht. Stand sonst noch etwas in Ihrem Brief?«

»Nur, daß der alte Angus Campbell vor einer Woche gestorben sei; daß die wenigen Familienmitglieder, die ausfindig gemacht werden konnten, informiert worden seien; und ob es mir passen würde, zu einer Familienkonferenz auf Burg Shira bei Inveraray heraufzukommen. Duncan machte zwar klar, daß es nicht um eine Erbschaft gehe, mir ist aber unklar geblieben, was er mit ›Familienkonferenz‹ meinte. Für mich war es jedenfalls eine willkommene Rechtfertigung für einen bitter nötigen Urlaub.«

Kathryn rümpfte die Nase. »Also wirklich, Dr. Campbell! Ihr eigenes Fleisch und Blut!«

In Alan stieg wieder der Zorn hoch. »Ach, kommen Sie! Ich hatte vorher noch nicht einmal von Angus Campbell gehört. Ich habe komplizierte genealogische Nachforschungen angestellt und herausgefunden, daß er ein Vetter meines Vaters war. Aber ich habe ihn nie kennengelernt, und auch niemanden aus seiner Umgebung. Sie vielleicht?«

»Nun ...«

»Ich hatte nicht einmal etwas von Burg Shira gehört. Wie kommen wir dort übrigens hin?«

»In Glasgow nimmt man den Zug nach Gourock. Von Gourock fährt man mit dem Schiff hinüber nach Dunoon. In Dunoon mietet man sich einen Wagen und fährt um den Loch Fyne nach Inveraray. Früher konnte man Inveraray von Dunoon aus über das Wasser erreichen, aber seitdem Krieg ist, haben sie diese Dampferlinie eingestellt.«

»Und wo liegt das alles? In den Highlands oder den Lowlands?«

Diesmal war Kathryns Blick vernichtend.

Alan wollte bei der Sache nicht nachhaken. In seiner vagen Vorstellung unterschied man die Lowlands von den Highlands, indem man eine Linie quer durch eine Landkarte von Schottland zog; die Highlands waren der obere Teil und die Lowlands der untere – und damit fertig. Aber irgendwie merkte er jetzt, daß es wohl doch nicht ganz so einfach war.

»Also wirklich, Dr. Campbell! Es liegt natürlich in den Western Highlands.«

»Diese Burg Shira«, ließ Alan – ohne große Begeisterung – seine Phantasie weiter schweifen, »ist wohl so eine Art Gutshof mit Wassergraben?«

»In Schottland«, sagte Kathryn, »kann eine Burg alles Mögliche sein. Nein, sie ist nicht so groß wie die Burg des Herzogs von Argyll. Wenigstens macht sie auf Photographien nicht den Eindruck. Sie steht am Taleingang von Glen Shira, ein Stück außerhalb von Inveraray und direkt am Ufer des Loch. Es ist ein ziemlich verkommen aussehendes Steingebäude mit einem hohen Turm. Aber die Burg hat eine Geschichte. Sie als Historiker wissen natürlich nichts darüber. Dabei wird die ganze Sache dadurch so interessant ... durch die Umstände von Angus Campbells Tod.«

»So? Wie starb er denn?«

»Er beging Selbstmord«, erwiderte Kathryn ruhig, »... oder er wurde ermordet.«

Das Taschenbuch, das Alan dabei hatte, war ein Kriminalroman. Solche Sachen las er nicht oft, aber manchmal betrachtete er es als eine Art Pflicht, um sich zu entspannen. Er starrte zuerst auf das Buch und dann in Kathryns Gesicht.

»Er wurde . . . was?« Alan japste fast.

»Ermordet. Natürlich haben Sie auch davon noch nichts gehört? Ach du liebe Güte! Angus Campbell sprang aus einem Fenster ganz oben im Turm – oder er wurde hinuntergeworfen.«

Alan dachte angestrengt nach. »Aber gab es denn keine richterliche Untersuchung?«

»In Schottland gibt es keine richterlichen Untersuchungen. Bei einem unklaren Todesfall wird unter der Leitung eines *Procurator Fiscal* eine öffentliche ›Anhörung‹ abgehalten. Aber wenn sie glauben, daß es Mord ist, gibt es erst gar keine öffentliche Anhörung. Deshalb habe ich die ganze letzte Woche den Glasgower *Herald* durchgesehen, aber keinen Bericht über eine Anhörung gefunden. Das will andererseits natürlich nicht unbedingt etwas heißen.«

Es war jetzt fast kühl im Abteil. Alan hob die Hand und verstellte die Düse des Ventilators, die neben seinem Ohr zischte. Dann wühlte er in seiner Tasche.

»Zigarette?« Er hatte ein Päckchen gefunden.

»Danke. Ich wußte nicht, daß Sie rauchen. Ich dachte, Sie würden Schnupftabak nehmen.«

»Und wie«, fragte Alan streng, »sind Sie auf die Idee gekommen, ich könnte Schnupftabak nehmen?«

»Sie haben immer kleine Bröckchen davon in Ihrem Bart gehabt«, erklärte Kathryn und zeigte alle Anzeichen starken Ekels. »Und überall haben Sie welche fallen lassen und Flecken gemacht. Es war grauenhaft – dieses großbusige Flittchen!«

»Großbusiges Flittchen? Wer?«

»Die Herzogin von Cleveland.«

Er riß verständnislos die Augen auf. »Aber Miss Campbell, ich dachte, Sie seien die ganz besondere Verteidigerin dieser Dame. Fast zweieinhalb Monate lang haben Sie meinen Charakter verunglimpft, nur weil ich angeblich i h r e n verunglimpft habe.«

»Nun ja. Sie schienen sie auf dem Kieker zu haben. Da mußte ich ja wohl die Gegenposition einnehmen, oder?«

Er starrte sie an. »Und das«, sagte er und schlug sich aufs Knie, »das ist also intellektuelle Redlichkeit!«

»Nennen Sie es vielleicht intellektuelle Redlichkeit, wenn Sie ein Buch in voller Absicht nur deshalb verhöhnen und in den Schmutz ziehen, weil Sie wissen, daß es von einer Frau geschrieben worden ist?«

»Aber ich wußte gar nicht, daß es von einer Frau geschrieben worden war. Schließlich habe ich mich doch immer ausdrücklich auf einen ›Mr. Campbell‹ bezogen –«

»Das war nur ein Ablenkungsmanöver.«

»Schauen Sie«, fuhr Alan fort, während er mit leicht zittriger Hand erst ihre und dann seine Zigarette anzündete, »wir wollen das klarstellen. Ich habe nichts gegen weibliche Akademiker. Im Gegenteil! Einige der großartigsten Forscher, die ich kenne, sind Frauen.«

»Wie gönnerhaft er das sagt!«

»Die Sache ist einfach die, Miss Campbell, daß es auf meine Rezension keinen Einfluß hatte, ob das Buch von einem Mann oder einer Frau geschrieben wurde. Fehler sind Fehler – egal, wer sie macht.«

»Ach ja?«

»Jawohl. Und würden Sie mir im Interesse der Wahrheit jetzt bitte eingestehen, ganz privat und nur unter uns, daß Sie vollkommen falsch damit lagen, daß die Herzogin von Cleveland schmal gebaut gewesen sei und kastanienbraunes Haar gehabt hätte?«

»Ich denke gar nicht daran!« rief Kathryn, setzte ihre Brille wieder auf und machte ein unerbittliches Gesicht.

»So hören Sie doch!« sagte er verzweifelt. »Bedenken Sie die eindeutige Faktenlage! Ich möchte zum Beispiel einen Umstand anführen, den ich in der Zeitung wohl kaum erwähnen konnte. Ich meine Pepys' Geschichte ...«

Kathryn schien schockiert zu sein. »Ach, kommen Sie, Dr. Campbell! Sie, der Sie ein seriöser Historiker zu sein vorgeben, klammern sich an eine Geschichte, die Pepys aus dritter Hand von seinem Friseur gehört hat?«

»Nein, nein, nein, Madam. Sie zielen immer haarscharf an der Sache vorbei. Es geht gar nicht darum, ob die Geschichte wahr oder apokryph ist. Es geht darum, daß Pepys, der die Dame so oft selbst gesehen hat, die Geschichte glauben konnte. Schön! Er schreibt also, daß Charles der Zweite und die Herzogin von Cleveland – damals noch Lady Castlemaine – sich gegenseitig wogen, und sie, damals schwanger, war schwerer. Wenn wir uns daran erinnern, daß Charles zwar hager, aber über einsachtzig groß und muskulös war, folgt daraus, daß die Lady eine recht stattliche Walküre gewesen sein muß. Ferner gibt es den Bericht über ihre Eheposse mit Frances Stewart, bei der sie die Rolle des

Bräutigams spielte. Frances Stewart war selbst kein Fliegengewicht, und man muß doch wohl annehmen, daß die Rolle des Bräutigams von der fülligeren und schwereren der beiden Frauen gespielt wurde!«

»Eine sehr indirekte Beweisführung.«

»Eine Beweisführung, die, wie ich betone, durch Fakten abgesichert ist. Schauen wir uns Reresbys Bemerkung an . . .«

»Steinmann sagt . . .«

»Reresby läßt keinen Zweifel . . .«

»He!« unterbrach sie eine aufgebrachte Stimme aus dem Nachbarabteil; mehrere Schläge an die Metalltür folgten.

Beide Disputanten verstummten sofort. Lange Zeit herrschte eine schuldbewußte Stille – die nur vom Rattern der Räder untermalt wurde.

»Machen wir das Licht aus«, flüsterte Kathryn, »und den Rolladen hoch. Mal sehen, was draußen los ist.«

»In Ordnung.«

Das Knipsgeräusch des Lichtschalters schien den gestörten Insassen des Nachbarabteils zu besänftigen.

Alan stieß im Dunkeln Kathryns Koffer beiseite und schob die Rollade aus Metall auf.

Sie jagten durch eine tote Welt. Alles war stockdunkel, nur ein Netz aus Suchscheinwerfern tastete den purpurnen Horizont ab. Die Ranken der Wunderbohnen im Märchen konnten nicht höher hinaufgereicht haben als diese weißen Strahlen. Wie Tänzer pendelten die leuchtenden Balken gemeinsam hin und her. Außer den ratternden Rädern war nichts zu hören: nicht einmal das hustende, dröhnende Wespenbrummen eines angreifenden Bombers.

»Glauben Sie, daß einer dem Zug folgt?«

»Ich weiß es nicht.«

Plötzlich wurde sich Alan Campbell – nervös und doch auch ein bißchen erleichtert – der Intimität der Situation bewußt. Dicht ans Fenster gedrängt standen sie beieinander. Die zwei Zigarettenenden wurden als pulsierende, mal stärker und mal schwächer leuchtende Punkte von der Scheibe reflektiert. Alan konnte verschwommen Kathryns Gesicht sehen.

Wieder überkam sie eine heftige Verlegenheit. Beide fingen gleichzeitig an zu flüstern.

»Die Herzogin von Cleveland . . .«

»Lord William Russell ...«
Der Zug donnerte weiter.

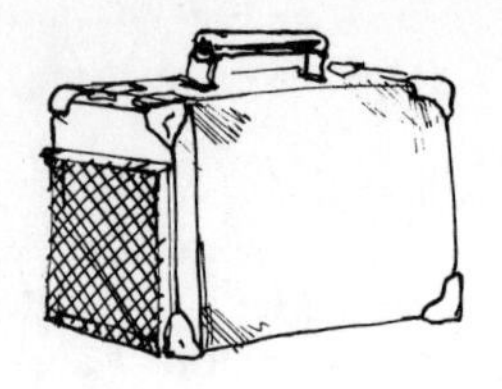

Kapitel 3

Der Fahrer des blauen Wagens

Um drei Uhr am nächsten Nachmittag – es war ein milder Tag, und Schottland zeigte sich von seiner schönsten Seite – gingen Kathryn und Alan Campbell die Steigung der einzigen Hauptstraße von Dunoon, Argyllshire, hinauf. Ihr Zug, der fahrplanmäßig morgens um halb sieben in Glasgow hätte ankommen sollen, hatte erst um ein Uhr mittags sein Ziel erreicht. Bis dahin hatten sie zwar einen Bärenhunger, aber noch kein Mittagessen bekommen.

Ein umgänglicher Gepäckträger hatte den beiden Campbells in gerade noch verständlichem Englisch mitgeteilt, daß der Zug nach Gourock in fünf Minuten abführe. Also hatten sie sich beeilt, diesen zu besteigen, und wurden mit knurrendem Magen am Clyde entlang zur Küste gefahren.

Es war ein ziemlicher Schock für Alan gewesen, als er am Morgen ungekämmt, nicht rasiert und in die Kissen eines Schlafwagenabteils gelehnt, aufgewacht war und entdeckte, daß sich an seine Schulter ein gutaussehendes, schlafendes Mädchen lehnte.

Aber nachdem er sich wieder etwas gesammelt hatte, kam er zu dem Schluß, daß ihm die Situation gefiel. Ein Hauch von Abenteuerlust stahl sich in sein langweiliges Leben und berauschte ihn. Wenn man seine Befangenheit loswerden will, kann eine mit einem Mädchen verbrachte Nacht Wunder wirken, auch wenn sie platonisch verlief. Alan war erstaunt und etwas enttäuscht, als er aus dem Fenster blickte und feststellte, daß die Landschaft der englischen immer noch sehr ähnelte; es gab weder Granitklippen noch Heide. Er hätte nämlich gerne einen Anlaß gehabt, Burns zu zitieren.

Unsere zwei Unschuldslämmer wuschen sich, während sie gleichzeitig – durch eine geschlossene Tür und das Rauschen des Wasserhahns übertönend – eine ernsthafte Debatte über die Finanzsanierungspolitik des Grafen von Danby im Jahr 1679 führten. Sogar im Zug nach Gourock gelang es ihnen noch, ihren

Hunger zu verbergen. Aber als sie dann an Bord des gedrungenen Dampfbootes mit den braunen Schornsteinen, das sie über die Bucht nach Dunoon trug, entdeckten, daß man auf dem Unterdeck Essen bekommen konnte, stürzten sie sich schweigend und gierig auf schottische Suppe und Lammbraten.

Dunoons weiße und graue Häuser mit ihren dunklen Dächern standen entlang des stahlgrauen Wassers im Schutz der niedrigen, purpurnen Hügel. Der Anblick erinnerte frappierend an all die schlechten schottischen Landschaftsbilder, die in so vielen Wohnzimmern hängen: Es fehlte lediglich der Hirsch, der normalerweise zu sehen ist.

»Ich verstehe jetzt«, verkündete Alan, »warum es so viele von diesen Schmierereien gibt. Ein schlechter Maler kann Schottland einfach nicht widerstehen. Es gibt ihm die Gelegenheit, seine Purpurrots und Gelbs auf der Leinwand zu verteilen und sie mit Wasser zu kontrastieren.«

»Was für ein Unsinn«, meinte Kathryn. Außerdem drohte sie – während der Dampfer sanft beidrehte und seitlich am Pier anlegte –, daß sie verrückt werde, wenn er jetzt nicht aufhöre, *Loch Lomond* zu pfeifen.

Sie ließen ihre Koffer am Pier, überquerten die Straße und suchten ein vereinsamtes Fremdenverkehrsbüro auf, wo sie sich nach einem Wagen erkundigten, der sie nach Shira bringen könnte.

»Soso, Shira«, bemerkte der melancholisch dreinschauende Angestellte, der wie ein Engländer redete. »Scheint ja plötzlich sehr beliebt zu werden.« Er warf ihnen einen seltsamen Blick zu, an den sich Alan später noch erinnern sollte. »Es fährt heute nachmittag noch jemand nach Shira. Wenn Sie den Wagen mit ihm teilen wollen – das würde Sie weniger kosten.«

»Zum Teufel mit den Kosten«, sagte Alan. Es waren seine ersten Worte in Dunoon; daß die Reklameplakate nicht von den Wänden fielen, war alles. »Na ja, wir wollen nicht den Eindruck erwecken, hochnäsig zu sein. Auch ein Campbell, nehme ich an?«

»Nein«, sagte der Angestellte, wobei er einen Blick auf seinen Notizblock warf. »Dieser Herr heißt Swan. Charles E. Swan. Es ist noch keine fünf Minuten her, daß er hier war.«

»Nie von ihm gehört.« Alan sah Kathryn an. »Das ist nicht zufällig der Erbe des Anwesens?«

»Unsinn!« sagte Kathryn. »Der Erbe ist Dr. Colin Campbell, Angus' jüngerer Bruder.«

Der Angestellte schaute noch eigenartiger drein. »Ja, wir haben ihn gestern hingefahren. Ein sehr ... positiver Mensch. Also, Sir, wollen Sie in Mr. Swans Wagen mitfahren oder sich einen eigenen mieten?«

Kathryn mischte sich ein. »Wir fahren natürlich bei Mr. Swan mit, wenn es ihm nichts ausmacht. Also wirklich! Gutes Geld zum Fenster hinauszuwerfen! Wann ist es soweit?«

»Um halb vier. Kommen Sie in ungefähr einer halben Stunde wieder, und der Wagen wird bereitstehen. Guten Tag, Madam. Guten Tag, Sir. Danke.«

Zufrieden schlenderten sie in den milden Sonnenschein hinaus und an Schaufenstern vorbei die Hauptstraße hinauf. Es schien sich hauptsächlich um Andenkenläden zu handeln, und man wurde geradezu geblendet angesichts der Vielfalt der Gegenstände in Schottenmustern: Krawatten, Schals, Bucheinbände und Puppenkleidung aus Schottenstoff; zudem gab es mit Schottenmustern bedruckte Teegeschirre und Aschenbecher. Am häufigsten sah man das Royal-Stewart-Muster, dessen Farben die intensivsten waren.

Alan wurde von einer Kauflust befallen, gegen die sich selbst der sturste Reisende manchmal nicht wehren kann. Kathryn gelang es, ihn vor überstürzten Käufen abzuhalten, bis sie zu einem Kurzwarengeschäft kamen, welches ein Stück weiter oben an der Straße lag. In seinem Schaufenster waren Wappenschilder mit den Mustern der verschiedenen Clans – Campbell von Argyll, MacLeod, Gordon, MacIntosh, MacQueen – ausgestellt, die man sich an die Wand hängen konnte. Da mußte sich sogar Kathryn geschlagen geben.

»Sie sind wunderschön«, gab sie zu. »Gehen wir hinein.«

Die Ladenglocke klingelte, wurde aber wegen der Debatte, die am Ladentisch im Gang war, überhört. Hinter dem Tisch stand eine streng blickende kleine Frau mit gefalteten Händen. Davor stand ein recht großer, ledergesichtiger junger Mann Ende dreißig mit einem Sommerhut, den er auf den Hinterkopf geschoben hatte. Er war von einer riesigen Auswahl an Krawatten mit Schottenmustern umgeben.

»Sie sind sehr schön«, sagte er gerade höflich, »aber ich will etwas anderes. Ich hätte gerne eine Krawatte mit dem Muster des

MacHolster-Clans. Verstehen Sie mich denn nicht? MacHolster. M-a-c-H-o-l-s-t-e-r. MacHolster. Können Sie mir nicht das Muster des MacHolster-Clans zeigen?«

»Gibt nich' 'nen Clan MacHolster«, sagte die Besitzerin in breitem Schottisch.

»Schauen Sie«, sagte der junge Mann, lehnte sich mit einem Ellbogen auf den Ladentisch und hielt ihr einen mageren Zeigefinger vors Gesicht. »Ich bin Kanadier; aber in meinen Adern fließt schottisches Blut, und ich bin stolz darauf. Seit ich ein kleiner Junge war, hat mein Vater immer zu mir gesagt: ›Charley, wenn du mal nach Schottland kommst, wenn du jemals nach Argyllshire kommst, erkundige dich nach dem MacHolster-Clan. Wir stammen vom MacHolster-Clan ab, das hab' ich deinen Großvater oft genug sagen hören.«

»Ich bleib' dabei, es gibt nich' keinen Clan MacHolster.«

»Es m u ß aber einen Clan MacHolster geben!« flehte der junge Mann und breitete seine Arme aus. »Es wäre doch immerhin möglich, oder? Wo es doch so viele verschiedene Leute und Clans in Schottland gibt? Es k ö n n t e doch auch einen Clan MacHolster geben?«

»Es könnte auch einen Clan MacHitler geben. Gibt aber nich' keinen.«

Er war so offensichtlich niedergeschlagen und verstört, daß er der Frau leid tat.

»Nun, wie heißen Sie denn?«

»Swan. Charles E. Swan.«

Die Besitzerin hob die Augen zur Decke und dachte nach. »Swan. Das müssen die MacQueens sein.«

Mr. Swan biß sofort an. »Sie meinen, ich bin mit dem Clan der MacQueens verwandt?«

»Weiß nich'. Vielleicht. Vielleicht auch nich'. Ein paar von den Swans sind mit den MacQueens verwandt.«

»Haben Sie das Muster der MacQueens da?«

Sie zeigte ihm eine Krawatte, die zweifellos eindrucksvoll war mit ihrem leuchtenden Rot als Grundfarbe. Mr. Swan war begeistert.

»Na, das ist doch was!« verkündete er mit Inbrunst, drehte sich herum und hielt Alan die Krawatte hin. »Nicht wahr, Sir?«

»Großartig. Allerdings ein bißchen schreiend für eine Krawatte, nicht?«

»So ist es, genau das mag ich«, stimmte Mr. Swan nachdenklich zu und hielt die Krawatte auf Armeslänge von sich weg wie ein Maler, der die Perspektive überprüft. »Ja. Das ist die richtige Krawatte für mich. Ich nehme ein Dutzend.«

Die Besitzerin zuckte zusammen. »Ein Dutzend?«

»Klar. Warum nicht?«

Die Frau fühlte sich genötigt, eine Warnung auszusprechen. »Sie kosten drei Schilling sechs das Stück.«

»Ist in Ordnung. Packen Sie sie ein. Ich nehme sie.«

Als die Besitzerin geschäftig durch eine Tür nach hinten verschwand, drehte sich Swan mit vertraulicher Miene um. Aus Rücksicht auf Kathryn nahm er den Hut ab und enthüllte einen drahtigen, mahagonifarbenen Haarwust.

»Wissen Sie«, verriet er mit leiser Stimme, »ich bin schon viel in der Welt herumgekommen, aber dies ist verdammt noch mal das schrulligste Land, in das ich jemals einen Fuß gesetzt habe.«

»Tatsächlich?«

»Ja. Ich habe den Eindruck, die Leute tun hier nichts anderes, als herumzulaufen und sich gegenseitig Schottenwitze zu erzählen. Ich hab' in die Hotelbar reingeschaut, und der örtliche Alleinunterhalter hat die Leute flachgelegt – und womit? Mit Schottenwitzen. Und noch was. Ich bin erst seit ein paar Stunden in diesem Land – bin heute morgen mit dem Zug von London gekommen –, aber bei vier verschiedenen Gelegenheiten ist mir derselbe Witz erzählt worden.«

»Diese Erfahrung haben wir noch nicht gemacht.«

»Aber i c h. Kaum hört mich jemand reden, fragt er mich: ›Sie sind Amerikaner, wie?‹ Ich sage: ›Nein, Kanadier.‹ Aber das hält sie nicht auf. Sie fragen: ›Haben Sie schon von meinem Bruder Angus gehört, der so geizig ist, daß er niemandem seine Mäuse gönnt – nicht mal seiner Katze?‹« Er machte eine erwartungsvolle Pause.

Die Gesichter seiner Zuhörer blieben unbewegt.

»Verstehen Sie nicht?« fragte Swan. »Der nicht mal seiner Katze was von seinen Mäusen abgeben will. Mäuse – Geld, und Mäuse – die Tiere.«

»Die Pointe dieser Geschichte«, erwiderte Kathryn, »ist vollkommen klar, aber ...«

»Oh, ich will nicht sagen, daß sie witzig ist«, versicherte Swan hastig. »Ich will Ihnen nur sagen, wie seltsam mir das vorkommt.

Man trifft nicht oft Schwiegermütter, die nichts anderes zu tun haben, als sich die neuesten Schwiegermütterwitze zu erzählen. Es gibt keine Engländer, die sich gegenseitig erzählen, wie die Engländer immer die Pointen von Witzen verpatzen.«

»Ich wußte gar nicht«, bemerkte Alan interessiert, »daß die Engländer dafür bekannt sind.«

Swan errötete ein wenig.

»Nun ja. In Kanada und den Staaten erzählt man sich eben solche Geschichten über sie. Ist nicht böse gemeint. Sie wissen, welche Art von Witzen. ›Was kann man nicht mit Worten ausdrücken? – Einen Schwamm‹, und daraus wird dann: ›Was kann man nicht mit Worten auswringen?‹ Augenblick! Ich hab' ja gar nicht behauptet, daß d a s jetzt witzig sei. Ich wollte nur . . .«

»Lassen Sie nur«, sagte Alan. »Was ich eigentlich fragen wollte: Sind Sie der Mr. Swan, der einen Wagen gemietet hat, um heute nachmittag nach Shira zu fahren?«

Swans ledernes Gesicht mit all den Fältchen um Augen und Mund nahm einen seltsam ausweichenden Ausdruck an. Er schien sich irgendwie angegriffen zu fühlen. »Ja. Stimmt. Warum?«

»Wir wollen auch dorthin, und wir wollten fragen, ob wir bei Ihnen mitfahren könnten. Mein Name ist Campbell, Dr. Campbell. Dies ist meine Kusine, Miss Kathryn Campbell.«

Swan machte eine leichte Verbeugung. Sein Gesichtsausdruck veränderte sich wieder und strahlte nun nichts als Freundlichkeit aus.

»Aber natürlich! Ist doch vollkommen selbstverständlich. Ich nehme Sie mit dem größten Vergnügen mit«, erklärte er herzlich. Seine hellen grauen Augen blitzten. »Sie gehören wohl auch zur Familie, was?«

»Nur entfernt. Und Sie?«

Der ausweichende Ausdruck kam wieder.

»Nun, Sie kennen ja meinen Namen und wissen, daß ich mit den MacHolsters oder den MacQueens verwandt bin, und da kann ich ja wohl kaum so tun, als gehörte ich auch zur Familie, was? Aber sagen Sie«, fuhr er in vertraulichem Ton fort, »wissen Sie irgend etwas über eine Miss oder Mrs. Elspat Campbell?«

Alan schüttelte den Kopf, aber Kathryn kam ihm zu Hilfe. »Meinen Sie Tante Elspat?«

»Ich fürchte, ich weiß rein gar nichts über sie, Miss Campbell.«

»Tante Elspat«, erklärte Kathryn, »ist eigentlich gar keine Tante, und sie heißt eigentlich auch nicht Campbell, obwohl sie von allen so genannt wird. Niemand weiß genau, wer sie wirklich ist oder woher sie kam. Eines Tages vor ungefähr vierzig Jahren ist sie einfach aufgetaucht, und seitdem ist sie da. Sozusagen das weibliche Oberhaupt von Shira. Sie muß inzwischen fast neunzig sein und angeblich äußerst resolut. Ich kenne sie aber nicht persönlich.«

»Aha«, sagte Swan, ohne mehr von seinen Gedanken preiszugeben. Die Besitzerin brachte ihm sein Päckchen mit den Krawatten, und er zahlte.

»Übrigens«, fuhr er dann fort, »gehen wir besser, wenn wir diesen Wagen erwischen wollen.«

Er verabschiedete sich überschwenglich von der Geschäftsinhaberin und hielt den beiden die Ladentür auf.

»Ich glaube, es ist ein ziemliches Stück zu fahren, und ich will noch vor Dunkelheit wieder zurück sein; ich werde nicht über Nacht bleiben. Hier oben gibt es doch sicherlich auch Verdunkelung? Ich möchte heute nacht mal richtig schlafen können. Nicht so wie letzte Nacht im Zug.«

»Können Sie in Zügen nicht schlafen?«

»Das war nicht das Problem. Im Nachbarabteil war ein Ehepaar, das sich furchtbar wegen irgendeiner Person aus Cleveland in den Haaren hatte, und ich hab' die ganze Nacht kaum ein Auge zugemacht.«

Alan und Kathryn warfen sich einen schnellen, nervösen Blick zu, aber Swan war viel zu sehr mit seinem eigenen Kummer beschäftigt.

»Ich hab' selbst schon in Ohio gelebt; kenne mich dort gut aus; deshalb hab' ich zugehört. Aber ich bin nicht dahintergekommen, worum es genau ging. Zum einen ging es um einen gewissen Russell, zum anderen um einen Charles. Aber ob die Frauensperson aus Cleveland nun mit Russell ein Techtelmechtel hatte oder mit Charles oder mit dem Mann aus dem Nachbarabteil, das blieb mir völlig schleierhaft. Man hat gerade genug mitbekommen, um rein gar nichts zu verstehen. Schließlich hab' ich an die Wand geklopft, aber selbst nachdem sie dann das Licht ausgemacht hatten ...«

»Dr. Campbell!« rief Kathryn warnend.

Aber es war nichts mehr zu retten.

»Ich fürchte«, sagte Alan, »das waren wir.«
»Sie?« fragte Swan.
Ruckartig blieb er in der warmen, hellen, einschläfernden Nachmittagssonne stehen. Seine Augen wanderten zu Kathryns ringloser linker Hand. Sie schienen eine geistige Notiz von etwas zu machen.
Dann wechselte er so abrupt und offensichtlich das Thema, daß diese Absicht sogar von seiner sanften Stimme unterstrichen wurde: »Jedenfalls scheint das Essen hier oben nicht knapp zu werden. Schauen Sie sich nur die Schaufenster der Lebensmittelgeschäfte an! Das dort ist Haggis. Es ...«
Kathryns Gesicht war tiefrot. »Mr. Swan«, sagte sie spitz, »ich darf Ihnen versichern, daß Sie sich irren. Ich bin ein Mitglied des historischen Seminars am Harpenden College für Frauen ...«
»Es ist das erste Mal, daß ich Haggis zu Gesicht bekomme, aber ich kann nicht behaupten, daß es appetitlich aussieht. Es macht einen nackteren Eindruck als jede andere Sorte Fleisch, die ich jemals gesehen habe. Und das hier, was wie Mortadella in Scheiben aussieht, heißt Ulster Fry. Es ...«
»Mr. Swan, wollen Sie mir b i t t e zuhören? Dieser Herr ist Dr. Campbell vom University College, Highgate. Wir können Ihnen beide versichern, daß ...«
Wieder blieb Swan kurz stehen. Er schaute sich um, wie um sich zu vergewissern, daß ihnen niemand zuhörte, und sprach dann mit leiser, schneller, ernsthafter Stimme, wobei er sehr überzeugend wirkte.
»Schauen Sie, Miss Campbell«, sagte er. »Ich bin nicht spießig. Ich weiß, wie das ist. Es tut mir leid, daß ich das Thema aufgebracht habe.«
»Aber ...!«
»Was ich von meiner Schlaflosigkeit erzählt habe, war nichts als Quatsch. Sobald Sie das Licht ausgedreht hatten, bin ich eingeschlafen und habe nichts mehr gehört. Vergessen wir doch, daß wir überhaupt davon gesprochen haben.«
»Das wäre vielleicht wirklich am besten«, stimmte ihm Alan zu.
»Alan Campbell, wie können Sie es wagen ...«
Swan zeigte beschwichtigend nach vorne. Ein bequemes, blaues, fünfsitziges Automobil war vor dem Fremdenverkehrsbüro vorgefahren. Daran lehnte ein Chauffeur mit Mütze und Gamaschen.

»Da ist er ja, der Goldene Wagen«, meinte Swan. »Und ich habe einen Reiseführer erstanden. Kommen Sie, genießen wir die Fahrt.«

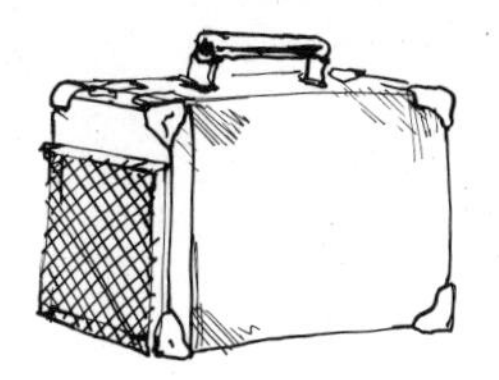

Kapitel 4

Die Ehefrau aus Gewohnheitsrecht

An der winzigen Werft und am Holy Loch vorbei fuhr der Wagen – parallel zu dichtbewaldeten Hügeln – den Anstieg zum Heath Jock hinauf und auf die lange, gerade Straße, die neben dem tiefen Loch Eck verläuft.

Ihren Chauffeur schlossen die Fahrgäste sofort ins Herz.

Es war ein stämmiger, geschwätziger Mann mit rotem Gesicht und auffallend hellblauen Augen; er schien sich ständig innerlich zu amüsieren. Swan saß vorne neben ihm, Alan und Kathryn im Fond. Der Akzent des Fahrers faszinierte Swan so sehr, daß er am Ende gar versuchte, ihn zu imitieren.

Der Fahrer zeigte auf ein kleines Rinnsal, das den Hügel herunterplätscherte, und meinte, das sei ein ›wee burn‹. Swan stürzte sich begierig auf den Ausdruck. Von nun an war jedes Gewässer – selbst ein Sturzbach, der ein Haus fortgerissen hätte – ein ›wee burn‹. Swan ließ keine Gelegenheit aus, auf ein ›wee burn‹ aufmerksam zu machen, und experimentierte dabei mit dem rollenden ›r‹, als handele es sich um ein Todesröcheln oder ein besonders getragenes Gurgeln.

Alan wurde zunehmend unwohl dabei, aber er hätte sich keine Gedanken zu machen brauchen. Dem Fahrer machte es nichts aus. Es war so, als würde – sagen wir einmal – Sir Cedric Hardwicke amüsiert mit anhören, wie Mr. Schnozzle Durante Bemerkungen über die Reinheit seines – also Sir Cedrics – Englisch macht.

Wer Schotten für mürrisch oder verschlossen hielt, dachte Alan, konnte hier eines Besseren belehrt werden. Es war unmöglich, den Redefluß des Mannes zu unterbrechen. Er konnte über jeden markanten Punkt, an dem sie vorbeikamen, Einzelheiten erzählen, und zu ihrer Überraschung erwiesen diese sich – wie sie später anhand von Swans Reiseführer feststellten – als durchaus korrekt. Normalerweise, erzählte er, führe er einen Leichenwagen. Er unterhielt sie mit einer Beschreibung von vielen schönen Beerdigungen und wies mit bescheidenem Stolz darauf hin, daß er immer die Ehre gehabt habe, den Leichnam zu kutschieren. Swan ergriff die Gelegenheit.

»Sagen Sie, Sie haben nicht zufällig bei einem Begräbnis vor ungefähr einer Woche den Leichenwagen gefahren?«

Zu ihrer Linken lag Loch Eck wie ein alter blinder Spiegel zwischen den Hügeln. Keine Welle kräuselte seine Oberfläche. Nichts rührte sich in den Tannen- und Kiefernwäldern auf den Hängen, die sich zu einem kahlen Felsenschädel hinaufstreckten. Die vollkommene Stille und Weltabgeschiedenheit war beklemmend, und doch schien etwas in diesen Hügeln zu lauern – so als würden sich immer noch die wilden Clansmänner mit ihren fellbespannten Schilden hier verstecken.

Der Fahrer schwieg für eine längere Zeit; seine großen roten Hände umklammerten das Lenkrad. Als sie schon glaubten, er habe nicht gehört oder verstanden, begann er zu sprechen.

»Das muß der alte Campbell von Shira gewesen sein.«

»Aye«, sagte Swan vollkommen ernst. Es war ansteckend: Alan hätte das Wort fast selbst schon mehrmals benutzt.

»Sie sin' dann wohl auch Campbells, oder täusch' ich mich?«

»Diese beiden schon«, sagte Swan und nickte nach hinten. »Ich bin ein MacHolster, manchmal auch MacQueen genannt.«

Der Fahrer drehte sich um und sah ihn scharf an. Aber Swan meinte es völlig ernst.

»Erst gestern hab' ich einen von ihnen gefahren«, sagte der Fahrer widerstrebend. »Colin Campbell war's, ein Schotte so gut wie ich, obwohl er wie ein Engländer redete.« Sein Gesicht verdunkelte sich. »So ein Geschimpfe hab' ich noch nie nich' gehört! Und dann auch noch ein Atheist, und schämt sich nich' mal, es zuzugeben! Hat mir jedes Schimpfwort an den Kopf geworfen, das ihm eingefallen is', nur weil ich gesagt hab', Shira sei ein ungeheurer Ort. Is' es auch.«

Dieser Bemerkung folgte – untermalt vom Singen der Reifen – wieder ein längeres Schweigen.

»Ungeheuer, nehme ich an«, fragte Alan, »heißt dasselbe wie nicht geheuer?«

»Aye.«

»Aber wenn Shira ein ungeheurer Ort ist: Was stimmt denn dort nicht? Gespenster?«

»Ich sag' nicht, es is' ein Gespenst, ich sag' gar nich', was es is'. Ich sag', es ist ein ungeheurer Ort, und das is' es auch.«

Swan pfiff durch die Zähne und schlug seinen Reiseführer auf. Der Wagen beschleunigte ruckartig, während Swan den Abschnitt über Inveraray suchte. Die langen Strahlen der Nachmittagssonne verloren etwas von ihrem goldenen Glanz. Er las laut vor: »Bevor der Reisende auf der Hauptstraße in die Stadt hineinfährt, sollte er linker Hand einen Blick auf *Burg Shira* werfen. Dieses Gebäude weist keine architektonisch interessanten Merkmale auf. Es wurde gegen Ende des 16. Jahrhunderts erbaut, ist aber inzwischen mehrfach erweitert worden. Man erkennt es leicht an seinem runden Turm mit dem konischen Schieferdach, der sich an der Südostecke erhebt. Es wird angenommen, daß dieser neunzehn Meter hohe Turm der erste Abschnitt eines ehrgeizigen Ausbauvorhabens war, das nicht verwirklicht wurde.

Laut Überlieferung war nach dem Massaker von Glencoe im Februar des Jahres 1692 . . .«

Swan schwieg einen Moment.

»Augenblick mal!« rief er und rieb sich das Kinn. »Von dem Massaker von Glencoe habe ich schon mal gehört. Ich weiß noch, als ich in Detroit zur Schule ging . . . He, was zum Teufel ist denn jetzt mit ihm los?«

Der Fahrer, der inzwischen seine gute Laune wiedergefunden hatte, warf sich in seinem Sitz vor und zurück; eine Art innerer Lachkrampf trieb ihm die Tränen in die Augen.

»Was ist los, Chef?« fragte Swan. »Stimmt was nicht?«

Der Chauffeur rang nach Atem. Seine innere Heiterkeit schien der Folter nicht unverwandt zu sein. »Hab' mir schon gedacht, daß Sie Amerikaner sind«, verkündete er. »Sagen Sie mir eins: Ham Sie schon von meinem Bruder Angus gehört, der niemandem seine Mäuse gönnt – nich' mal seiner Katze?«

Swan schlug sich die Hand an die Stirn.

»Mann, verstehn Sie's nich'? Ham Sie kein' Humor? Mäuse – Geld, und Mäuse – die Viecher.«

»Ob Sie's glauben oder nicht«, erwiderte Swan, »ich verstehe es, und übrigens bin ich kein Amerikaner, sondern Kanadier, auch wenn ich in Detroit zur Schule gegangen bin. Wenn mir heut noch mal jemand mit seinem Bruder Angus kommt, bring' ich ihn um. Ach ja, da fällt mir ein – hören Sie auf, dauernd so zu glucksen, ja? Wo bleibt Ihr schottischer Ernst? Wir sprachen über das Massaker von Glencoe. Wir haben es vor langer Zeit in einem Theaterstück in der Schule nachgespielt. Irgend jemand hat irgendwen massakriert. Entweder haben die MacDonalds die Campbells umgebracht oder die Campbells die MacDonalds.«

Jetzt war Kathryn am Zug. »Natürlich haben die Campbells die MacDonalds umgebracht. Oh Gott, die Leute hier in der Gegend sind doch deshalb nicht etwa noch nachtragend – oder?«

Der Fahrer wischte sich die Tränen aus den Augen, faßte sich wieder und versicherte ihr, daß dem nicht so sei.

Swan schlug wieder seinen Reiseführer auf:

»Nach der Überlieferung wurde nach dem Massaker von Glencoe im Februar des Jahres 1692 ein Soldat namens Ian Campbell aus der Truppe der Campbells von Glenlyon so von Gewissensbissen geplagt, daß er sich das Leben nahm, indem er sich aus dem obersten Fenster des Turms stürzte und sein Schädel unten auf den Pflastersteinen zerschmetterte ...«

Swan schaute auf. »Ist nicht neulich dem alten Mann dasselbe passiert?«

»Aye.«

»Nach einer anderen Überlieferung«, las Swan weiter, »wurde dieser Selbstmord nicht durch sein schlechtes Gewissen ausgelöst, sondern durch die ›Gegenwart‹ eines seiner Opfer, dessen grausig zugerichtete Leiche ihm von einem Zimmer ins andere folgte, bis er sich vor ihrer Berührung nicht mehr anders retten konnte als –«

Swan schlug das Buch mit einem Knall zu. »Ich denke, das genügt«, meinte er. Er zog die Brauen zusammen und fragte mit sanfter Stimme: »Was ist eigentlich genau passiert? Der Alte hat doch nicht oben im Turm geschlafen, oder?«

Aber dem Fahrer war nichts mehr zu entlocken. ›Stellt keine Fragen‹, schien seine Haltung sagen zu wollen, ›und ich erzähle euch keine Lügen‹.

»Gleich werd'n Sie Loch Fyne sehen und dann Shira«, sagte er. »Ah, da! Schaun Sie, jetzt!«

Bei Strachur kamen sie an eine Kreuzung und bogen nach rechts ab. Vor ihnen lag eine schimmernde Wasserfläche, und jeder im Wagen stieß einen Laut der Bewunderung aus.

Langgezogen und breit schien sich der Loch endlos zu ihrer Linken auszustrecken. Silbern in der Sonne glänzend, schlängelte er sich meilenweit zwischen dunklen Ufern, bis er irgendwo im Süden in den Firth of Clyde überging.

Jedoch zum Norden hin war er landumschlossen – enger, schieferfarben, und von zeitloser Ruhe. Etwa drei Meilen entfernt zwängte sich sein Ende wie ein Keil zwischen die schwarzen oder dunkelroten Hügel.

Nur an wenigen Stellen ließen vereinzelte Sonnenstrahlen einen Streifen Heidekraut hellrot oder ein Stück Tannenwald dunkelgrün aufleuchten.

Weit drüben am anderen Ufer des Lochs konnten unsere Reisenden undeutlich die niedriggelegenen weißen Häuser eines Ortes erkennen, die sich teilweise hinter einen Waldstreifen duckten. Sie sahen einen Kirchturm, und auf dem die Stadt beherrschenden Hügel thronte etwas, das wie ein Wachturm aussah. Die Luft war so klar, daß Alan trotz der großen Entfernung geschworen hätte, die Spiegelung der weißen Häuser auf der unbewegten Wasseroberfläche zu erkennen.

Der Fahrer zeigte hinüber. »Inveraray.«

Der Wagen rollte weiter. Swan war offenbar so fasziniert, daß er sogar vergaß, seine Mitfahrer auf ›wee burns‹ aufmerksam zu machen.

Die Straße – sie befand sich übrigens in einem sehr guten Zustand, wie alle, auf denen sie bislang gefahren waren – führte immer am Ufer des Loch entlang nach Norden. Um also nach Inveraray zu kommen, das am gegenüberliegenden Ufer lag, mußten sie um das Ende des Loch herum und auf der anderen Seite wieder ein Stück nach Süden fahren.

So stellte sich Alan das jedenfalls vor. Inveraray schien jetzt in greifbarer Nähe – gleich gegenüber, wo das schimmernde Wasser am schmalsten war. Alan lehnte sich gutgelaunt zurück und erfreute sich an der weitläufigen, wilden Hügellandschaft, als der Wagen plötzlich mit einem Ruck anhielt und der Chauffeur ausstieg.

»Raus mit Ihnen«, strahlte er. »Donald MacLeish hat hier ein Boot liegen, wenn ich mich nicht täusche.«

Sie starrten ihn an.

»Sagten Sie Boot?« explodierte Swan.

»Aye.«

»Aber wofür in Teufels Namen brauchen Sie ein Boot?«

»Um Sie rüberzurudern.«

»Aber die Straße führt doch dorthin? Können Sie denn nicht einfach hier hinauffahren und auf der anderen Seite wieder hinunter bis Inveraray?«

»Benzin verschwenden, wo ich meine Arme hab'?« fragte der Fahrer entsetzt. »Bin doch kein Idiot! Steigen Sie aus. Auf der Straße sind es sieben oder acht Kilometer.«

»Nun«, lächelte Kathryn, die offensichtlich nur mit beträchtlicher Anstrengung ernst bleiben konnte, »ich hätte jedenfalls gegen einen kleinen Ausflug über das Wasser nichts einzuwenden.«

»Ich auch nicht«, lenkte Swan ein, »solange ich nicht rudern muß. Aber, um Gottes willen, Mann«, er zerschnitt die Luft mit seinen Handbewegungen, »was soll denn das alles? Es ist doch nicht Ihr Benzin? Es gehört doch der Firma, oder?«

»Aye. Aber das Prinzip ist das gleiche. Steigen Sie ein.«

Ein fast übertrieben ernsthaft wirkendes Trio wurde von dem fröhlich pullenden Chauffeur durch die frühabendliche Stille über den Loch gerudert.

Kathryn und Alan saßen mit den Koffern zu ihren Füßen im Heck des Bootes und hatten Inveraray vor Augen. Es war die Tageszeit, zu der das Wasser heller und leuchtender aussieht als der Himmel und die Schatten länger werden.

»Brr!« sagte Kathryn unvermittelt.

»Kalt?«

»Ein bißchen. Aber das ist es nicht.« Sie schaute zum Chauffeur, der jetzt ihr Fährmann war. »Das da drüben ist es, nicht? Dort bei dem kleinen Landungssteg.«

»Stimmt«, bestätigte der Fahrer und drehte den Kopf, um einen Blick über seine Schulter zu werfen. Die Ruderdollen knarrten und quietschten. »Macht nicht viel her, wenn man so hinguckt; aber die Leute sagen, der alte Angus Campbell hätte mehr Zaster hinterlassen, als auf eine Kuhhaut geht.«

Schweigend beobachteten sie, wie Burg Shira immer größer vor ihnen aufragte. Sie stand in einiger Entfernung von dem Ort am Ufer des Loch, war aus altem Felsgestein und Backsteinen gebaut, graugestrichen, hatte ein steiles Schieferdach und drückte sich direkt ans Wasser. Alan fiel ein, daß Kathryn bei ihrer Beschreibung das Wort ›verkommen‹ benutzt hatte.

Am auffälligsten war der Turm. Rund und aus moosbewachsenem grauem Stein reckte er sich an der Südostecke des Gebäudes zu einem konischen Schieferdach auf. Auf der dem Loch zugewandten Seite schien er nur ein Fenster zu haben. Dieses Fenster lag dicht unter dem Dach und hatte gitterförmig unterteilte Scheiben und zwei Oberlichter; von dort oben bis auf den uneben gepflasterten Boden vor dem Gebäude hinunter waren es sicherlich nicht viel weniger als zwanzig Meter.

Alan dachte an den grauenhaften Sturz aus diesem Fenster und rückte unruhig hin und her.

»Wahrscheinlich«, sagte Kathryn zögernd, »ist dort alles ziemlich – na, primitiv eingerichtet?«

»Quatsch!« sagte der Fahrer verächtlich. »Die ham sogar elektrisches Licht.«

»Elektrisches Licht?«

»Aye. Und außerdem ein Badezimmer, da bin ich mir allerdings nicht ganz so sicher.« Wieder drehte er den Kopf, und sein Gesicht verdunkelte sich. »Sehen Sie den Mann, der an dem kleinen Pier steht und zu uns herschaut? Das muß der Dr. Colin Campbell sein, von dem ich Ihnen erzählt hab'. Praktiziert als Arzt in Manchester oder sonst einem gottlosen Ort.«

Die Figur am Landungssteg verschmolz teilweise mit dem Grau und Braun der Umgebung. Es war ein kleiner, aber sehr breitschultriger und stämmiger Mann, dessen Körperhaltung Trotz und Verbissenheit auszustrahlen schien. Er trug einen alten Jagdkittel, Kordkniehosen und Gamaschen. Seine Hände hatte er in die Taschen geschoben.

Es war das erste Mal seit Jahren, daß Alan einen Arzt mit Vollbart sah. Dieser Bart war zwar kurzgeschoren, aber ungepflegt und gab seinem Träger zusammen mit seinem zottigen Haupthaar ein recht ruppiges Aussehen. Die Farbe des Bartes war ein unbestimmbares Braun, gemischt mit etwas, was man als gelb, wahrscheinlich jedoch als grau bezeichnen konnte. Colin Campbell, der ältere von Angus' beiden jüngeren Brüdern, war Mitte oder Ende sechzig, machte aber einen jüngeren Eindruck.

Er sah ihnen mürrisch entgegen, als Alan Kathryn aus dem Boot half und Swan ihnen nachgeklettert kam. Sein ganzes Auftreten war nicht eigentlich unfreundlich, wirkte jedoch ein wenig rauhbeinig.

»Und mit wem«, fragte er mit tiefer Baßstimme, »haben wir jetzt das Vergnügen?«

Alan übernahm das Vorstellen.

Colin nahm die Hand aus der Tasche, bot sie aber niemandem zum Schütteln an. »Na«, sagte er, »dann kommen Sie mal rein. Warum auch nicht? Sind ohnehin schon alle da: der Staatsanwalt, der *Law Agent,* der Mann von der Versicherung, Onkel Tom Cobleigh und die anderen. Bei Ihnen steckt wohl Alistair Duncan dahinter?«

»Ist das der Rechtsanwalt?« fragte Alan.

»Law Agent«, korrigierte ihn Colin mit einem heftigen Grinsen, das Alan durchaus gefiel. »Hier in Schottland heißt das *Law Agent.* Ja. Den meine ich.« Er wandte sich Swan zu und zog seine buschigen Augenbrauen über den Löwenaugen zusammen. »Und wie war noch mal Ihr Name? Swan? Swan? Ich kenne keine Swans.«

»Ich bin«, sagte Swan und warf sich ein bißchen in Positur, »auf Ersuchen von Miss Elspat Campbell gekommen.«

Colin starrte ihn an. »Elspat hat Sie kommen lassen?« röhrte er. »Elspat? Sack und Asche! Nicht zu glauben!«

»Warum nicht?«

»Weil Tante Elspat ihr Leben lang außer einem Arzt oder einem Priester nie irgendwen oder irgendwas hat kommen lassen. Außer für meinen Bruder Angus und für die Londoner Ausgabe des *Daily Floodlight* hat sie sich nie für irgendwas interessiert. Sack und Asche! Das alte Mädchen ist inzwischen völlig übergeschnappt. Liest den *Daily Floodlight* von vorne bis hinten, kennt alle Reporter mit Namen, redet über Jitterbug und Gott weiß nicht was alles.«

»Den *Daily Floodlight?«* rief Kathryn mit hörbarer moralischer Entrüstung. »Dieses schmutzige Skandalblatt?«

»Jetzt mal langsam!« protestierte Swan. »Sie reden über meine Zeitung.«

Jetzt wurde er von allen angestarrt.

»Sie sind doch nicht etwa Reporter?« hauchte Kathryn.

Swan versuchte, sie zu beruhigen. »Schauen Sie«, sagte er sehr ernsthaft. »Es ist schon in Ordnung. Ich werde diese Sache – na, daß Sie und Doc Campbell im selben Zugabteil geschlafen haben, nicht verwenden. Es sei denn natürlich, ich werde gezwungen. Ich werde nur ...«

Colin unterbrach ihn mit einem plötzlichen und unerwarteten Gelächter, das er tief aus seiner Kehle hervorröhrte. Er schlug sich auf die Knie, krümmte sich zusammen und brüllte so laut, als würde er sich an das ganze Universum richten. »Ein Reporter? Warum nicht? Kommen Sie herein, und seien Sie willkommen! Warum soll die Geschichte nicht auch bis London und Manchester verbreitet werden? Wird uns gut tun! Und was ist das mit den beiden Familienakademikern, die im Zug ein bißchen getechtelmechtelt haben?«

»Ich versichere Ihnen ...«

»Kein Wort mehr. Damit haben Sie bei mir einen dicken Stein im Brett. Sack und Asche! Ich mag es, wenn die jüngere Generation ein bißchen Zunder im Leib hat – so wie wir früher. Sack und Asche!«

Er schlug Alan auf den Rücken, legte ihm seinen schweren Arm um die Schultern und schüttelte ihn. Seine Liebenswürdigkeit war nicht weniger überwältigend als sein Ungestüm. Dann, nachdem er lang genug in die Abendluft geröhrt hatte, senkte er verschwörerisch die Stimme.

»Wir können Sie hier aber nicht zusammen in ein Zimmer stecken, fürchte ich. Müssen den Anstand wahren, verstehen Sie. Kann Ihnen aber nebeneinander liegende Zimmer geben. Bloß sagen Sie Tante Elspat nichts davon.«

»Hören Sie! Sie dürfen um Himmels willen nicht ...«

»Sie legt sehr viel Wert auf Konventionen, wissen Sie, obwohl sie vierzig Jahre lang Angus' Geliebte war; und inzwischen hat sie hier in Schottland sogar den Status einer Ehefrau aus Gewohnheitsrecht. Aber kommen Sie herein! Stehen Sie da nicht rum, und machen komische Gesichter! Kommen Sie! Jock, werfen Sie die Koffer rauf – und zwar ein bißchen dalli!«

»Ich heiß' nicht Jock«, sagte der Ruderer und sprang von seinem Sitz im Boot auf, das gefährlich ins Schwanken geriet.

Colin streckte ihm sein bärtiges Kinn entgegen. »Wenn ich Jock sage«, gab er zurück, »heißen Sie auch Jock. Merken Sie sich das, mein Junge. Wollen Sie Geld?«

»Von Ihnen nicht. Mein Name ...«

»Soll mir auch recht sein«, meinte Colin und nahm unter jeden Arm einen Koffer, so als wären es Päckchen, »weil ich – verdammt will ich sein – sowieso nicht weiß, ob ich Ihnen was geben könnte.« Er wandte sich den anderen zu. »Es ist nämlich so: Wenn Angus ermordet wurde – von Alec Forbes oder sonst jemandem – oder wenn sein Sturz aus dem Fenster ein Unfall war, dann sind Elspat und ich reich. Elspat und ein hart arbeitender, vollkommen abgebrannter Arzt sind dann beide reich. Aber wenn Angus Selbstmord begangen hat – das sage ich Ihnen geradeheraus –, haben wir keinen Penny für unser eigenes Begräbnis übrig.«

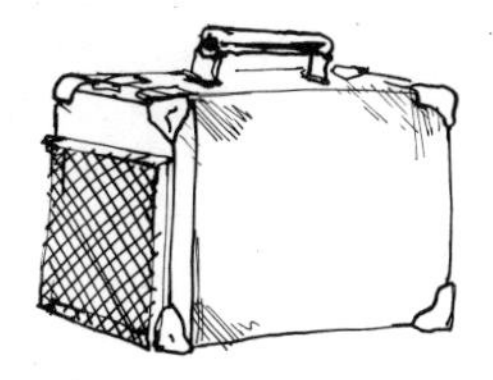

Kapitel 5

Die Lauscher

»Aber ich dachte ...« begann Alan.

»Sie dachten, der alte Geizkragen sei reich gewesen? Ja! Das dachten alle. Aber es ist eben immer dieselbe alte Geschichte.« Colins nächste Bemerkungen waren geheimnisvoll unverständlich. »Speiseeis! Traktoren! Hirngespinste! Der Schatz von Drake! Wenn ein Geizhals reich werden will, können Sie Gift darauf nehmen, daß er ein Einfaltspinsel ist. Nicht, daß Angus wirklich ein Geizhals gewesen wäre, bewahre. Er war ein Schwein, aber eine anständige Sorte von Schwein, wenn Sie wissen, was ich meine. Er half mir, als ich Hilfe brauchte, und er hätte auch unserem anderen Bruder geholfen, wenn der Herumtreiber zu finden gewesen wäre, nachdem er in Schwierigkeiten geraten war ... Na, wozu stehen wir hier alle herum? Los, ab ins Haus! Sie – wo ist denn Ihr Koffer?«

Swan, der während dieses ganzen Vortrags versucht hatte, eine Zwischenbemerkung anzubringen, gab dieses Vorhaben für den Augenblick auf. »Ich bleibe nicht über Nacht, vielen Dank«, antwortete er. Dann wandte er sich dem Fahrer zu: »Sie warten doch auf mich?«

»Aye. Ich warte.«

»Das wäre also geregelt«, röhrte Colin. »He – Sie – Jock. Gehn Sie in die Küche, und sagen Sie, die sollen Ihnen 'ne Halbe von Angus' bestem Whisky geben. Der Rest folgt mir.«

Sie ließen einen Mann zurück, der leidenschaftlich dem Himmel verkündete, daß sein Name nicht Jock sei, und folgten Colin durch einen Torbogen.

Swan, der etwas auf dem Herzen zu haben schien, berührte Colin am Arm. »Hören Sie«, sagte er, »es geht mich zwar nichts an, aber wissen Sie genau, was Sie da tun?«

»Ob ich weiß, was ich tue? Was meinen Sie damit?«

»Nun«, sagte Swan und schob seinen weichen grauen Hut auf den Hinterkopf, »ich hab' natürlich schon davon gehört, daß die

Schotten Schluckspechte sind, aber das übertrifft meine kühnsten Erwartungen. Ist eine Halbe Whisky in einem Zug die normale Dosis in dieser Gegend? Er wird doch auf der Heimfahrt die Straße nicht mehr erkennen können!«

»Eine Halbe – Sie hergelaufener Angelsachse – ist ein kleiner Whisky. Und Sie«, Colin baute sich jetzt hinter Kathryn und Alan auf und scheuchte sie vor sich her, »Sie brauchen jetzt was zu essen. Sie müssen bei Kräften bleiben.«

Die Eingangshalle, in die er sie führte, war geräumig, aber die Luft war abgestanden; es roch nach altem Gemäuer. Im Halbdunkel konnten sie nur wenig erkennen. Colin öffnete auf der linken Seite eine Zimmertür.

»Sie beide warten hier drin«, befahl er. »Swan, mein Junge, Sie kommen mit mir. Ich werde Elspat auftreiben. Elspat! Elspat! Wo zum Teufel steckst du, Elspat? Ach ja – falls Sie im hinteren Zimmer jemand streiten hören, das ist nur Duncan, der *Law Agent,* und Walter Chapman von der Hercules-Versicherungsgesellschaft.«

Alan und Kathryn fanden sich in einem langen, jedoch ziemlich niedrigen Zimmer alleingelassen, in dem es leicht, aber durchdringend nach feuchtem Ölzeug roch.

Im Kamin war gegen die abendliche Kühle ein Holzfeuer angezündet worden. Der Feuerschein und das schwache Licht, das sich von der Wasserseite her durch die zwei Fenster hereinstahl, fielen auf roßhaarbezogene Möbel, zahlreiche große Gemälde in vergoldeten Rahmen und einen ausgeblichenen roten Teppich.

Auf einem kleinen Tisch lag eine riesige Familienbibel. Eine mit schwarzem Kreppapier drapierte Photographie stand auf einem roten Quastentuch auf dem Kaminsims. Obwohl der Mann auf dem Bild glattrasiert und weißhaarig war, ließ seine Ähnlichkeit mit Colin keinen Zweifel daran, um wen es sich handelte.

Keine Uhr tickte. Instinktiv flüsterten sie.

»Alan Campbell«, wisperte Kathryn mit tiefrotem Gesicht, »Sie Biest!«

»Warum?«

»Um Himmels willen, ist Ihnen denn nicht klar, was die jetzt alle von uns denken? Und dieser furchtbare *Daily Floodlight* wird alles drucken! Macht Ihnen das denn gar nichts aus?«

Alan dachte über diese Frage nach. »Offen gestanden«, seine Antwort überraschte ihn selbst, »nein. Das einzige, was ich bedaure, ist, daß es nicht stimmt.«

Kathryn trat einen Schritt zurück und legte eine Hand auf den Tisch mit der Familienbibel, so als ob sie sich abstützen müßte. Alan stellte fest, daß ihr Gesicht noch dunkler geworden war.

»Dr. Campbell! Was ist denn in Sie gefahren?«

»Ich weiß auch nicht«, war er ehrlich genug zuzugeben. »Ich weiß nicht, ob Schottland gewöhnlich diese Wirkung auf die Menschen . . .«

»Ich hoffe doch wohl nicht!«

»Ich würde jedenfalls am liebsten ein schottisches Breitschwert von der Wand nehmen und damit herumstolzieren. Außerdem fühle ich mich wie ein alter Wüstling, und es macht mir auch noch Spaß! Hat Ihnen übrigens schon einmal jemand gesagt, daß Sie eine äußerst attraktive Dirne sind?«

»Dirne! Sie nennen mich eine Dirne?«

»Das ist die klassische Terminologie des siebzehnten Jahrhunderts.«

»Aber natürlich nichts gegen Ihre teure Herzogin von Cleveland«, sagte Kathryn.

»Ich registriere«, sagte Alan und musterte sie mit wohlwollendem Blick, »einen Mangel an Proportionen, die Rubens enthusiastisch gestimmt hätten. Gleichzeitig aber . . .«

»Pst!«

Am Ende des Raums, auf der den Fenstern gegenüberliegenden Seite, stand eine Tür einen Spalt breit offen. Durch diesen Spalt hörten sie plötzlich zwei Stimmen gleichzeitig reden, so als ob die Personen eine längere Zeit geschwiegen hätten. Die eine Stimme klang trocken und ältlich, die andere jünger, munterer und verbindlicher. Die beiden Stimmen entschuldigten sich wechselseitig. Es war die jüngere Stimme, die dann fortfuhr.

»Mein lieber Mr. Duncan«, sagte sie, »Sie scheinen meine Position in dieser Angelegenheit nicht richtig einzuschätzen. Ich repräsentiere nur die Hercules-Versicherungsgesellschaft. Es ist meine Pflicht, die Berechtigung dieses Anspruchs gründlich zu prüfen . . .«

»Und zwar gerecht zu prüfen.«

»Natürlich. Prüfen – und dann muß ich meiner Firma raten, zu bezahlen oder den Anspruch abzulehnen. Persönliche Dinge spielen dabei keine Rolle! Ich würde alles tun, wenn ich helfen könnte. Ich kannte und mochte den verstorbenen Mr. Angus Campbell.«

»Sie kannten ihn persönlich?«

»Ja.«

Die ältliche Stimme, deren Äußerungen immer ein starkes Schnaufen voranging, klang jetzt, als wären die Stimmbänder mit Sandpapier bearbeitet worden. »Dann lassen Sie mich Ihnen eine Frage stellen, Mr. Chapman.«

»Ja, bitte?«

»Würden Sie Mr. Campbell einen geistig gesunden Menschen genannt haben?«

»Ja, gewiß.«

»Einen Menschen, der, nun sagen wir«, die Stimme klang noch eine Spur trockener und nasaler, »den Wert des Geldes zu schätzen wußte?«

»In hohem Maße.«

»Ja. Gut. Sehr gut. Nun, Mr. Chapman, außer der Lebensversicherung bei Ihrer Gesellschaft hatte mein Klient noch zwei Versicherungen bei anderen Gesellschaften abgeschlossen.«

»Davon ist mir nichts bekannt.«

»Aber ich sage es Ihnen, Sir!« erwiderte die ältliche Stimme bissig, und man hörte das leise Klopfen von Fingerknöcheln auf Holz. »Er hatte hohe Policen bei der Gibraltar- und der Planet-Versicherungsgesellschaft abgeschlossen.«

»Ja und?«

»Nun! Aus den Lebensversicherungen besteht nunmehr sein gesamtes Vermögen, Mr. Chapman. Das gesamte Vermögen, Sir. Von all seinen Besitztümern war das das einzige, was er vernünftigerweise nicht in seine verrückten finanziellen Abenteuer gesteckt hat. Jede der Policen enthält eine Selbstmordklausel ...«

»Selbstverständlich.«

»Sie haben recht; selbstverständlich. Aber hören Sie mich bitte an. Drei Tage vor seinem Tod hat Mr. Campbell noch eine Versicherung abgeschlossen – und zwar wieder bei Ihrer Gesellschaft: über dreitausend Pfund. Ich könnte mir, äh, vorstellen, daß in seinem Alter die Prämien gigantisch sein müssen?«

»Sie sind natürlich hoch. Aber unser Arzt hat Mr. Campbell als ›Erste-Klasse-Risiko‹ eingestuft und ihm noch fünfzehn, wenn nicht mehr Jahre gegeben.«

»Nun gut. Zusammengenommen«, fuhr Mr. Alistair Duncan, *Law Agent* und *Writer to the Signet,* fort, »ergab dies eine Versicherungssumme von ungefähr fünfunddreißigtausend Pfund.«

»Tatsächlich?«

»Und jede Police enthielt eine Selbstmordklausel. Nun, mein werter Herr! Mein allerwertester Herr! Können Sie sich als Mann von Welt nur einen winzigen Augenblick lang vorstellen, daß sich Angus Campbell drei Tage, nachdem er diese zusätzliche Versicherung abgeschlossen hat, freiwillig das Leben nimmt und damit alles hinfällig macht?«

Niemand antwortete.

Alan und Kathryn, die ohne Skrupel gelauscht hatten, hörten Schritte hin und her gehen. Sie konnten sich das kalte Lächeln des Anwalts gut vorstellen.

»Kommen Sie, mein Herr! Kommen Sie! Sie sind Engländer. Aber ich bin Schotte und der *Procurator Fiscal* auch.«

»Ich gebe zu ...«

»Sie müssen nachgeben, Mr. Chapman.«

»Aber glauben Sie denn, daß es ...«

»Mord war, ja«, ergänzte der *Law Agent* prompt. »Und wahrscheinlich ist Alec Forbes der Mörder. Sie haben ja vom Streit der beiden gehört; Sie haben von Forbes' Besuch am Abend von Mr. Campbells Tod gehört; Sie haben von dem geheimnisvollen Koffer oder der Hundebox, wie immer man das Ding auch nennt, gehört, und von dem fehlenden Tagebuch.«

Wieder herrschte Stille.

Mr. Walter Chapman von der Hercules-Versicherungsgesellschaft sprach mit veränderter Stimme weiter. »Aber zum Henker damit, Mr. Duncan – so können wir nicht weitermachen!«

»Nein?«

»Nein. Es ist schön und gut zu sagen: ›Hätte er dies und das getan?‹, aber andererseits deuten eben alle Indizien darauf hin, d a ß er es getan hat. Dürfte ich Ihnen das kurz erklären?«

»Selbstverständlich.«

»Schön! Also, Mr. Campbell schlief normalerweise in diesem Zimmer ganz oben im Turm. Richtig?«

»Ja.«

»Am Abend seines Todes wurde er gesehen, wie er sich wie gewöhnlich um zehn Uhr zurückzog und die Tür von innen verschloß und verriegelte. Einverstanden?«

»Einverstanden.«

»Seine Leiche wurde früh am nächsten Morgen am Fuß des Turms gefunden. Er war an einem Genickbruch und einer Vielzahl anderer Verletzungen gestorben, die er sich bei dem Sturz zugezogen hatte.«

»Ja.«

»Er stand nicht«, fuhr Chapman mit seiner Argumentation fort, »unter dem Einfluß von Drogen, Narkotika oder dergleichen. Das hat die Autopsie ergeben. Ein Unfall kann also ausgeschlossen werden.«

»Ich schließe gar nichts aus, mein werter Herr. Aber fahren Sie fort.«

»Jetzt zur Möglichkeit eines Mordes. Morgens war die Tür immer noch von innen verschlossen und verriegelt. Das Fenster – das können Sie nicht leugnen, Mr. Duncan – ist von außen absolut unzugänglich. Wir haben einen Fassadenkletterer aus Glasgow kommen lassen, der es sich angesehen hat. Die Unterkante des Fensters befindet sich genau siebzehn Meter und fünfundsiebzig Zentimeter über dem Erdboden. Auf dieser Seite des Turms gibt es keine anderen Fenster. Nach unten fällt die glatte Steinmauer senkrecht bis zum Boden ab. Über dem Fenster befindet sich das mit rutschigem Schiefer gedeckte konische Dach. Der Experte schwört Stein und Bein, daß es unmöglich sei, mit Seilen oder einer anderen Ausrüstung zu diesem Fenster hinauf- und wieder herunterzuklettern. Ich kann noch mehr in die Einzelheiten gehen, wenn Sie es wünschen ...«

»Das ist nicht notwendig, mein Herr.«

»Es ist jedenfalls ausgeschlossen, daß jemand zu diesem Fenster hinaufgeklettert ist, Mr. Campbell hinausgestoßen hat und dann wieder hinuntergeklettert ist. Selbst wenn sich jemand im Zimmer versteckt hätte – was nicht der Fall war –, hätte er danach nicht hinunterklettern können. Diese beiden Möglichkeiten bestehen einfach nicht.« Er machte eine Pause.

Aber Mr. Alistair Duncan war weder beeindruckt noch aus der Fassung gebracht. »Wenn das so ist«, sagte der *Law Agent,* »können Sie mir sicher sagen, wie die Hundebox ins Zimmer gekommen ist?«

»Verzeihung?«

Die rauhe Stimme polterte weiter. »Mr. Chapman, erlauben Sie, daß ich Ihr Gedächtnis ein wenig auffrische. Um halb zehn Uhr an diesem Abend hatte es eine heftige Auseinandersetzung mit Alec Forbes gegeben, der ins Haus und sogar in Mr. Campbells Schlafzimmer eingedrungen war. Man war ihn nur ... nun, mit Mühe wieder losgeworden.«

»In Ordnung.«

»Später wurden sowohl Miss Elspat Campbell als auch Kirstie MacTavish, das Dienstmädchen, gerufen, weil man befürchtete, Forbes könnte zurückgekommen sein und sich mit der Absicht versteckt haben, Mr. Campbell ein Leid anzutun. Miss Campbell und Kirstie durchsuchten Mr. Campbells Schlafzimmer; sie schauten in den Schrank und dergleichen. Sie schauten sogar – äh, wie ich mir habe sagen lassen, ist das eine weibliche Angewohnheit – unter das Bett. Wie Sie schon sagten, war niemand dort versteckt. Aber beachten Sie folgendes, Sir. Beachten Sie, daß am nächsten Morgen, als Mr. Campbells Zimmer aufgebrochen wurde, unter seinem Bett ein Gegenstand aus Leder und Metall gefunden wurde, der Ähnlichkeit mit einem großen Koffer hat und an einer Seite eine Öffnung mit einem Drahtgeflecht aufweist. Ein solcher Behälter wird zum Transport von Hunden auf Reisen genutzt. Beide Frauen schwören, daß sich dieser Behälter nicht unter dem Bett befand, als sie am Vorabend dort nachgeschaut hatten, unmittelbar bevor Mr. Campbell die Tür von innen verschloß und verriegelte.« Die Stimme machte eine vielsagende Pause. »Ich stelle Ihnen nur die eine Frage, Mr. Chapman: Wie ist der Behälter dorthin gekommen?«

Der Mann von der Versicherung seufzte.

»Ich wiederhole, Sir«, setzte Mr. Duncan nach, »ich stelle Ihnen nur diese eine Frage. Wenn Sie mit mir kommen und mit Mr. MacIntyre, dem *Procurator Fiscal,* reden wollen ...«

Schritte näherten sich der Tür. Eine Gestalt trat geduckt durch den niedrigen Türrahmen in den dunklen Raum und tastete nach einem Lichtschalter.

Kathryn und Alan fühlten sich auf frischer Tat ertappt, als das Licht anging.

Ein großer Messingleuchter für sechs Glühbirnen, von denen aber fünf fehlten, erstrahlte über ihren Köpfen.

Das Bild, das sich Alan von Alistair Duncan und Walter Chapman gemacht hatte, war mehr oder weniger korrekt. Nur war der Rechtsanwalt größer und schlanker und der Versicherungsmann kleiner und breiter als erwartet.

Der etwas kurzsichtige Anwalt hatte hängende Schultern, einen großen Adamsapfel und eine von einem grauen Haarkranz eingerahmte Glatze. Sein Kragen war zu weit, aber seine schwarze Jacke und die gestreifte Hose sahen eindrucksvoll aus.

Chapman, ein aufgeweckter junger Mann in einem modischen Zweireiher, strahlte Höflichkeit, aber gleichzeitig auch starke Nervosität aus. Sein helles, glattgebürstetes Haar glänzte im Licht. Er war der Typ, der sich in Angus Campbells Jugend mit einundzwanzig einen Bart hätte wachsen lassen, um dann sein Leben lang zu versuchen, diesem selbstgestellten Anspruch gerecht zu werden.

»Ah, hm«, sagte Duncan und blinzelte Alan und Kathryn verwirrt an, »haben Sie, äh, Mr. MacIntyre hier irgendwo gesehen?«

»Nein, ich glaube nicht«, antwortete Alan und wollte mit dem Vorstellen beginnen. »Mr. Duncan, wir sind . . .«

Die Augen des *Law Agent* wanderten zu einer anderen Tür, die gegenüber der Tür zur Eingangshalle lag. »Ich könnte mir denken, mein werter Herr«, sagte er zu Chapman, »daß er in den Turm hinaufgegangen ist. Wären Sie so gut und würden mir folgen?« Noch einmal warf er einen Blick auf die zwei Neuankömmlinge. »Guten Tag«, meinte er höflich, »auf Wiedersehen.«

Ohne weitere Worte zu verlieren, hielt er die Tür auf, damit Chapman ihm vorangehen konnte. Hinter den beiden schloß sich die Tür wieder.

Kathryn starrte ihnen nach. »Also!« stieß sie hervor. »Also wirklich!«

»Ja«, gab Alan zu, »möglicherweise ist er ein bißchen zerstreut, a u ß e r , wenn er über geschäftliche Dinge spricht. Aber genau so einen Anwalt wünscht man sich ja eigentlich. Für diesen Herrn würde ich mich jederzeit stark machen.«

»Aber Dr. Campbell . . .«

»Würden Sie bitte aufhören, mich ›Dr. Campbell‹ zu nennen?«

»Also gut, wenn Sie darauf bestehen – Alan.« Kathryns Augen funkelten neugierig und fasziniert. »Die Situation ist furchtbar, aber – haben Sie gehört, was die beiden gesagt haben?«

»Natürlich.«

»Er hätte niemals Selbstmord begangen, aber er kann auch nicht ermordet worden sein. Es ...«

Sie wurde von Charles Swan unterbrochen, der von der Halle hereinkam. Man sah ihm sofort an, daß der Reporter in ihm Blut geleckt hatte. Trotz seiner sonst einwandfreien Manieren hatte er vergessen, seinen Hut abzunehmen, der ihm immer noch auf geheimnisvolle Weise am Hinterkopf klebte. Er ging wie auf rohen Eiern.

»Ist das nun eine Story?« fragte er – es war eine rein rhetorische Frage. »Ist es eine S t o r y? Heiliger Strohsack! Sehen Sie, ich hab' nicht gedacht, daß hier was drin wäre. Aber mein Boss – bei euch heißt er wohl Nachrichtenredakteur – meinte, da wäre was zu holen, und womöglich hat er recht!«

»Wo waren Sie?«

»Hab' mit dem Dienstmädchen gesprochen. Man muß immer zuerst mit den Dienstmädchen sprechen, wenn man sie erwischen kann. Schauen Sie.« Swan breitete die Hände aus, legte sie wieder zusammen und sah sich dann im Zimmer um, ob sie auch allein waren. Dann sprach er mit leiser Stimme weiter. »Dr. Campbell, ich meine Colin, hat die alte Dame erst jetzt gefunden. Sie wird hierher gebracht, um mich zu begutachten.«

»Sie haben sie also noch nicht gesehen?«

»Nein! Aber ich muß einen guten Eindruck auf sie machen, und wenn das meine letzte journalistische Tat ist. Sollte eigentlich auch nicht schwer sein, denn die alte Dame hat die korrekte Einstellung zum *Daily Floodlight,* was man nicht« – hier sah er die beiden scharf an – »von allen Menschen sagen kann. Da könnte sogar eine Fortsetzungsreportage rausspringen. Teufel auch, vielleicht lädt sie mich sogar ein, hier zu wohnen! Was meinen Sie?«

»Mag sein. Aber ...«

»Leg dich ins Zeug, Charley Swan, und gib dein Bestes!« hauchte der Reporter. Es klang wie ein Stoßgebet. »Wir müssen uns sowieso gut mit ihr stellen – sie scheint hier eine Art Autokratenrolle zu spielen. Also legen Sie zwei sich auch ins Zeug. Dr. Campbell bringt sie jetzt hierher.«

Kapitel 6

Der Turm

Darauf hätte Swan nicht mehr hinzuweisen brauchen, denn Tante Elspats Stimme war schon durch die angelehnte Tür zu hören.

Colin Campbell redete mit leiser, knurrender Baßstimme eindringlich auf sie ein, war aber nicht zu verstehen. Tante Elspat, die ein besonders durchdringendes Organ besaß, gab sich weit weniger Mühe, es zu dämpfen.

»Nebeneinander liegende Zimmer!« rief sie in breitem Schottisch. »Den Teufel werd' ich tun und ihnen nebeneinander liegende Zimmer geben!«

Der knurrende Baß wurde noch undeutlicher, so als würde Colin einen Protest oder eine Warnung ausstoßen.

Aber Tante Elspat wollte davon jedoch nichts hören. »Dies ist ein anständiges und gottesfürchtiges Haus, Colin Campbell; und all deine sündhaften Manchester-Manieren können da nichts dran ändern nicht! Nebeneinander liegende Zimmer! Wer läßt denn da um diese Tageszeit mein gutes elektrisches Licht brennen?«

Diese letzte Frage stieß Tante Elspat in dem Moment, in dem sie in der Tür erschien, außergewöhnlich wütend aus.

Sie war eine mittelgroße, knochige Frau in dunkler Kleidung, der es aber irgendwie gelang, größer auszusehen, als sie tatsächlich war. Kathryn hatte ja vermutet, daß sie ›fast neunzig‹ sei; dies war aber, wie Alan sofort sah, ein Irrtum gewesen. Tante Elspat war höchstens siebzig und hatte sich für dieses Alter recht gut gehalten. Sie hatte scharfe, ruhelose und durchdringende schwarze Augen. Unter dem Arm trug sie eine Ausgabe des *Daily Floodlight,* und beim Gehen raschelte ihr Kleid.

Hastig ging Swan zur Tür und schaltete das Licht aus, wobei er sie fast umrannte. Tante Elspat beäugte ihn ungnädig.

»Machen Sie das Licht wieder an«, sagte sie barsch. »Ist ja so dunkel, daß man kaum gar nichts nicht sehen kann. Wo sind Alan Campbell und Kathryn Campbell?«

Colin, der sich jetzt so liebenswürdig wie ein verspielter Neufundländer benahm, zeigte auf sie.

Tante Elspats nun fast bewegungslose Augen unterwarfen sie einer ausgiebigen, schweigenden und unangenehmen Prüfung. Dann nickte sie.

»Aye«, sagte sie, »ihr seid Campbells. Unsere Campbells.« Sie ging zum Roßhaarsofa neben dem Tischchen mit der Familienbibel hinüber und setzte sich. Man sah jetzt, daß sie Stiefel trug, die alles andere als zierlich waren. »Er, der jetzt nicht mehr unter uns weilt«, fuhr sie fort, und ihre Augen wanderten zu der schwarzgerahmten Photographie, »konnte einen Campbell, einen von unseren Campbells, unter Tausenden erkennen. Aye, da konnte der sich sogar das Gesicht schwärzen und die Stimme verstellen – Angus hätte ihn trotzdem erkannt.«

Wieder schwieg sie eine scheinbar endlos lange Weile, behielt aber ihre Besucher dabei ständig im Auge.

»Alan Campbell«, sagte sie unvermittelt, »was ist deine Religion?«

»Na ja – englische Staatskirche, denke ich doch.«

»Denkst du? Weiß du's denn nicht?«

»Also schön. Es ist die englische Staatskirche.«

»Und das ist wohl auch deine Religion?« wollte sie von Kathryn wissen.

»Ja, so ist es.«

Tante Elspat nickte, so als hätten sich ihre schlimmsten Befürchtungen bestätigt. »Ihr seid keine Kirchgänger. Das wußt' ich gleich.« Sie sprach mit zitternder Stimme, brauste aber dann plötzlich auf. »Papistischer Plunder!« rief sie laut. »Schande über dich, Alan Campbell, und Schimpf und Schande über Kinder und Kindeskinder, ihr, die in Sünde und Lüsternheit eure Zeit im Haus der Scharlachroten Hure vertändelt!«

Swan war schockiert. »Na, na, Madam, bestimmt geht er nie in solche Häuser«, protestierte er zu Alans Verteidigung. »Und außerdem können Sie diese junge Dame doch wohl kaum als schar –«

Tante Elspat drehte sich zu ihm um. »Wer sind Sie«, fragte sie und zeigte mit dem Finger auf ihn, »der Sie um diese Tageszeit mein gutes elektrisches Licht brennen lassen?«

»Madam, ich hab' gar nicht ...«

»Wer sind Sie?«

Swan holte tief Luft, setzte sein gewinnendstes Lächeln auf und trat vor sie hin. »Miss Campbell, ich repräsentiere den *Daily Floodlight,* die Zeitung, die dort bei Ihnen liegt. Mein Redakteur hat sich über Ihren Brief sehr gefreut; es ist uns eine Ehre, überall in diesem weiten Land zufriedene Leser zu haben. Nun, Miss Campbell, in Ihrem Brief haben Sie erwähnt, daß Sie sensationelle Enthüllungen über ein Verbrechen zu machen hätten, das hier verübt wurde ...«

»Häh?« röhrte Colin Campbell und starrte sie an.

»... und mein Redakteur hat mich den ganzen Weg von London bis hierher geschickt, um mit Ihnen zu sprechen. Ich bin gerne bereit, mir alles anzuhören, was Sie zu sagen haben, sei es offiziell oder hinter der Hand.«

Tante Elspat hörte zu, eine Hand hinter dem Ohr und die Knopfaugen starr auf Swan gerichtet. Es dauerte eine Zeit, bis sie antwortete: »Soso, was Sie nicht sagen«, meinte sie, und ihre Augen funkelten. »Hörn Sie mal, ham Sie schon mal ...«

Es war fast zu viel für Swan, aber er riß sich zusammen und lächelte. »Ja, Miss Campbell«, unterbrach er sie geduldig, »Sie brauchen's mir nicht zu erzählen. Ich hab' schon alles über Ihren Bruder Angus gehört, der nicht mal seiner Katze was von seiner Kohle abgeben wollte.«

Swan hielt abrupt inne. Irgendwie schien er zu merken, daß er etwas durcheinandergebracht hatte und seine Version der Geschichte nicht so ganz korrekt war. »Ich wollte sagen ...«, hob er an.

Alan und Kathryn beobachteten ihn mit neugierigem Interesse. Aber die deutlichste Wirkung war bei Tante Elspat zu bemerken. Sie saß nur da und starrte Swan an. Er mußte gemerkt haben, daß ihr Blick starr auf den Hut gerichtet war, den er immer noch trug, denn er riß ihn sich eilig vom Kopf.

Nach einer kurzen Pause sprach Elspat; sie sprach langsam, und ihre Worte klangen so gewichtig und wohlüberlegt wie das Resümee eines Richters. »Und wieso sollte Angus Campbell seiner Katze Kohle geben?«

»Ich wollte sagen ...«

»Damit könnte sie ja wohl wenig anfangen, oder?«

»Ich wollte sagen, M ä u s e!«

»Was?«

»Mäuse.«

»Meiner Meinung nach, junger Mann«, sagte Tante Elspat nach einer langen Pause, »gehören Sie in die Klapsmühle. Der Katze Kohle geben, also wirklich!«

»Es tut mir leid, Miss Campbell! Vergessen wir es. Es war ein Witz.«

Von allen unseligen Worten, die er in Tante Elspats Gegenwart hätte gebrauchen können, war dies das schlimmste. Sogar Colin starrte ihn jetzt böse an.

»Soso, ein Witz also?« sagte Elspat und kam schon wieder in Fahrt. »Angus Campbell ist noch nicht kalt im Sarg, und Sie kommen daher und beleidigen ein Haus, in dem getrauert wird, mit Ihren gottlosen Witzen? Das lass' ich nicht zu! Überhaupt glaube ich, daß Sie Ganove gar nicht vom *Daily Floodlight* kommen. Wer ist Pip Emma?« schleuderte sie ihm entgegen.

»Verzeihung?«

»Wer ist Pip Emma? Aha! Die kennen Sie wohl auch nicht, was?« rief Tante Elspat und wedelte mit der Zeitung. »Sie kennen das Mädchen nicht, das in Ihrer eigenen Zeitung die Kolumne schreibt! Versuchen Sie bloß nicht, sich rauszureden! Wie heißen Sie überhaupt?«

»MacHolster.«

»Was?«

»MacHolster«, sagte der Abkömmling dieses fragwürdigen Clans. Tante Elspat hatte ihn inzwischen so aus dem Gleichgewicht gebracht, daß ihn seine übliche Schlagfertigkeit verlassen hatte. »Ich meine, MacQueen. Also, eigentlich heiße ich Swan, Charles Evans Swan, aber ich stamme von den MacHolsters oder den MacQueens ab, und ...«

Das war Tante Elspat nicht einmal mehr einen Kommentar wert. Sie zeigte nur auf die Tür.

»Aber ich versichere Ihnen, Miss Campbell ...«

»Gehn Sie Ihrer Wege«, sagte Tante Elspat. »Ich sag's nicht zweimal.«

»Sie haben gehört, was sie gesagt hat, junger Mann«, griff nun Colin in das Gespräch ein, hakte seine Daumen in die Armlöcher seiner Weste und durchbohrte den Besucher mit wilden Blicken. »Sack und Asche! Ich wollte ja gastfreundlich sein, aber es gibt ein paar Dinge, über die wir in diesem Haus nicht spaßen.«

»Aber ich schwöre Ihnen ...«

»Also – verabschieden Sie sich nun durch die Tür, oder wollen Sie das Haus vielleicht lieber durchs Fenster verlassen?« fragte Colin und nahm seine Hände herunter.

Einen Augenblick lang dachte Alan, Colin würde den Besucher wirklich am Kragen und am Hosenbund packen und ihn wie der Rausschmeißer eines Pubs nach draußen befördern.

Verwünschungen murmelnd erreichte Swan die Tür zwei Sekunden vor Colin. Alan hatte kaum begriffen, was vor sich ging, da war auch schon alles vorbei.

Kathryn regte sich über den Vorfall so auf, daß ihr die Tränen in die Augen stiegen. »Was für eine Familie!« schrie sie, ballte die Fäuste und stampfte mit den Füßen auf den Boden. »Oh Gott, was für eine Familie!«

»Was hast du denn, Kathryn Campbell?«

Kathryn war eine Kämpfernatur. »Wollen Sie wirklich wissen, was ich denke, Tante Elspat?«

»Nun?«

»Ich denke, daß Sie eine sehr dumme alte Frau sind. Jawohl, das denke ich. So – und jetzt können Sie mich auch rauswerfen.«

Zu Alans Verwunderung lächelte Tante Elspat. »Ganz so dumm vielleicht auch wieder nicht, mein Liebes«, sagte sie selbstgefällig und strich sich den Rock glatt. »Ganz so dumm auch wieder nicht.«

»Was denken Sie, Alan?« fragte Kathryn.

»Ich denke, Sie hätten ihn auf keinen Fall einfach so rauswerfen dürfen. Wenigstens hätten Sie nach seinem Presseausweis fragen sollen. Der Bursche ist vollkommen in Ordnung. Aber es geht ihm wie dem Mann in Shaws *Arzt am Scheideweg:* Er ist von Natur aus unfähig, etwas korrekt wiederzugeben, das er gesehen oder gehört hat. Er könnte viel Ärger machen.«

»Ärger?« fragte Colin. »Wieso Ärger?«

»Ich weiß nicht genau, habe aber so einen Verdacht.«

Colin war offenbar einer von den Hunden, die bellen, aber nicht beißen. Er fuhr sich mit der Hand durch die zottige Mähne auf seinem Kopf, schaute finster zu Boden und kratzte sich schließlich an der Nase. »Schauen Sie«, knurrte er, »soll ich ihm vielleicht nachlaufen und ihn zurückholen? Wir haben hier einen achtzig Jahre alten Whisky, mit dem man einen Esel zum Singen bringen könnte. Den werden wir uns heute abend vorknöpfen, Alan, mein Junge. Wenn wir ihm davon was geben ...«

Aber da biß er bei Tante Elspat auf Granit. Mit ruhiger Unerbittlichkeit stampfte sie mit dem Fuß auf. »Der Ganove kommt mir nicht ins Haus.«

»Gewiß, meine Liebe, aber ...«

»Ich sag' dir: Der Ganove kommt mir nicht ins Haus. Das genügt. Ich schreib' nochmal an den Redakteur ...«

Colin warf ihr einen bösen Blick zu. »Das wollte ich dich sowieso fragen. Was soll der Blödsinn mit diesen mysteriösen Geheimnissen, die du den Zeitungen verraten, aber von denen du uns nichts erzählen willst?«

Tante Elspat preßte störrisch die Lippen zusammen.

»Komm schon!« rief Colin. »Raus mit der Sprache!«

»Colin Campbell«, sagte Elspat langsam in strafendem Tonfall, »tu, was ich dir sage. Geh mit Alan Campbell in den Turm hinauf, und zeige ihm, wie Angus Campbell sein schlimmes Ende gefunden hat. Laß ihn an die Heilige Schrift denken. Und du, Kathryn Campbell, setz dich zu mir.« Sie klopfte mit der flachen Hand auf das Sofa. »Also, nun sag mir, gehst du in diese gottlosen Tanzsäle von London?«

»Natürlich nicht!« sagte Kathryn.

»Dann hast du noch nie einen Jitterbug gesehen?«

Alan hat nie erfahren, wie sich dieses erbauliche Gespräch entwickelte. Colin trieb ihn zu der Tür auf der anderen Seite des Zimmers, durch die schon Duncan und Chapman vor einer Weile verschwunden waren.

Durch sie kamen die beiden direkt ins Erdgeschoß des Turms. Es war ein großer, runder, düsterer Raum mit getünchten steinernen Mauern und Lehmboden. Vielleicht hatte er früher einmal als Stall gedient. Eine Doppeltür aus Holz, die mit einer Kette und einem Vorhängeschloß versehen war, ging nach Süden in den Hof hinaus.

Im Augenblick stand sie offen und ließ das späte Tageslicht herein. In der Wand war eine niedrige Tür, durch die man zu einer steinernen Wendeltreppe gelangte, die sich im Turm nach oben wand ...

»Jemand läßt sie immer offen«, knurrte Colin mit Blick auf die Hoftür. »Und das Vorhängeschloß ist außen dran, kaum zu glauben! Braucht bloß jemand einen Zweitschlüssel zu haben ... Passen Sie auf, Junge. Das alte Mädchen weiß etwas. Sack und Asche! Dumm ist sie nicht; das haben Sie gesehen. Und sie weiß was. Doch sie macht den Mund nicht auf, obwohl es dabei möglicherweise um fünfunddreißigtausend Pfund Versicherungsgeld geht.«

»Kann sie denn nicht wenigstens mit der Polizei reden?«

»Polizei?« schnaubte Colin. »Lieber Freund, sie kann nicht mal mit dem *Procurator Fiscal* zivilisiert umgehen, geschweige denn mit der normalen Polizei! Sie hatte vor langer Zeit Streit mit ihr – wegen einer Kuh oder ich weiß nicht was –, und sie ist der festen Überzeugung, daß das alles Diebe und Schurken sind. Das ist der Grund für diese Zeitungsgeschichte, denke ich mir.«

Colin fischte eine Bruyèrepfeife und einen Tabaksbeutel aus Öltuch aus seiner Tasche. Er stopfte die Pfeife und zündete sie an. Das Streichholz beleuchtete seinen struppigen Vollbart und seine grimmigen Augen, die auf den glimmenden Tabak schielten.

»Für mich – nun, für mich spielt das keine große Rolle. Ich bin ein altes Schlachtroß. Ich hab' eben meine Schulden, und Angus wußte das; aber ich komme schon irgendwie durch. Wenigstens hoffe ich das. Aber Elspat! Keinen Penny hat sie! Sack und Asche!«

»Wie wird das Geld aufgeteilt?«

»Falls wir es kriegen, meinen Sie?«

»Ja.«

»Ganz einfach: ich bekomme die eine Hälfte und Elspat die andere.«

»Durch ihren Status als Ehefrau aus Gewohnheitsrecht?«

»Pst!« zischte Colin, sah sich um und fuchtelte mit dem verkohlten Streichholz vor dem Gesicht seines Begleiters herum. »Das ist mir vorhin nur so rausgerutscht. Sie wird nie den Anspruch erheben, seine Ehefrau aus Gewohnheitsrecht zu sein, darauf können Sie Ihre Stiefel verwetten. Ich hab' Ihnen schon gesagt, die Leidenschaft des alten Mädchens für Ehrbarkeit grenzt ans Morbide.«

»Irgendwie ist es nicht zu übersehen.«

»Sie wird niemals zugeben, mehr als seine ›Verwandte‹ gewesen zu sein – nicht in dreißig Jahren. Sogar Angus, der kein Blatt vor den Mund nahm, hat in der Öffentlichkeit niemals eine Bemerkung darüber fallen lassen. Nein, nein, nein. Das Geld ist eine schlichte Hinterlassenschaft – die wir wahrscheinlich nie bekommen werden.«

Er warf das verbrauchte Streichholz weg, straffte seine Schultern und zeigte mit einer Kopfbewegung auf die Wendeltreppe.

»Also, kommen Sie – falls Sie es sich zutrauen. Es sind fünf Stockwerke und einhundertvier Stufen bis oben. Kommen Sie, und passen Sie auf Ihren Kopf auf.«

Alan war viel zu gespannt, als daß er die Stufen gezählt hätte. Aber sie schienen – wie das bei einer Wendeltreppe immer so ist – nicht aufhören zu wollen. Durch nachträglich vergrößerte Fenster auf der Westseite, also der dem Loch abgewandten Seite des Turmes, fiel Licht in das Treppenhaus. Der muffige Stallgeruch wurde durch den Duft von Colins Pfeifentabak nicht gerade verbessert.

Beim letzten Rest des Tageslichts tasteten sie sich über die unebenen Steinstufen an der Turmmauer entlang nach oben.

»Schlief Ihr Bruder etwa immer dort oben?« fragte Alan.

»Ja, das tat er seit Jahr und Tag jede Nacht. Er mochte den Blick über den Loch und meinte, die Luft sei hier oben sauberer. Das halte ich allerdings für Unsinn. Sack und Asche, ich bin nicht mehr in Form!«

»Werden diese anderen Räume auch benutzt?«

»Nein. Stehen bloß voller Gerümpel. Überreste von Angus' ›Werde-reich-und-glücklich-Plänen‹.« Colin blieb schwer atmend an einem Fenster auf dem vorletzten Treppenabsatz stehen.

Alan sah hinaus. Das letzte Abendrot schien geisterhaft durch die Bäume. Obwohl das Fenster eigentlich gar nicht so hoch über dem Boden lag, hatte er den Eindruck, in schwindelnder Höhe zu schweben.

Unter ihnen, nach Westen hin, zog sich die Hauptstraße nach Inveraray. Im Tal von Glen Shira und weiter oben an der Gabelung, wo Glen Aray durch steile Hügel nach Dalmally ansteigt, wurde der Wald von breiten grauen Schneisen durchzogen, in denen umgestürzte Baumstämme übereinanderlagen und verrotteten. Es waren die Spuren des großen Unwetters, das Argyllshire vor einigen Jahren heimgesucht hatte, erfuhr Alan von Colin. Es war jetzt ein Wald von toten Bäumen.

Ganz im Süden über den Tannenwipfeln konnten sie die großartige Burg Argyll mit ihren vier hohen Türmen sehen, deren Dächer bei Regen die Farbe wechseln. Dahinter mußte irgendwo das Gutshaus sein, das einst als das Gerichtsgebäude gedient hatte, in dem James Stewart, der Vormund von Alan Breck

Stewart, wegen des Appin-Mordes vor Gericht gestanden hatte und verurteilt worden war. Man konnte regelrecht spüren, wie die Namen, Lieder, Traditionen und abergläubischen Vorstellungen in der Luft schwebten.

»Dr. Campbell«, fragte Alan völlig ruhig, »wie ist der alte Mann gestorben?«

Funken flogen aus Colins Pfeife. »Sie fragen mich? Ich weiß es nicht. Ich weiß nur, daß er auf keinen Fall Selbstmord begangen hat. Angus sich selber umbringen? Quatsch!« Noch mehr Funken flogen aus der Pfeife. »Ich will Alec Forbes ja nicht hängen sehen«, fuhr er verdrossen fort, »aber er wird verdammt noch mal hängen müssen. Alec hätte Angus, ohne mit der Wimper zu zucken, das Herz aus dem Leib geschnitten.«

»Wer ist dieser Alec Forbes?«

»Ach, so ein Kerl, der sich hier irgendwann niedergelassen hat, zuviel trinkt und sich für eine Art Hobbyerfinder hält. Er und Angus haben an einem gemeinsamen Projekt gearbeitet – mit dem normalen Resultat einer solchen Zusammenarbeit: Sie ist geplatzt. Er hat behauptet, Angus hätte ihn reingelegt. Was wahrscheinlich sogar stimmt.«

»Und dann ist Forbes in der ... Mordnacht hergekommen und hat einen Streit vom Zaun gebrochen?«

»Ja. Ist direkt hier in Angus' Schlafzimmer raufgekommen und wollte die Sache ausfechten. War sicherlich betrunken.«

»Aber sie haben ihn wieder rausgeworfen, nicht wahr?«

»Ja. Das heißt, es war eher Angus selbst, der es tat. Mit Angus war trotz seines Alters und Gewichts nicht zu spaßen. Dann erst kam das Weibervolk dazu, und sie mußten das Schlafzimmer und sogar die anderen Zimmer durchsuchen und sich vergewissern, daß sich Alec nicht wieder hereingeschlichen hatte.«

»Was er offensichtlich nicht getan hatte.«

»So ist es. Dann verschließt und verriegelt Angus seine Tür. In der Nacht passiert irgend etwas.« Wenn Colin längere Fingernägel gehabt hätte, hätte er an ihnen gekaut. »Der Polizeiarzt hat festgestellt, daß der Tod zwischen zehn Uhr abends und ein Uhr früh eingetreten sein muß. Aber was zum Teufel nützt uns das? Wir wissen sowieso, daß er nicht vor zehn gestorben ist, denn um diese Zeit wurde er zuletzt lebend gesehen. Aber genauer wollte der Arzt sich nicht festlegen. Er meinte, Angus müßte nicht unbedingt sofort an seinen Verletzungen gestorben sein – er könnte nach dem Sturz noch einige Zeit bewußtlos, aber am Leben gewesen sein. Auf jeden Fall wissen wir, daß Angus zu Bett gegangen war, bevor all dies passiert ist.«

»Woher wissen wir das?«

Colin machte eine ärgerliche Handbewegung. »Weil er sein Nachthemd trug, als man ihn fand. Und sein Bett war zerwühlt. Und er hatte das Licht gelöscht und die Verdunkelung vom Fenster genommen.«

Alan erschrak.

»Wissen Sie«, murmelte er, »ich hatte fast vergessen, daß wir mitten in einem Krieg stecken und daß wir uns mit Dingen wie der Verdunkelung befassen müssen. Aber schauen Sie!« Er zeigte auf das Fenster. »D i e s e Fenster sind nicht verdunkelt.«

»Nein. Angus konnte hier im Dunkeln rauf- und runtersteigen. Er behauptete, hier seien Verdunkelungen Geldverschwendung. Aber ein Licht oben im Schlafzimmer hätte man meilenweit sehen können, das mußte sogar Angus zugeben. Sack und Asche! Stellen Sie mir nicht so viele Fragen. Kommen Sie, und schauen Sie sich das Zimmer selbst an.«

Er klopfte seine Pfeife aus und rannte wie ein plumper Pavian die letzten Stufen hinauf.

Kapitel 7

Die Hundebox

Alistair Duncan und Walter Chapman stritten sich immer noch.

»Mein werter Herr«, sagte der große Anwalt mit den hängenden Schultern und fuchtelte mit seinem Kneifer in der Luft herum, so als wollte er ein Orchester dirigieren, »es ist doch jetzt wohl offensichtlich, daß wir es mit einem Mordfall zu tun haben?«

»Nein.«

»Aber der Koffer, Sir! Die Hundebox, die nach dem Mord unter dem Bett gefunden wurde?«

»Nach dem Ableben.«

»Sollen wir der Einfachheit halber nicht Mord sagen?«

»Einverstanden, ohne daß Sie das als Zugeständnis werten dürfen. Aber sagen Sie mir doch, Mr. Duncan, was *ist* denn nun mit dieser Hundebox? Sie war leer. Es war kein Hund darin. Mikroskopische Untersuchungen durch die Polizei haben ergeben, daß gar nichts darin war. Was wollen Sie mit ihr eigentlich beweisen?«

Das Gespräch wurde unterbrochen, weil Alan und Colin den Raum betraten. Das Turmzimmer war rund und geräumig, hatte aber im Verhältnis zu seinem Durchmesser eine recht niedrige Decke. Von einem kleinen Treppenabsatz führte die einzige Tür in den Raum. Das Türschloß war aus dem Rahmen gebrochen; das rostige Schließblech des Riegels, in dem dieser immer noch steckte, war ebenfalls aus dem Holz gerissen.

Das einzige Fenster, direkt gegenüber der Tür, übte eine schaurige Faszination auf Alan aus.

Es war größer, als es von unten ausgesehen hatte, und seine zwei Flügel gingen wie die Fenster in Frankreich nach außen auf. Sie waren in einem Rautenmuster bleiverglast. Das Fenster war offensichtlich erst in jüngerer Zeit eingebaut worden, nachdem man den ursprünglichen Fensterausschnitt vergrößert hatte. Alan erschrak, als er sah, wie gefährlich niedrig es war.

Dieser zwielichtig-helle Fleck inmitten des im Zimmer herrschenden Wirrwarrs zog das Auge fast hypnotisch an. Mit Ausnahme der Glühbirne über dem Schreibtisch und des elektrischen Öfchens daneben war das Fenster die einzig moderne Sache hier oben.

Ein großes ehrbares Eichenbett mit einem doppelten Plumeau und einer bunten Steppdecke stand an einer Seite der runden Wand. Ein Eichenschrank reichte fast bis an die Decke. Um den Raum etwas freundlicher zu gestalten, waren dic Wände verputzt und mit einer Tapete beklebt worden, auf der blaue Kohlköpfe vor einem gelben Hintergrund zu sehen waren.

Die Bilder an der Wand waren hauptsächlich Familienphotographien, die teilweise aus den fünfziger und sechziger Jahren des letzten Jahrhunderts stammten. Auf dem Steinfußboden lagen Strohmatten. Ein Frisiertisch mit Marmorplatte und einem fast blinden Spiegel war neben den großen, mit Briefen und anderen Papieren überhäuften Schreibtisch gezwängt worden. Weitere Korrespondenz war an der Wand entlang gestapelt und sorgte dafür, daß die Schaukelstühle in merkwürdigen Winkeln zueinander standen. Zwar lagen überall Fachzeitschriften herum, doch gab es im ganzen Raum nur zwei Bücher: eine Bibel und ein Postkartenalbum.

Es war ein Altmännerzimmer. Ein Paar von Angus' Stiefeln, dem man die Hühneraugen und Blasen ihres Trägers geradezu ansah, stand noch unter dem Bett.

Auch in Colin schien das Zimmer einige Erinnerungen wachzurufen. »'n Abend«, sagte er mit immer noch leicht ärgerlicher Stimme. »Das ist Alan Campbell aus London. Wo ist der *Procurator?«*

Alistair Duncan setzte seinen Kneifer auf. »Leider nach Hause gegangen. Ich habe ihn im Verdacht, daß er Tante Elspat aus dem Wcg gcht. Unser junger Freund hier«, mit müden Lächeln hob er die Hand und tippte Chapman auf die Schulter, »meidet sie wie die Pest und will partout nicht in ihre Nähe kommen.«

»Nun ja, man weiß bei ihr ja nie, woran man ist. Sie tut mir wirklich sehr leid, und so weiter, aber zum Henker damit!«

Der *Law Agent* schob seine hängenden Schultern nach vorne und schaute düster auf Alan hinab. »Haben wir uns nicht schon mal irgendwo gesehen, Sir?«

»Ja – noch vor kurzer Zeit.«

»Ah! Ja. Haben wir ... Worte miteinander gewechselt?«

»Ja. Sie sagten: ›Guten Tag‹ und ›Auf Wiedersehen‹.«

»Wenn doch nur«, sagte der *Law Agent* kopfschüttelnd, »all unsere gesellschaftlichen Beziehungen so unkompliziert wären! Guten Tag!« Mit seinen knochigen Fingern schüttelte er Alan schwach die Hand. »Natürlich«, fuhr er dann fort, »jetzt erinnere ich mich. Ich habe Ihnen ja geschrieben. Sehr freundlich von Ihnen, daß Sie gekommen sind.«

»Darf ich Sie fragen, Mr. Duncan, warum Sie mir geschrieben haben?«

»Verzeihung?«

»Ich bin froh, daß ich hier bin, und ich weiß, daß ich diesen Zweig unserer Verwandtschaft schon viel früher hätte kennenlernen sollen. Aber Kathryn Campbell und ich, wir scheinen hier irgendwie überflüssig zu sein. Was meinten Sie denn genau mit ›Familienkonferenz‹?«

»Das werde ich Ihnen sagen«, erwiderte Duncan prompt und für seine Verhältnisse fast fröhlich. »Lassen Sie mich Ihnen zuerst Mr. Chapman von der Hercules-Versicherungsgesellschaft vorstellen. Ein dickköpfiger Bursche.«

»Mr. Duncan ist selbst kein schlechter Dickkopf«, lächelte Chapman.

»Wir haben hier einen klaren Fall von Unfall oder Mord«, sprach der Anwalt weiter. »Hat man Ihnen schon die Einzelheiten vom Tod Ihres unglücklichen Verwandten erzählt?«

»Teilweise«, meinte Alan, »aber ...«

Er ging ans Fenster. Die zwei Flügel standen halb offen. Zwischen ihnen gab es keinen senkrechten Balken, so daß bei ganz offenem Fenster eine freie Öffnung von etwa neunzig Zentimetern Breite und hundertzwanzig Zentimetern Höhe entstand. Es bot sich ihm ein herrlicher Blick über das dunkler werdende Wasser und die rotbraunen Hügel – doch Alan schaute nicht einmal hin.

»Darf ich eine Frage stellen?« sagte er.

Chapman hob die Augen zur Decke, so als wollte er sagen: ›Noch so einer!‹ Duncan machte eine höfliche Geste: »Selbstverständlich.«

Neben dem Fenster auf dem Boden stand die Verdunkelungsvorrichtung: ein Stück Öltuch, das auf einen leichten Holzrahmen genagelt war, der genau in die Fensteröffnung paßte.

Alan zeigte darauf. »Könnte er vielleicht beim Abnehmen der Verdunkelung hinausgefallen sein? Sie wissen ja, wie man das so macht. Bevor wir ins Bett steigen, schalten wir das Licht aus, tasten uns ans Fenster, nehmen die Verdunkelung ab und machen das Fenster auf. Wenn man sich beim Öffnen dieses Fenstergriffs aus Unvorsichtigkeit zu stark dagegenlehnt, könnte ich mir denken, daß man kopfüber hinausfällt. Es gibt keinen Mittelbalken.«

Zu Alans Verwirrung war es Duncan, der ärgerlich dreinschaute, und Chapman, der lächelte.

»Beachten Sie, wie dick die Wand ist«, bemerkte der Versicherungsmann. »Neunzig Zentimeter – eine gute alte Wand aus feudalen Zeiten. Nein. Das kann ihm nicht passiert sein, es sei denn, er war sturzbetrunken, stand unter Drogeneinfluß oder hatte sonstwie die Gewalt über sich verloren. Und die Autopsie hat ergeben, wie sogar Mr. Duncan zugestehen wird«, er warf dem Anwalt, der zustimmend grunzte, einen fragenden Seitenblick zu, »daß all dies nicht der Fall war. Er war ein scharfäugiger, trittsicherer alter Mann, der im Vollbesitz all seiner Sinne war.« Chapman machte eine Pause. »Also, meine Herren, da wir gerade hier sind, möchte ich die Gelegenheit nutzen, um Ihnen allen zu erklären, wieso es sich hier meiner Meinung nach nur um Selbstmord handeln kann. Ich würde gerne Mr. Campbells Bruder eine Frage stellen.«

»Nun?« sagte Colin scharf.

»Es stimmt doch, nicht wahr, daß man Mr. Angus Campbell als Gentleman der alten Schule bezeichnen konnte? Das heißt, er schlief immer mit geschlossenen Fenstern?«

»Ja, das ist richtig«, gab Colin zu und schob die Hände in die Taschen seines Jagdkittels.

»Ich kann das zwar nicht verstehen«, sagte der Versicherungsmann, »puh – ich hätte morgens einen Kopf wie ein Ballon, wenn ich das täte. Aber mein Großvater hat auch immer so geschlafen; der kleinste Hauch frische Nachtluft im Schlafzimmer war ihm ein Greuel – genau wie Mr. Campbell. Der nahm die Verdunkelung nachts überhaupt nur ab, um zu wissen, wann es Morgen war. Meine Herren, jetzt frage ich Sie! Als Mr. Campbell an jenem Abend zu Bett ging, war das Fenster wie gewöhnlich verschlossen und verriegelt. Miss Campbell und Kirstie MacTavish bestätigen das. Später fand die Polizei Mr. Campbells Fingerabdrücke, und zwar *nur seine* Fingerabdrücke, auf dem Fenstergriff. Es ist offensichtlich, was er getan hat. Irgendwann nach zehn Uhr zog er sich aus, schlüpfte in sein Nachthemd, nahm die Verdunkelung vom Fenster und ging wie gewöhnlich zu Bett.« Chapman zeigte aufs Bett. »Jetzt ist das Bett gemacht, aber damals war es zerwühlt.«

»Das«, sagte Alistair Duncan schnüffelnd, »ist Tante Elspats Werk. Sie sagte, es sei eine Frage des Anstands, das Zimmer aufzuräumen.«

Chapman bat mit einer Handbewegung um Ruhe. »Irgendwann zwischen diesem Zeitpunkt und neun Uhr morgens stand er auf, ging zum Fenster, öffnete es und stürzte sich aus freien Stücken hinaus. Zum Henker, ich appelliere an Mr. Campbells Bruder! Meine Firma möchte nichts Falsches tun. Ich möchte nichts Falsches tun. Wie ich schon Mr. Duncan erzählt habe, kannte ich den verstorbenen Mr. Campbell persönlich. Er suchte mich in unserem Glasgower Büro auf und schloß seine letzte Versicherung ab. Wissen Sie, es ist ja schließlich nicht mein Geld. Ich muß es nicht auszahlen. Wenn ich wüßte wie, würde ich auf der Stelle meiner Firma raten, diesen Anspruch anzuerkennen. Aber können Sie mit gutem Gewissen behaupten, daß die Indizien dafür sprechen?«

Im Raum herrschte Schweigen.

Chapman hatte seine Darlegung fast mit einer Spur von Redegewandtheit beendet. Jetzt nahm er seine Aktentasche und seine Melone vom Schreibtisch.

»Die Hundebox . . .«, begann Duncan erneut.

Chapmans Gesicht verdunkelte sich. »Ach, die verdammte Hundebox!« rief er und verlor einen Augenblick seine standesgemäße Geduld. »Sir, können Sie – kann irgend jemand von Ihnen – ein Argument dafür vorbringen, warum die Hundebox in dieser Sache überhaupt eine Rolle spielen soll?«

Zornig ging Colin Campbell zum Bett, bückte sich, griff darunter und zog das fragliche Objekt hervor. Er sah es an, so als wollte er ihm einen kräftigen Fußtritt verpassen.

Die Box hatte etwa die Größe eines großen Koffers, war aber etwas breiter und aus dunkelbraunem Leder. Oben hatte sie einen Tragegriff wie ein Koffer und zwei Verschlüsse aus Metall; an einem Ende befand sich eine längliche Öffnung mit einem Drahtgeflecht davor. Sie sollte wohl als Lüftung für irgendein Tier dienen, das zu transportieren war.

Irgendein Tier, das zu transportieren war. In der Phantasie Alan Campbells bildete sich ein so groteskes und grauenhaftes, wenn auch formloses Bild, daß es in dem alten Turmzimmer plötzlich eindeutig nach dem Bösen zu riechen schien.

»Meinen Sie denn«, hörte er sich sagen, »er könnte so erschreckt worden sein, daß er tat, was er tat?«

Seine drei Begleiter wirbelten herum.

»Erschreckt?« wiederholte der Anwalt.

Alan starrte die lederne Box an. »Ich weiß nichts über diesen Alec Forbes, aber er scheint ja ein ziemlich unangenehmer Zeitgenosse zu sein.«

»Ja – und was wollen Sie damit sagen?«

»Angenommen, Alec Forbes brachte diese Box mit, als er hierher kam, und sie hätte wie ein normaler Koffer ausgesehen. Angenommen, er täuschte nur vor, die Sache mit Angus ›ausfechten‹ zu wollen, kam aber in Wirklichkeit nur, um die Box hierzulassen. Er lenkt Angus ab und schiebt die Box unter das Bett. Wegen des Streits erinnert sich Angus später nicht mehr an den Koffer. Aber mitten in der Nacht kriecht etwas aus der Box ...«

Sogar Alistair Duncan schien sich nicht mehr ganz wohl in seiner Haut zu fühlen.

Und die Aufmerksamkeit, mit der Chapman Alan ansah, konnte er auch hinter seinem skeptischen und ungläubigen Lächeln nicht verbergen. »Ach, kommen Sie!« protestierte er. »Was genau wollen Sie damit eigentlich sagen?«

Alan blieb dabei. »Ich möchte nicht, daß Sie lachen. Aber ich mußte tatsächlich an so etwas wie, na ja, eine große Spinne oder eine Giftschlange denken. Es war heller Mondschein in dieser Nacht, vergessen Sie das nicht.«

Wieder folgte eine scheinbar endlose Stille. Inzwischen war es so dunkel geworden, daß sie fast nichts mehr sehen konnten.

»Außerordentlich, ganz außerordentlich«, murmelte der Anwalt mit seiner dünnen, trockenen Stimme. »Einen Augenblick bitte.«

Er griff in die Innentasche seiner Jacke und zog ein abgegriffenes ledernes Notizbuch hervor. Das trug er ans Fenster, rückte seinen Kneifer zurecht und legte den Kopf schief, um sich eine Seite des Notizbuchs genau anzusehen.

»Hier habe ich Auszüge der Aussage von Kirstie MacTavish, dem Dienstmädchen. Aus der Mundart ins Englische übertragen.«

Er räusperte sich und las vor:

»Mr. Campbell sagte zu mir und zu Miss Campbell: ›Geht jetzt ins Bett, Schluß mit diesem Unsinn. Ich habe den Gauner vertrieben. Aber habt Ihr irgendwo den Koffer gesehen, den er bei sich hatte?‹ Wir sagten, das hätten wir nicht; wir sind nämlich erst dazugekommen, nachdem Mr. Campbell Mr. Forbes schon vor die Tür gesetzt hatte. Mr. Campbell sagte: ›Ich wette, er verläßt das Land, um seinen Gläubigern zu entkommen. Aber was wollte er bloß mit dem Koffer? Als ich ihn rausschmiß, benutzte er beide Hände bei dem Versuch, mich zu schlagen.‹«

Duncan linste über seinen Kneifer. »Was sagen Sie nun dazu, mein werter Herr?« erkundigte er sich.

Der Versicherungsagent war nicht erbaut. »Vergessen Sie nicht, worauf Sie mich selbst aufmerksam gemacht haben? Als Miss Campbell und das Dienstmädchen schließlich das Zimmer durchsuchten – kurz bevor Mr. Campbell zu Bett ging –, sahen sie keinen Koffer unter dem Bett.«

Duncan rieb sich das Kinn. Bei dieser Beleuchtung wirkte sein Gesicht leichenblaß, und sein graues Haar erinnerte an Draht. »Richtig«, gab er zu, »richtig. Aber trotzdem ...« Er schüttelte den Kopf.

»Schlangen!« schnaubte der Versicherungsmann. »Spinnen! Dr. Fu Manchu! Schauen Sie! Ist Ihnen eine Schlange oder Spinne bekannt, die aus diesem Kasten kriechen und ihn anschließend wieder sorgfältig verschließen würde? Beide Verschlüsse an diesem Ding waren morgens, als es gefunden wurde, verschlossen.«

»Das ist sicherlich ein Stolperstein für uns«, räumte Duncan ein, »aber trotzdem ...«

»Und was ist später aus der Kreatur geworden?«

»Keine angenehme Vorstellung«, grinste Colin Campbell, »daß die ›Kreatur‹ noch irgendwo hier im Raum sein könnte.«

Mr. Walter Chapman setzte eilig seine Melone auf. »Ich muß gehen«, sagte er. »Tut mir leid, meine Herren, aber ich habe mich eh schon verspätet und muß zurück nach Dunoon. Kann ich Sie mitnehmen, Mr. Duncan?«

»Unsinn!« röhrte Colin. »Sie bleiben zum Tee. Alle beide.«

Chapman blinzelte ihn an. »Tee? Jetzt? Meine Güte, und wann essen Sie zu Abend?«

»Abendessen werden Sie keins kriegen, mein Junge. Aber an unserem Tee werden Sie länger zu beißen haben als an den meisten Abendessen. Und ich habe einen sehr beachtlichen Whisky, den ich endlich einmal an jemandem ausprobieren möchte; anfangen will ich dabei mit einem verdammten Engländer. Was sagen Sie dazu?«

»Tut mir leid. Ist freundlich von Ihnen, aber ich muß wirklich gehen.« Chapman zupfte an seinen Mantelärmeln. Er strahlte Verärgerung aus. »Was Schlangen und Spinnen angeht – oder gar übernatürliche Phänomene –«

Wie der MacHolster-Sproß kein unglücklicheres Wort als ›Witz‹ gegenüber Elspat Campbell hätte wählen können, so erging es nun Chapman mit dem Wort ›übernatürlich‹ Colin gegenüber.

Colin zog seinen großen Kopf zwischen die breiten Schultern. »Und wer sagt, hier sei Übernatürliches im Spiel?« fragte er ganz leise.

Chapman lachte. »Ich natürlich nicht. Das liegt nicht so ganz auf der Linie meiner Firma. Aber die Leute in dieser Gegend scheinen zu glauben, daß es hier spukt – oder doch zumindest, daß hier irgendwas nicht stimmt.«

»Ach.«

»Und wenn ich das sagen darf, ohne jemanden zu beleidigen«, der Versicherungsmann zwinkerte mit einem Auge, »die Leute scheinen keine allzu gute Meinung von Ihnen hier zu haben. Von einem ›schlimmen Haufen‹ wird gemunkelt – oder etwas in dieser Richtung.«

»Wir s i n d ein schlimmer Haufen! Sack und Asche!« schrie der atheistische Doktor nicht ohne Stolz. »Wer hätte das je geleugnet? Ich jedenfalls nicht. Aber Spuk! Bei allen ... Hören Sie. Sie glauben doch nicht, daß Alec Forbes einen Poltergeist in einer Hundebox mit sich herumtrug?«

»Um ehrlich zu sein: Ich glaube nicht«, versetzte Chapman, »daß irgend jemand irgend etwas in irgendeiner Box herumtrug.« Sein gequälter Gesichtsausdruck war wieder da. »Trotzdem wäre es mir lieber, wenn wir uns einmal mit diesem Mr. Forbes unterhalten könnten.«

»Wo ist er übrigens?« fragte Alan.

Der *Law Agent,* der sein Notizbuch zugeklappt hatte und mit einem trockenen, stillen Lächeln zuhörte, schaltete sich wieder in die Unterhaltung ein. »Das ist auch so eine komische Sache. Sogar Mr. Chapman müßte Alec Forbes' Lebenswandel ein wenig verdächtig vorkommen. Denn, sehen Sie, Alec Forbes ist unauffindbar.«

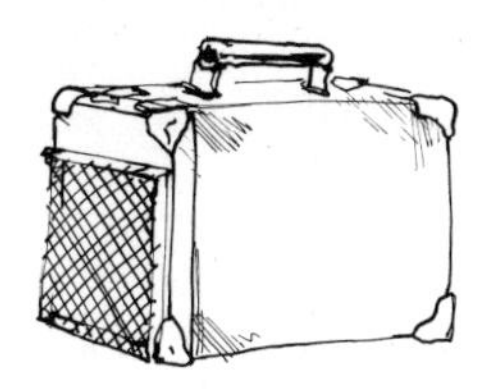

Kapitel 8

Der Fluch der Campbells

»Sie meinen«, fragte Alan, »er ist geflohen, um seinen Gläubigern zu entwischen?«

Duncan wedelte mit seinem Kneifer. »Das wäre Verleumdung. Nein, ich stelle nur eine Tatsache fest. Vielleicht ist er auch auf einer, hm, Sauftour – durchaus denkbar. Jedenfalls seltsam. Oder, mein lieber Chapman? Ist doch wirklich seltsam.«

Der Versicherungsagent holte tief Luft. »Meine Herren«, sagte er, »ich kann die Angelegenheit jetzt leider nicht weiter diskutieren. Ich muß diese Treppe hinuntergehen, bevor ich mir im Dunkeln den Hals breche. Alles, was ich sagen kann, ist folgendes: Ich werde morgen mit dem *Procurator Fiscal* sprechen. Er muß sich inzwischen entschieden haben, ob er die Sache für Selbstmord, Unfall oder Mord hält. Von seinen Maßnahmen hängen notwendigerweise die unsrigen ab. Kann ich fairer sein?«

»Nein. Danke, damit sind wir zufrieden. Wir bitten nur um ein wenig Zeit.«

»Aber wenn Sie sicher sind, daß es Mord ist«, warf Alan ein, »warum unternimmt Ihr *Procurator* nicht ein paar praktische Schritte? Warum zieht er zum Beispiel nicht Scotland Yard hinzu?«

Duncan sah ihn mit echtem Entsetzen an. »Scotland Yard nach Schottland holen?« protestierte er. »Mein werter Herr!«

»Man sollte doch meinen, das wären die richtigen Leute am richtigen Ort«, sagte Alan. »Warum nicht?«

»Mein werter Herr, so geht das nicht! Das schottische Recht geht seine eigenen Wege.«

»Lieber Himmel, das stimmt!« rief Chapman und schlug dabei mit seiner Aktentasche an sein Bein. »Ich bin erst seit zwei Monaten hier oben, aber das habe ich schnell rausgefunden.«

»Also, was werden Sie tun?«

»Während Sie alle«, bemerkte Colin und warf sich in die Brust, »nichts Besseres zu tun hatten, als die Zeit mit Schwatzen zu verplempern, sind andere Leute nicht untätig gewesen. Ich werde Ihnen nicht sagen, was ich tun werde. Ich werde Ihnen sagen, was ich getan h a b e .« Sein Blick warnte sie im voraus vor möglichen Einwänden. »Ich habe Gideon Fell hergebeten.«

Duncan schnalzte nachdenklich mit der Zunge. »Das ist doch der Mann, der ...«

»Genau der – und außerdem ein guter Freund von mir.«

»Haben Sie an die – äh – Kosten gedacht?«

»Sack und Asche, können Sie nicht mal für fünf Sekunden aufhören, ans Geld zu denken? Bloß fünf Sekunden? Außerdem wird es Sie keinen Penny kosten. Er wird als mein Gast hier sein, das ist alles. Wenn Sie ihm Geld anbieten, wird's Ärger geben.«

Die Stimme des Anwalts klang reserviert. »Wie wir ja alle wissen, lieber Colin, hat Ihre Verachtung all dessen, was mit Geld zu tun hat, Sie schon des öfteren in peinliche Situationen gebracht.« Duncans Blick war vielsagend. »Nur dürfen Sie m i r nicht verwehren, an die Pfunde, Schillinge und Pennies zu denken. Vorhin fragte dieser Herr«, er nickte in Richtung Alan, »wozu diese ›Familienkonferenz‹ einberufen wurde. Das kann ich Ihnen sagen. Wenn die Versicherungsgesellschaften nicht zahlen wollen, müssen gewisse Schritte eingeleitet werden. Und diese Schritte könnten teuer werden.«

»Wollen Sie vielleicht sagen«, fragte Colin, und seine Augen traten aus ihren Höhlen hervor, »daß Sie diese zwei Kinder flugs aus London herbestellt haben in der Hoffnung, sie würden ihr Scherflein dazu beitragen? Sack und Asche, soll ich Ihnen den Hals umdrehen?«

Duncan war sehr blaß geworden. »Ich bin es nicht gewohnt, daß so mit mir gesprochen wird, Colin Campbell.«

»Nun, es w i r d aber so mit Ihnen gesprochen, Alistair Duncan. Und was sagen Sie jetzt?«

Zum ersten Mal schlich sich eine persönliche Note in die Stimme des *Law Agent.* »Colin Campbell, seit zweiundvierzig Jahren bin ich Ihrer Familie stets in allen Stücken zu Diensten gewesen ...«

»Hahaha!«

»Colin Campbell ...«

»Also wirklich! Ich bitte Sie!« protestierte Chapman. Ihm war die Situation so unangenehm, daß er von einem Fuß auf den anderen trat.

Auch Alan mischte sich ein, indem er seine Hand auf Colins bebende Schulter legte. Er befürchtete, dieser könnte jeden Moment wieder jemanden am Kragen und am Hosenbund packen und aus dem Haus werfen.

»Entschuldigen Sie«, sagte Alan, »mein Vater hat mir ziemlich viel hinterlassen, und wenn ich i r g e n d w a s tun kann . . .«

»So? Ihr Vater hat Ihnen ziemlich viel hinterlassen?« fragte Colin. »Und Sie haben das ganz genau gewußt, stimmt's, Alistair Duncan?«

Der Anwalt stotterte eine Antwort. Was er eigentlich sagen wollte, soweit Alan ihn verstand, war: ›Wollen Sie, daß ich Ihre Geschäfte nicht mehr führe?‹ Was er aber tatsächlich sagte, klang wie: ›Wollen Sie, daß ich Ihre Geschäfte nicht mehr schüre?‹ Aber sowohl er selbst als auch Colin waren zu wütend, als daß es ihnen aufgefallen wäre.

»Ja, das will ich«, sagte Colin. »Genau das ist es, was ich verdammt noch mal will. Sollen wir jetzt runtergehen?«

Schweigend und sichtlich um Würde bemüht, stolperte und tastete sich das Quartett die ersten tückischen Stufen hinunter. Dann versuchte Chapman die Situation aufzulockern, indem er Duncan fragte, ob er ihn im Auto mitnehmen könne – ein Angebot, das angenommen wurde. Ein paar anschließende Bemerkungen Chapmans über das Wetter verfehlten ihre Wirkung.

Wortlos gingen sie im Erdgeschoß durch das jetzt leere Wohnzimmer zur Haustür. Colin und der Anwalt verabschiedeten sich so steif voneinander, als wären sie am nächsten Morgen zu einem Duell verabredet. Die Tür schloß sich hinter ihnen.

»Elspat und die kleine Kate«, sagte Colin, der offenbar immer noch mit seiner Wut zu kämpfen hatte, »werden schon beim Tce sein. Kommen Sie.«

Alan gcfiel das Eßzimmer, und es hätte ihm noch besser gefallen, wenn er nicht so durcheinander gewesen wäre.

Vor dem prasselnden Feuer und unter einer niedrigen Deckenlampe, die helles Licht auf das weiße Tischtuch warf, saßen Tante Elspat und Kathryn bei einer Mahlzeit, die aus Würsten, Ulster Fry, Eiern, Kartoffeln, Tee und enormen Mengen von Toastbrot mit Butter bestand.

»Elspat«, sagte Colin schlechtgelaunt und zog sich einen Stuhl heran, »Alistair Duncan hat mal wieder gekündigt.«

Tante Elspat griff nach der Butterdose. »Nu ja«, meinte sie philosophisch, »das ist nicht das erste Mal, und das wird auch nicht das letzte Mal gewesen sein. Mir hat er auch gekündigt – vorige Woche.«

Das überaus unbehagliche Gefühl, unter dem Alan gelitten hatte, begann zu weichen. »Soll das heißen«, fragte er, »daß all das vorhin – gar nicht ernstgemeint war?«

»Ach woher. Morgen hat er sich wieder beruhigt«, sagte Colin. Er rückte unruhig hin und her und starrte finster auf den wohlgedeckten Tisch. »Du weißt ja, Elspat, daß ich ein verflucht hitziges Temperament hab'. Kann mich manchmal einfach nicht beherrschen.«

Elspat nahm das zum Anlaß, ihm eine Standpauke zu halten. Sie würde eine gottlose Sprache in ihrem Haus nicht dulden, monierte sie, besonders nicht in Anwesenheit des Kindes, womit wahrscheinlich Kathryn gemeint war. Ferner rügte sie Colin und Alan, weil sie zu spät zu Tisch gekommen waren, und benutzte dabei Ausdrücke, die man selbst dann noch als unangemessen grob hätte bezeichnen müssen, wenn die beiden Männer unentschuldigt drei Mahlzeiten ausgelassen und ihr bei der vierten die Suppe über den Rock geschüttet hätten.

Alan hörte nur mit halbem Ohr zu. Er fing an, Tante Elspat jetzt ein bißchen besser zu verstehen. Ihre Ausbrüche erfolgten fast mechanisch: Vor langer Zeit war sie gezwungen gewesen, zu kämpfen, um sich durchzusetzen, und diese Gewohnheit hatte sie beibehalten – auch nachdem es längst nicht mehr notwendig war. Es war nicht einmal schlechte Laune – es war einfach ein Automatismus.

Die Wände des Eßzimmers waren mit verstaubten Hirschgeweihen geschmückt, und über dem Kaminsims hingen zwei gekreuzte schottische Breitschwerter. Alan schaute sie fasziniert an. Langsam durchflutete ihn ein gewisses Wohlbehagen, während er sein Essen verschlang und es mit starkem schwarzem Tee hinunterspülte.

»Ah!« sagte Colin und stieß einen Seufzer aus. Er schob seinen Stuhl zurück, streckte sich und rieb sich über den Bauch. Sein Gesicht leuchtete zwischen den struppigen Haaren und dem Bart. »So, jetzt geht's mir schon besser. Viel besser. Hol mich der Henker, wenn ich nicht gute Lust hätte, die alte Schlange von Anwalt anzurufen und mich bei ihm zu entschuldigen!«

»Haben Sie denn«, fragte Kathryn zögernd, »haben Sie denn etwas herausgefunden? Oben im Turm? Oder einen Entschluß gefaßt?«

Colin schob sich einen Zahnstocher in den Bart. »Nein, Kitty-Kat, haben wir nicht.«

»Nennen Sie mich bitte nicht Kitty-Kat! Sie behandeln mich alle, als wäre ich noch nicht erwachsen!«

»Quatsch!« sagte Tante Elspat und warf ihr einen vernichtenden Blick zu. »Du bist noch nicht erwachsen.«

»Wir haben keinen Entschluß gefaßt«, fuhr Colin fort und rieb sich dabei weiter den Bauch, »aber das war ja auch nicht nötig. Morgen ist Gideon Fell hier. Als ich heute abend Ihr Boot kommen sah, dachte ich eigentlich schon, er wäre es. Und wenn er erst mal hier ist ...«

»Sagten Sie Fell?« rief Kathryn. »Doch nicht Dr. Fell?«

»Kein anderer.«

»Doch nicht dieser schreckliche Mensch, der Leserbriefe schreibt? Sie wissen schon, Alan.«

»Er ist ein ausgezeichneter Gelehrter, Kitty-Kat«, sagte Colin, »und als solcher hat er es verdient, daß Sie Ihren Hut vor ihm ziehen. Aber in erster Linie ist er durch seine detektivische Arbeit berühmt geworden.«

Tante Elspat wollte wissen, welcher Religion er angehöre.

Colin erwiderte, das wisse er nicht, und daß es auch verdammt gleichgültig sei, welche Religion er habe.

Daraufhin gab Tante Elspat zu verstehen, daß dies im Gegenteil keineswegs gleichgültig sei, und ließ einige Bemerkungen folgen, aus denen ihre Zuhörer zweifelsfrei entnehmen konnten, was ihrer Auffassung nach Colin dereinst im Jenseits blühte. Dies war der Aspekt bei Konversationen mit Elspat, mit dem sich Alan am schwersten abfinden konnte. Ihre Vorstellungen von Theologie waren kindisch. Ihr Wissen über die Kirchengeschichte hätte selbst der verstorbene Bischof Burnet für unzutreffend gehalten. Aber Alans gute Manieren ließen ihn schweigen, bis er Gelegenheit hatte, eine wichtige Frage zu stellen.

»Das einzige, was ich noch nicht ganz verstehe«, sagte er, »ist die Sache mit dem Tagebuch.«

Tante Elspat hörte auf, Verdammungsurteile nach links und rechts auszuteilen, und widmete sich ihrem Tee.

»Tagebuch?« wiederholte Colin.

»Ja. Ich bin nicht einmal sicher, ob ich das richtig verstanden habe; vielleicht bezog es sich auch auf etwas ganz anderes. Aber als sich Mr. Duncan und der Versicherungsbursche im Nebenzimmer unterhielten, sagte Mr. Duncan etwas von einem ›fehlenden Tagebuch‹. So habe ich das jedenfalls verstanden.«

»Ich auch«, bestätigte Kathryn.

Colin machte ein düsteres Gesicht. »Soviel ich mir zusammenreimen kann«, er setzte einen Finger auf seinen Serviettenring und schnippte ihn so über den Tisch, daß er zu ihm zurückgerollt kam, »hat es jemand geklaut – das ist alles.«

»Welches Tagebuch?«

»Angus' Tagebuch, verdammt noch mal! Er hat Jahr für Jahr sehr sorgfältig ein Tagebuch geführt und es am Jahresende immer verbrannt, damit es nie jemand finden konnte und wußte, was er wirklich dachte.«

»Vernünftige Angewohnheit.«

»Ja. Na, er hat eben jeden Abend, bevor er ins Bett ging, eine Eintragung gemacht. Das hat er, glaube ich, nie versäumt. Es hätte also am nächsten Morgen auf seinem Schreibtisch liegen müssen. Da war es aber nicht. Oder, Elspat?«

»Trink deinen Tee, und sei kein Dummkopf.«

Colin setzte sich auf. »Was zum Teufel ist daran dumm? Das Tagebuch ist fort, oder etwa nicht?«

Vorsichtig und mit damenhafter Geziertheit, an der man ihre gute Kinderstube erkennen sollte, goß Tante Elspat etwas Tee aus ihrer Tasse in die Untertasse, blies darauf und trank.

»Das Problem ist«, fuhr Colin fort, »daß erst viele Stunden später überhaupt jemandem auffiel, daß das Tagebuch weg war. Jeder, der es in der Zwischenzeit dort liegen sah, konnte es nehmen. Ich will sagen, es ist nicht bewiesen, daß es der Phantommörder genommen hat. Kann jeder gewesen sein. Stimmt's, Elspat?«

Tante Elspat schaute einen Moment lang auf ihre leere Untertasse und seufzte dann. »Ich nehm' an«, sagte sie resignierend, »ihr werdet ja wohl jetzt den Whisky wollen.«

Colins Gesicht hellte sich auf. »Das«, dröhnte er inbrünstig, »ist mitten in diesem ganzen Chaos *die* Idee, auf die die Welt gewartet hat!« Er wandte sich an Alan. »Junge, würden Sie gern ein paar Tropfen Morgentau probieren, die Ihnen das Gehirn aus dem Kopf blasen? Wie ist es?«

Obwohl draußen Wind aufkam, war es im Eßzimmer gemütlich und warm. Wie immer in Gegenwart von Kathryn fühlte sich Alan stark und mutig.

»Es wäre eine interessante Erfahrung«, antwortete er und lehnte sich zurück, »einen Whisky zu finden, der mir das Gehirn aus dem Kopf blasen könnte.«

»Hört, hört!«

»Sie dürfen nicht vergessen«, sagte Alan, was aus seiner Sicht durchaus berechtigt war, »daß ich während der Prohibition drei Jahre in den Vereinigten Staaten verbracht habe. Wer das überlebt, hat von keinem Wässerchen, das aus einer Brennerei – oder auch anderswoher – stammt, etwas zu befürchten.«

»Glauben Sie? Soso«, sinnierte Colin, »tatsächlich? Elspat, dies erfordert heroische Maßnahmen. Bring uns den *Fluch der Campbells.«*

Sie erhob sich ohne Widerrede. »Nu ja«, meinte sie, »es ist nicht das erste Mal, und es wird auch nicht das letzte Mal gewesen sein. Ich könnte selbst ein winziges Schlückchen gebrauchen – die Nacht ist kalt.«

Sie schlurfte hinaus und kam mit einer fast vollen Karaffe zurück. Die dunkelbraune Flüssigkeit schimmerte golden, wenn das Licht hineinfiel. Colin setzte die Karaffe behutsam auf den Tisch. Dann schenkte er ein: für Elspat und Kathryn unendlich kleine Mengen, für sich und Alan jeweils etwa ein viertel Glas.

»Wie möchten Sie ihn, Junge?«

»Amerikanisch: pur – mit Wasser extra.«

»Gut! Verdammt gut!« röhrte Colin. »So wird er nicht verdorben. Jetzt trinken Sie aus. Kommen Sie, trinken Sie.«

Sie – das heißt zumindest Colin und Elspat – beobachteten ihn eindringlich und aufmerksam. Kathryn roch mißtrauisch an ihrem Glas, beschloß aber offenbar, daß ihr gefiel, was sie roch. Colins Gesicht war rot vor Eifer und Spannung; aus seinen weit aufgerissenen Augen blitzte der Schalk.

»Auf bessere Zeiten«, sagte Alan. Er hob sein Glas, trank es aus und hatte sofort das Gefühl, aus seinem Stuhl hochgehoben zu werden.

Das Gehirn wurde ihm nicht wirklich aus dem Kopf geblasen, aber einen Augenblick lang dachte er, genau das würde passieren. Das Zeug war so stark, daß es ein Schlachtschiff vom Kurs hätte abbringen können. Die Adern an Alans Schläfen fühlten sich an, als würden sie im nächsten Moment platzen; die Sehkraft seiner Augen ließ nach; er war überzeugt, den Erstickungstod zu sterben. Dann, nach ungezählten Sekunden, riß er seine feuchten Augen wieder auf, und sein Blick fiel auf Colin, der ihn mit stolzem Frohlocken anstarrte.

Dann geschah noch etwas. Nachdem diese spirituöse Bombe einmal explodiert war, Alan Luft geholt und sein Augenlicht wiedergewonnen hatte, kroch ihm ein fast übersinnliches Gefühl der Heiterkeit und des Wohlbefindens durch die Adern. Das ursprüngliche Schwirren im Kopf wurde von einer kristallenen Klarheit abgelöst – ein Gefühl, wie Newton oder Einstein es gehabt haben mußten, wenn sie sich der Lösung eines komplizierten mathematischen Problems näherten.

Alan hatte den Husten unterdrücken können, und der Augenblick ging vorüber.

»Na?« fragte Colin.

»Aaah!« erwiderte sein Gast.

»Also, auf bessere Zeiten!« donnerte Colin und trank sein Glas aus. Auch er konnte eine deutliche Wirkung nicht verheimlichen, erholte sich aber eine Spur schneller als Alan. Dann strahlte er diesen an.

»Schmeckt?«

»Schmeckt!«

»Nicht zu stark für Sie?«

»Nein.«

»Möchten Sie noch einen?«

»Danke. Hätte nichts dagegen.«

»Nu ja!« sagte Elspat ergeben. »Nu ja!«

Kapitel 9

Breitschwerter im Mondschein

Alan Campbell öffnete ein Auge. Aus weitentfernten, dem Auge und dem Ohr verborgenen Gefilden kam seine Seele auf unterirdischen Pfaden unter Schmerzen in seinen Körper zurückgekrochen. Zuletzt mußte sie eine Kakophonie aus Hammer- und Blitzschlägen überwinden.

Dann war er wach. Das erste Auge zu öffnen war schlimm genug gewesen, aber als er das zweite auch noch öffnete, wurde sein Gehirn von einem derartigen Schmerz durchflutet, daß er beide wieder hastig schloß.

Er konnte – ohne daß ihn das zunächst verwunderte – feststellen, daß er in einem Bett in einem Zimmer lag, das er noch nie gesehen hatte, daß er einen Schlafanzug trug und daß die Sonne hereinschien.

Aber seine eigentlichen Sorgen waren unmittelbar körperlicher Natur. Sein Kopf fühlte sich an, als ob er in weitausholenden, spiralförmigen Bewegungen zur Zimmerdecke hinaufpendelte; sein Magen war ein Inferno, seine Stimme ein Krächzen, das sich aus einem trockenen Schlund hervorquälte, und sein ganzer Leib schien aus dünnen, sich windenden Drähten zusammengesetzt. Also lag Alan Campbell, nachdem er um zwölf Uhr mittags mit dem König aller Kater aufgewacht war, zunächst nur still da und litt.

Schließlich versuchte er, aus dem Bett zu steigen. Aber sofort wurde ihm schwindlig, und er legte sich wieder hin. Jetzt setzte jedoch langsam seine Geistestätigkeit wieder ein. Fieberhaft versuchte er, sich an den vergangenen Abend zu erinnern – aber es ging nicht.

Diese Tatsache elektrisierte Alan. Mögliche Ungeheuerlichkeiten taten sich vor ihm auf; ganze Panoramen von Ungeheuerlichkeiten, die er gesagt oder getan haben konnte, an die er sich aber jetzt nicht mehr erinnerte. Vielleicht gibt es auf der Welt keine Qual, die sich mit dieser vergleichen ließe. Er wußte oder vermutete, daß er sich immer noch in der Burg Shira befand und daß er dazu verführt worden war, mit Colin vom *Fluch der Campbells* zu schlürfen – aber das war auch schon alles.

Die Tür des Zimmers ging auf, und Kathryn kam herein. Auf einem Tablett trug sie eine Tasse mit schwarzem Kaffee und ein Eierglas mit einer abstoßend aussehenden Mischung darin. Sie war vollständig angezogen. Aber der müde Gesichtsausdruck und ihre roten Augen trösteten ihn auf eine Art und Weise, die er selbst nicht recht verstand.

Kathryn kam zu ihm und stellte das Tablett auf den Nachttisch. »Na, Dr. Campbell«, waren ihre ersten, wenig ermutigenden Worte, »schämen Sie sich denn gar nicht?«

Alans ganzes augenblickliches Befinden verschaffte sich in einem innigen und leidenschaftlichen Ächzen Gehör.

»Ich darf Ihnen natürlich weiß Gott keinen Vorwurf machen«, sagte Kathryn und nahm ihren Kopf zwischen die Hände. »Mir ging's fast so schlecht wie Ihnen. Oh Himmel, fühle ich mich elend!« hauchte sie und machte ein paar schwankende Schritte. »Aber wenigstens habe ich nicht ...«

»Haben Sie nicht was?« krächzte Alan.

»Wissen Sie nicht mehr?«

Er bereitete sich auf die Ungeheuerlichkeit vor, die gleich wie eine Sturzflut über ihn hereinbrechen würde. »Nein, im Augenblick nicht. Gar nichts.«

Sie zeigte auf das Tablett. »Trinken Sie diese Prärieauster. Sieht furchtbar aus, ich weiß, wird Ihnen aber guttun.«

»Nein, sagen Sie schon. Was hab' ich getan? War's sehr schlimm?«

Kathryn sah ihn matt an. »Natürlich nicht so schlimm wie das, was Colin gemacht hat. Aber als ich mich zurückziehen wollte, haben Sie und Colin gerade mit Breitschwertern gefochten.«

»Was haben wir?«

»Mit echten Schwertern gefochten. Im ganzen Eßzimmer, draußen in der Halle und die Treppe hinauf. Als Plaids hatten Sie sich Küchentischtücher umgeschlungen. Colin sprach nur noch Gälisch, und Sie zitierten aus *Marmion* und *Die Dame vom See*. Sie schienen sich aber nicht recht schlüssig zu sein, ob Sie nun Roderick Dhu oder Douglas Fairbanks sein wollten.«

Alan schloß die Augen und hauchte ein Stoßgebet zum Himmel. Dünne Lichtstreifen, wie Sonnenstrahlen, die sich durch einen heruntergelassenen Rolladen stahlen, beleuchteten archaische Szenen, die verschwommen vor ihm auftauchten und sich dann wieder in ein heilloses Durcheinander auflösten. Alle Lichter zerstoben; alle Stimmen waren verzerrt.

»Warten Sie mal!« sagte er und drückte sich die Fäuste an die Stirn. »Da war doch nichts mit Elspat? Ich habe doch nicht etwa Elspat beleidigt, oder? Ich glaube mich zu erinnern ...« Wieder schloß er die Augen.

»Mein lieber Alan, das ist das einzig Positive des ganzen Abends. Sie sind jetzt Tante Elspats blondgelockter Jüngling. Sie hält Sie, abgesehen von Angus selig, für das edelste Mitglied der Familie.«

»Was?«

»Wissen Sie nicht mehr, wie Sie ihr eine wenigstens halbstündige Vorlesung über *The Solemn League and Covenant* von 1643 und die Geschichte der schottischen Staatskirche gehalten haben?«

»Langsam! Ganz vage kommt mir jetzt ...«

»Sie hat kein Wort davon verstanden, aber sie war hingerissen. Sie war der Meinung, wer die Namen von so vielen Geistlichen wisse, der könne nicht so gottlos sein, wie sie angenommen hatte. Dann bestanden Sie darauf, daß sie ein halbes Glas von diesem verwünschten Zeug trinken sollte, und sie wandelte zu Bett wie Lady Macbeth. Das passierte natürlich alles noch vor der Fechteinlage. Und dann – wissen Sie denn auch nicht mehr, was Colin dem armen Swan angetan hat?«

»Swan? Doch nicht der MacHolster-Swan?«

»Doch.«

»Aber was hatte der denn hier zu suchen?«

»Also, es war ungefähr so – meine Erinnerung ist allerdings auch ziemlich nebelhaft. Nachdem Sie fechtenderweise im ganzen Haus herumgerannt waren, wollte Colin nach draußen gehen. Er sagte: ›Jung Alan, wir müssen heut nacht die Drecksarbeit tun. Laß uns aufbrechen und nach Stewarts Ausschau halten‹. Sie hielten das für eine ausgesprochen glänzende Idee. Wir gingen nach hinten hinaus auf die Straße. Das erste, was wir im hellen Mondlicht sahen, war Mr. Swan, der dort stand und die Burg anschaute. Fragen Sie mich nicht, was er dort verloren hatte! Colin brüllte: ›Da ist ein verdammter Stewart!‹ und stürzte mit dem Breitschwert auf ihn los. Mr. Swan warf ihm nur einen Blick zu und sauste dann auf der Straße davon – schneller, als ich jemals zuvor einen Menschen habe laufen sehen. Colin verfolgte ihn, und Sie rannten hinter Colin her. Ich hab' mich nicht eingemischt; ich hatte das Stadium erreicht, wo ich nur noch dastehen und kichern konnte. Colin hat es nicht ganz geschafft, Mr. Swan einzuholen, aber er hat es geschafft, ihn mehrere Male in den ... den ...«

»Ja.«

»... zu stechen – dann fiel Colin hin, und Mr. Swan konnte entkommen. Anschließend sind Sie beide singend zurückgekommen.« Kathryn hatte offenbar noch etwas auf dem Herzen. Sie hielt ihren Blick gesenkt.

»Wahrscheinlich wissen Sie nicht mehr«, fragte sie, »daß ich die Nacht hier im Zimmer verbracht habe?«

»Sie haben die Nacht hier im Zimmer verbracht?«

»Ja. Colin hatte es so bestimmt. Er hat uns eingesperrt.«

»Aber wir haben doch nicht ... ich meine ...«

»Haben nicht was?«

»Sie wissen schon, was ich meine.«

Sie wußte es offensichtlich – wie man an der plötzlichen Färbung ihres Gesichts erkennen konnte. »Nun – nein. Wir waren sowieso beide schon viel zu weggetreten. Mir war so schwindlig, daß ich nicht einmal protestiert habe. Sie haben etwas zitiert: ›Hier stirbt in meinem Busen denn das Geheimnis des legendären Heidetrunkes‹ – oder so ähnlich. Dann sagten Sie höflich ›Entschuldigung‹, legten sich auf den Fußboden und schliefen ein.«

Sein Schlafanzug fiel ihm ein. »Wie bin ich denn in den reingekommen?«

»Das weiß ich nicht. Sie müssen in der Nacht aufgewacht sein und ihn angezogen haben. Ich bin ungefähr um sechs Uhr zu mir gekommen und habe mich wie der Tod persönlich gefühlt; trotzdem gelang es mir, den Schlüssel aus dem Schlüsselloch zu stoßen. Er ist draußen runtergefallen, und ich konnte ihn auf einem Stück Papier unter der Tür durchziehen. Dann bin ich in mein Zimmer gegangen; ich glaube nicht, daß Elspat von der Sache etwas mitbekommen hat. Aber als ich aufwachte und Sie hier fand ...« Ihre Stimme klang jetzt fast weinerlich. »Alan Campbell, was um Himmels willen ist nur in uns gefahren? In uns beide? Meinen Sie nicht, wir sollten Schottland auf dem schnellsten Wege verlassen, bevor es uns vollkommen korrumpiert?«

Alan griff nach der Prärieauster. Später konnte er sich nicht mehr daran erinnern, wie er es schaffte, sie zu schlucken, aber er schaffte es und fühlte sich gleich besser. Auch der heiße schwarze Kaffee tat seine Wirkung.

»So wahr mir Gott helfe«, erklärte er, »werde ich mein Leben lang keinen Tropfen mehr anrühren! Und dieser Colin: Hoffentlich leidet er Höllenqualen. Hoffentlich hat er einen riesigen Kater wie ...«

»Hat er nicht.«

»Nicht?«

»Sein Kopf ist völlig klar. Er behauptet, von gutem Whisky bekäme man nie Kopfweh. Dieser schreckliche Dr. Fell ist übrigens da. Können Sie runterkommen und ein bißchen frühstücken?«

Alan biß die Zähne zusammen. »Ich werde es versuchen«, sagte er, »wenn Sie Ihren Mangel an Anstand für einen Augenblick überwinden und hinausgehen, solange ich mich anziehe.«

Als er eine halbe Stunde später – nachdem er in dem etwas primitiven Badezimmer gebadet und sich rasiert hatte – die Treppe hinunterging, fühlte er sich schon viel besser. Die lauten Stimmen von Colin und Dr. Fell, die durch die angelehnte Tür des Wohnzimmers zu hören waren, sorgten allerdings für 1000 scharfe Stiche in seinem Gehirn. Mehr als Toast brachte er zum Frühstück nicht hinunter. Anschließend schlichen sich Alan und Kathryn schuldbewußt ins Wohnzimmer hinüber.

Dr. Fell saß auf dem Sofa und hatte die Hände auf den Griff seines Spazierstocks gelegt. Sein glucksendes Lachen ließ das breite schwarze Band erbeben, an dem sein Kneifer befestigt war. Das dichte, mit grauen Strähnen durchzogene Haar war ihm über ein Auge gefallen, und mit zunehmender Heiterkeit vermehrten sich auch die Speckrollen unter seinem Kinn. Er schien den ganzen Raum auszufüllen – Alan traute erst kaum seinen Augen.

»Guten Morgen!« donnerte Dr. Fell.

»Guten Morgen!« donnerte Colin.

»Guten Morgen«, murmelte Alan. »Müssen Sie denn so brüllen?«

»Unsinn, wir haben nicht gebrüllt«, sagte Colin. »Wie geht's dir heute morgen?«

»Schrecklich.«

Colin starrte ihn an. »Du hast doch wohl keine Kopfschmerzen?«

»Ach nein?«

»Unsinn!« schnaubte Colin wild und belehrend. »Von gutem Whisky hat noch nie jemand Kopfschmerzen bekommen.«

Dieser Irrtum wird übrigens im Norden fast genausowenig angezweifelt wie das Evangelium. Alan unternahm keinen Versuch, darüber zu debattieren.

Dr. Fell hievte sich schwerfällig auf die Füße und deutete so etwas wie eine Verbeugung an. »Ihr Diener, Sir«, sagte er. Dann verneigte er sich in Richtung Kathryn: »Und der Ihre, Madam.« Er zwinkerte mit einem Auge. »Ich bin überzeugt, daß Sie inzwischen die strittige Frage der Haarfarbe der Herzogin von Cleveland untereinander geklärt haben. Im Augenblick sind Sie doch sicher eher an der Frage interessiert, ob Sie Ihren Kater mit einem alkoholischen Gegengift bekämpfen sollten?«

»Keine schlechte Idee, muß ich sagen«, meinte Colin.

»Nein!« rief Alan so energisch, daß ihn erneut Kopfschmerzen peinigten. »Ich werde dieses Zeug nie mehr anrühren, unter gar keinen Umständen. Das ist definitiv.«

»So denkst du jetzt«, grinste Colin behaglich. »Heute abend werde ich Fell hier daran nippen lassen. Was meinst du, mein Guter, würdest du gern ein paar Tropfen Morgentau probieren, die dir das Gehirn aus dem Kopf blasen?«

Dr. Fell kicherte. »Es wäre interessant«, erwiderte er, »einen Whisky zu finden, der mir das Gehirn aus dem Kopf blasen könnte.«

»Sagen Sie das nicht«, warnte ihn Alan. »Ich beschwöre Sie, sagen Sie das nicht. Ich habe das auch gesagt. Es ist fatal.«

»Müssen wir eigentlich darüber sprechen?« erkundigte sich Kathryn, die Dr. Fell mit tiefem Mißtrauen beobachtete, was dieser mit dem strahlendsten Lächeln quittierte.

Zu ihrem Erstaunen wurde Dr. Fell dann ernst. »Es mag merkwürdig klingen, aber ich denke, daß es ratsam wäre, darüber zu sprechen. Beim Jupiter! Vielleicht gibt es nämlich eine Verbindung zu ...« Er zögerte.

»Zu was?«

»Zu dem Mord an Angus Campbell«, sagte Dr. Fell.

Colin pfiff durch die Zähne, dann herrschte Stille. Dr. Fell murmelte etwas vor sich hin.

»Das sollte ich«, fuhr er fort, »vielleicht lieber erklären. Ich habe mich sehr gefreut, als ich die Einladung meines Freundes Colin Campbell erhielt, und war völlig von den Einzelheiten des Falles gefesselt, so wie er sie mir beschrieb. Ich steckte meinen Boswell und meine Zahnbürste ein und nahm den Zug nach Norden. Auf der Fahrt habe ich mir die Zeit damit vertrieben, wieder einmal die Ansichten des großen Dr. Johnson über dieses Land zu lesen. Zweifelsohne sind Sie mit seinen unbarmherzigen Worten vertraut, die er erwiderte, als er aufgefordert wurde, nicht so streng mit Schottland zu sein, da es schließlich auch von Gott erschaffen worden sei: ›Sir, Vergleiche haben zwar etwas Gehässiges an sich, aber Gott hat auch die Hölle erschaffen‹.«

Colin winkte ungeduldig ab. »Lassen wir das doch. Was wolltest du sagen?«

»Ich kam gestern am frühen Abend in Dunoon an«, sagte Dr. Fell, »und habe versucht, im Fremdenverkehrsbüro einen Wagen zu nehmen . . .«

»Das kennen wir«, sagte Kathryn.

». . . wurde aber davon in Kenntnis gesetzt, daß der einzige verfügbare Wagen mit einem Schwung Leute zur Burg Shira unterwegs sei. Ich erkundigte mich, wann der Wagen zurück sei. Der Angestellte sagte mir, der Wagen komme nicht zurück. Er hatte gerade in diesem Moment aus Inveraray einen Telefonanruf vom Fahrer des Wagens, einem Mann namens Fleming, erhalten . . .«

»Jock«, erklärte Colin den anderen.

»Der Fahrer sagte, daß einer seiner Passagiere, ein Herr namens Swan, beschlossen habe, über Nacht in Inveraray zu bleiben, und wolle, daß Fahrer und Wagen dort auf ihn warten, um ihn am Morgen nach Dunoon zurückzukutschieren. Dies wurde nach Regelung der Kostenfrage arrangiert.«

»Erbärmlicher Schnüffler«, röhrte Colin.

»Einen Augenblick. Der Angestellte sagte jedenfalls, wenn ich um halb zehn Uhr morgens – also heute morgen – ins Büro käme, sei das Auto zurück und könne mich nach Shira fahren. Also verbrachte ich die Nacht im Hotel und war pünktlich an Ort und Stelle. Und dann bekam ich ein etwas ungewöhnliches Schauspiel zu sehen: Ein Wagen kam mit einem einzelnen Fahrgast die Hauptstraße entlanggefahren – einem Mann mit einem grauen Hut und einer sehr grellen Schottenkrawatte, der aufrecht hinten im Wagen stand.«

Colin senkte mürrisch den Blick.

Ein verträumter Ausdruck gewaltigen Vergnügens legte sich auf Dr. Fells Gesicht. Er richtete seine Augen auf eine Ecke der Zimmerdecke und räusperte sich. »Neugierig, warum der Mann stand und nicht saß, stellte ich ihm Fragen. Er antwortete mir ziemlich kurz angebunden, daß ihm die sitzende Stellung Schmerzen bereite. Es bedurfte keiner großen Anstrengung, die Geschichte aus ihm herauszuholen. Er war sozusagen bis obenhin voll damit. Ähem.«

Alan stöhnte.

Dr. Fell linste über seinen Kneifer Alan, dann Kathryn an. Er keuchte, und sein Gesicht strahlte in geradezu furchterregendem Ausmaß Taktgefühl aus. »Darf ich fragen, ob Sie beide verlobt sind?«

»Keineswegs!« rief Kathryn.

»In diesem Fall«, fuhr Dr. Fell herzlich, aber mit Nachdruck fort, »verloben Sie sich um Himmels willen, und heiraten Sie schnell. Sie bekleiden beide verantwortungsvolle Positionen. Und was Sie in der heutigen Ausgabe des *Daily Floodlight* wahrscheinlich über sich werden lesen können – üble Nachrede hin oder her –, wird weder an der Highgate University noch am Harpenden College für Frauen großen Anklang finden. Diese sensationelle Story von der Jagd im Mondschein! Er – verfolgt von zwei mordlustigen Raufbolden mit Schwertern in der Hand, die von der Dame angefeuert werden. Das hat dem Faß wirklich die Krone aufgesetzt.«

»Ich habe niemanden angefeuert!« rief Kathryn.

Dr. Fell blinzelte sie an. »Sind Sie da sicher, Madam?«

»Also . . .«

»Ich fürchte, das hast du schon, Kitty-Kat«, bemerkte Colin und starrte auf den Fußboden. »Aber es war allein mein Fehler. Ich . . .«

Dr. Fell machte eine beruhigende Handbewegung. »Macht nichts«, sagte er. »Davon wollte ich Ihnen gar nicht erzählen. Von dieser unerwarteten Wiederbelebung der alten Sitten und Gebräuche der Highlands fasziniert und inspiriert, unterhielt ich mich mit dem Chauffeur, Mr. Fleming.«

»Ja und?«

»So, und an dieser Stelle habe ich eine sehr ernste Frage. Hat jemand von Ihnen letzte Nacht den Turm bestiegen? Irgend jemand – zu irgendeinem Zeitpunkt?«

Alles war still. Die vier im Raum sahen einander an.

»Nein«, erwiderte Kathryn.

»Nein«, stellte Colin fest.

»Sind Sie vollkommen sicher?«

»Vollkommen.«

»Nach der Aussage von Mr. Swan«, fuhr Dr. Fell mit einer seltsamen Hartnäckigkeit, die Alan etwas störend fand, fort, »waren die beiden Männer irgendwie ›verkleidet‹.«

»Oh, es ist einfach so fürchterlich dumm!« sagte Kathryn. »Alan ist an allem schuld. Sie waren nicht richtig ›verkleidet‹. Sie hatten sich nur karierte Tischtücher als Plaid um die Schultern geschwungen, das war alles.«

»Sonst nichts?«

»Nein.«

Dr. Fell atmete tief ein. Sein Gesichtsausdruck blieb so ernst und sein Blick so intensiv, daß niemand zu sprechen wagte. »Ich wiederhole«, fuhr Dr. Fell fort, »daß ich den Fahrer befragt habe. Ihm Informationen zu entlocken, war wesentlich schwieriger als Zähneziehen. Aber in einem Punkt hat er sich deutlich ausgedrückt. Er sagte, dieser Ort sei nicht ›geheuer‹ . . .«

Colin unterbrach ihn mit einem bösen, ungeduldigen Grunzen, aber Dr. Fell brachte ihn zum Schweigen.

»Er meinte, jetzt könne er es beschwören.«

»Wie das?«

»Gestern abend, nachdem die beiden in Inveraray untergekommen waren, bat Swan den Chauffeur, ihn hierher zurückzufahren. Swan wollte noch einmal einen Versuch unternehmen, Miss Elspat Campbell zu sprechen. So – mal sehen, ob ich über die örtliche Geographie richtig orientiert bin. Die Straße nach Inveraray führt doch hinten an der Burg vorbei, oder?«

»Ja.«

»Und das Vordertor geht zum Loch hinaus, wie man sieht. Swan bat den Fahrer, außen herumzugehen und an dem Vordertor zu klopfen. Er sollte den Boten spielen; Swan selbst wollte im Hintergrund bleiben. Also ging der Chauffeur los. Man darf nicht vergessen, es war heller Mondschein.«

»Und?«

»Gerade wollte er an das Tor klopfen, da schaute er zufällig zum Fenster des Turmzimmers hinauf. Und an diesem Fenster sah er jemanden, beziehungsweise etwas.«

»Aber das ist unmöglich!« rief Kathryn. »Wir waren ...«

Dr. Fell betrachtete seine Hände, die gefaltet auf dem Griff seines Stockes lagen. Dann sah er auf.

»Fleming«, fuhr er fort, »schwört, daß er ein Wesen in einem Highlandkostüm auf sich herabblicken sah, dessen halbes Gesicht weggeschossen war.«

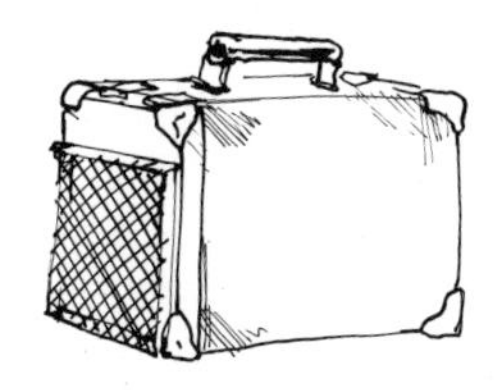

Kapitel 10

Das Gespenst

Ein gesunder Menschenverstand ist schön und gut. Den haben wir ja fast alle – sogar mit Kopfschmerzen und heruntergekommenen Nerven. Aber in einer solchen Situation einen Hauch abergläubischen Entsetzens zu verspüren, ist wirklich nicht schwer.

»Haben Sie«, fragte Kathryn, »an diese Geschichte nach dem Massaker von Glencoe gedacht? Wie der Geist eines der Opfer einen Mann namens Ian Campbell verfolgte, bis dieser ...« Ihre Worte erstarben, und sie deutete mit einer Geste einen Sprung an.

»Geister!« sagte Colin mit wildem Gesicht. »Gespenster! Die Sache ist doch so. Erstens hat es so eine Überlieferung hier noch nie gegeben. Jemand hat es in einen verlogenen Reiseführer reingeschrieben, weil es gut klingt. Berufssoldaten waren damals nicht so dünnhäutig, wenn es ums Ausführen von Befehlen ging. Zweitens spukt es in diesem Zimmer nicht. Angus hat dort jahrelang Nacht um Nacht geschlafen und nie einen Poltergeist gesehen. Du glaubst doch nicht an solchen Unsinn, was, Fell?«

Dr. Fell blieb unbeeindruckt. »Ich wiederhole lediglich«, antwortete er milde, »was der Fahrer zu mir gesagt hat.«

»Ach was, Jock hat dich auf den Arm genommen.«

»Und doch, weißt du«, Dr. Fell legte seine Stirn in Falten, »kam er mir kaum wie einer vor, der über solche Dinge Späße macht. Ich habe festgestellt, daß Gälen über alles Mögliche Witze machen, bloß nicht über Gespenster. Außerdem habe ich den Eindruck, daß ihr das Entscheidende an dieser Episode nicht begriffen habt.« Er schwieg einen Augenblick.

»Wann ist das denn genau passiert?« fragte Alan dazwischen.

»Ah ja«, fuhr Dr. Fell fort. »Es war kurz bevor die zwei Raufbolde mit ihrer Dame aus der Hintertür kamen und sich auf Swan stürzten. Fleming hat dann vorne überhaupt nicht mehr geklopft. Als er das Geschrei hörte, ging er wieder nach hinten.

Er setzte seinen Wagen in Gang und las dann Swan irgendwo auf der Straße auf. Aber er sagt, daß er sich nicht besonders gut fühlte und noch ein paar Minuten im Mondlicht stehenblieb, nachdem er das Ding am Fenster gesehen hatte. Kann ich ihm nicht verübeln.«

Kathryn zögerte. »Wie sah es aus?«

»Schottenmütze und Plaid, und eine Gesichtshälfte fehlte. Mehr konnte er nicht mit Bestimmtheit sagen.«

»Kein Kilt?«

»Einen Kilt hätte er nicht sehen können. Er sah nur die obere Hälfte der Gestalt. Er meinte, sie habe irgendwie verfallen ausgesehen, als ob die Motten drin gewesen wären, und sie habe nur ein Auge gehabt.« Wieder räusperte sich Dr. Fell vernehmlich. »Das Entscheidende ist aber folgendes: Wer war gestern abend außer Ihnen dreien im Haus?«

»Niemand«, antwortete Kathryn, »außer Tante Elspat und Kirstie, dem Dienstmädchen. Und die waren schon im Bett.«

»Ich sag' doch, es ist Quatsch!« knurrte Colin.

»Nun, du kannst ja selbst mit Jock reden, wenn du willst. Er ist jetzt draußen in der Küche.«

Colin erhob sich, um zu Jock zu gehen und diesen Unsinn zu beenden; er kam aber nicht dazu, denn in diesem Augenblick wurde Alistair Duncan, dem ein geduldig, aber müde aussehender Walter Chapman folgte, von dem Mädchen ins Zimmer geführt. Kirstie – mit ihren erschreckten Augen, ihrer leisen Stimme und ihrem unauffälligen Auftreten – war fast unsichtbar.

Der Anwalt machte keine Anspielung auf den gestrigen Disput mit Colin. Er stand stocksteif da. »Colin Campbell ...«, hob er an.

»Schauen Sie«, brummte Colin, schob die Hände in seine Taschen, zog den Kopf zwischen die Schultern und sah wie ein Neufundländer aus, der in der Speisekammer erwischt worden ist, »ich schulde Ihnen eine Entschuldigung. Ich entschuldige mich. Ich war im Unrecht. Bitte sehr.«

Duncan stieß die Luft aus. »Es freut mich, Sir, daß Sie den Anstand besitzen, es zuzugeben. Nur meine lange Freundschaft mit Ihrer Familie erlaubt es mir, über einen so unangebrachten und krassen Fall von schlechtem Benehmen hinwegzusehen.«

»Jetzt aber Augenblick mal! Au-gen-blick! Ich hab' keinesfalls gesagt ...«

»Wir wollen die Sache vergessen«, schloß der Anwalt, als Colins Augen schon wieder zu funkeln begannen. Duncan hüstelte zum Zeichen, daß die persönlichen Angelegenheiten abgeschlossen waren und nun wieder das Geschäftliche auf der Tagesordnung stand. »Ich denke, ich sollte Sie davon in Kenntnis setzen, daß Alec Forbes möglicherweise ausfindig gemacht wurde.«

»Oho! Wo?«

»Er wurde angeblich bei dem Cottage eines Kleinbauern in der Nähe von Glencoe gesehen.«

Chapman mischte sich ein. »Können wir das nicht klären? Glencoe ist nicht weit von hier, soviel ich weiß. Wir könnten an einem Nachmittag leicht hin- und zurückfahren. Warum steigen wir nicht in mein Auto und fahren zu ihm?«

Die Reaktion des Anwalts war von fast weltentrückter Milde. »Geduld, mein Lieber, Geduld. Zuerst soll die Polizei herausfinden, ob es überhaupt Alec ist. Er ist schon mehrfach gesehen worden, wie Sie sich erinnern. Einmal in Edinburgh und einmal in Ayr.«

»Alec Forbes«, mischte sich Dr. Fell ein, »ist wohl der unheimliche Geselle, der Mr. Campbell in dessen Todesnacht einen Besuch abstattete?«

Alle drehten sich um. Hastig übernahm Colin das Vorstellen.

»Ich habe schon von Ihnen gehört, Doktor«, sagte Duncan und unterzog Dr. Fell einer genauen Prüfung durch seinen Kneifer. »Ich muß sogar gestehen, ah, daß ich heute zum Teil in der Hoffnung hergekommen bin, Sie zu sehen. Natürlich handelt es sich hier«, er lächelte, »um einen klaren Fall von Mord. Aber dennoch birgt die Sache noch viele Geheimnisse. Können Sie sie für uns enträtseln?«

Einen Augenblick lang antwortete Dr. Fell nicht. Er schaute mit gerunzelter Stirn zum Fußboden hinunter und zeichnete mit seinem Stock ein Muster auf den Teppich. »Ähem«, sagte er dann, und seine Stockspitze pochte auf den Boden, »ich glaube ernsthaft, daß es Mord ist. Wenn nicht, interessiert die Sache mich nicht. Aber – Alec Forbes! Alec Forbes! Alec Forbes!«

»Was ist mit ihm?«

»Nun, wer ist Alec Forbes überhaupt? Was ist er? Es würde mir helfen, noch viel mehr über ihn zu wissen. Was zum Beispiel war der Grund seines Streits mit Mr. Campbell?«

»Speiseeis«, antwortete Colin.

»Was?«

»Speiseeis. Sie wollten es durch ein neues Verfahren herstellen. Es sollte in verschiedenen Schottenmustern gefärbt sein. Nein, wirklich, im Ernst! Genau solche Ideen hatte Angus immer. Sie haben ein Labor gebaut, künstliches Eis verbraucht, Rechnungen auflaufen lassen und Himmel und Hölle in Bewegung gesetzt. Eine andere Idee von Angus war ein Traktor, der säen und ernten können sollte. Ferner hat er die Leute finanziert, die den Goldschatz von Sir Francis Drake finden und alle ihre Geldgeber zu Millionären machen wollten.«

»Was für ein Mensch ist Forbes? Jemand aus der Arbeiterklasse?«

»Oh nein. Der Kerl hat einiges an Bildung genossen. Aber wie Angus rinnt auch ihm das Geld durch die Finger. Magerer, dunkler Kerl. Hat seine Launen. Trinkt gern einen Schluck. Begeisterter Fahrradfahrer.«

»Ähem. Soso.« Dr. Fell zeigte mit seinem Stock auf die Wand. »Das da auf dem Kaminsims ist doch wohl eine Photographie von Angus Campbell, oder?«

»Ja.«

Dr. Fell stand vom Sofa auf und ging schwerfällig hinüber. Er trug das mit Trauerflor versehene Bild ans Licht, rückte seinen Kneifer zurecht und keuchte leicht, als er es betrachtete. »Für mich nicht gerade das Gesicht eines Mannes, der Selbstmord begeht.«

»Ganz und gar nicht«, lächelte der Anwalt.

»Aber wir können doch nicht ...«, hob Chapman an.

»Welcher Campbell sind Sie, Sir?« fragte Dr. Fell höflich.

Verzweifelt warf Chapman die Arme in die Luft. »Ich bin überhaupt kein Campbell. Ich vertrete die Hercules-Versicherungsgesellschaft, und ich muß in mein Büro nach Glasgow zurück, sonst kann ich meine Geschäfte vergessen. Schauen Sie, Dr. Fell, ich habe auch schon von Ihnen gehört. Sie haben den Ruf, sehr fair und anständig zu sein. Und ich frage Sie – wie können wir darüber spekulieren, was ein Mensch nicht oder doch getan haben ›würde‹, wenn doch alle Indizien dafür sprechen, daß er es getan hat.«

»Alle Indizien«, sagte Dr. Fell, »zeigen in zwei Richtungen. Wie die zwei Enden eines Stocks. Das ist das Problem.«

Geistesabwesend stapfte er zum Kaminsims und stellte die Photographie zurück. Er machte einen sehr beunruhigten Eindruck. Sein Kneifer verrutschte, als er sich der für seine Verhältnisse großen Anstrengung unterzog, seine sämtlichen Taschen zu durchwühlen. Schließlich förderte er einen mit Notizen vollgeschriebenen Zettel zu Tage.

»Aus dem«, fuhr er fort, »was mir Colin Campbell erstens in seinem bewundernswert klaren Brief geschrieben und zweitens heute morgen erzählt hat, habe ich versucht, eine Synopse dessen zusammenzustellen, was wir bislang wissen oder zu wissen glauben.«

»Nun?« drängte der Anwalt.

»Mit Ihrer Erlaubnis«, Dr. Fell warf finstere Blicke um sich, »möchte ich Ihnen folgende Punkte vorlesen. Die eine oder andere Sache wird vielleicht klarer oder zumindest vielsagender, wenn man sie in Skelettform vor sich sieht. Korrigieren Sie mich, wenn etwas nicht stimmt:

1. Angus Campbell ging immer um zehn Uhr zu Bett.

2. Es war seine Angewohnheit, die Tür von innen zu verschließen und zu verriegeln.

3. Es war seine Angewohnheit, bei geschlossenem Fenster zu schlafen.

4. Es war seine Angewohnheit, jeden Abend vor dem Schlafengehen in sein Tagebuch zu schreiben.«

Blinzelnd schaute Dr. Fell auf. »Soweit keine Einwände, nehme ich an?«

»Nein«, bestätigte Colin.

»Dann gehen wir jetzt zu den einfachen Vorkommnissen im Zusammenhang mit dem Verbrechen über:

5. Alec Forbes suchte A. Campbell in der Nacht des Verbrechens um halb zehn auf.

6. Er verschaffte sich Zutritt ins Haus und stieg zu Angus' Schlafzimmer hinauf.

7. Keine der beiden Frauen hat ihn dabei gesehen.«

Dr. Fell kratzte sich an der Nase. »Preisfrage: Wie ist Forbes dann ins Haus gekommen? Wahrscheinlich hat er nicht gerade das Vordertor aufgebrochen?«

»Wenn du einen Schritt aus dieser Tür machst«, erwiderte Colin und zeigte hinaus, »kannst du es selbst sehen. Sie führt ins Erdgeschoß des Turms. Von dort kommt man durch eine hölzerne Doppeltür in den Hof hinaus. Sie sollte eigentlich immer mit einem Vorhängeschloß abgeschlossen sein, ist es aber oft nicht. So ist Forbes reingekommen – ohne daß es jemand merkte.«

Dr. Fell machte sich eine Notiz. »Das scheint ja eindeutig genug zu sein. Schön. Nun lassen Sie uns die schwierigen Punkte angehen:

8. Zu diesem Zeitpunkt hatte Forbes einen kofferartigen Gegenstand bei sich.

9. Er hatte Streit mit Angus und wurde von ihm hinausgeworfen.

10. Forbes hatte die Hände frei, als er ging.

11. Elspat Campbell und Kirstie MacTavish waren erschienen und konnten Forbes' Abgang mitansehen.

12. Sie fürchteten dann, Forbes könnte zurückgekommen sein. Wenn man bedenkt, wie isoliert der Turm mit seinem direkten Zugang von draußen und seinen fünf leeren Stockwerken liegt, wird diese Furcht verständlich.

13. Sie durchsuchten die leeren Zimmer und auch Angus' Zimmer.

14. Zu diesem Zeitpunkt befand sich nichts unter Angus' Bett.

Soweit immer noch alles korrekt?« fragte Dr. Fell und hob den Kopf.

»Nein, stimmt nicht«, verkündete eine hohe, scharfe und schottische Stimme, die alle zusammenfahren ließ.

Niemand hatte Tante Elspat hereinkommen sehen. In würdevoller Haltung stand sie mit gefalteten Händen da.

Dr. Fell blinzelte sie an. »Was stimmt denn nicht, Madam?«

»Es stimmt nicht, daß der Kasten, mit dem man Hunde transportiert, nicht unter dem Bett war, als Kirstie und ich nachgeschaut haben. Er war dort.«

Ihre sechs Zuhörer starrten sie bestürzt an. Dann fingen die meisten von ihnen gleichzeitig zu sprechen an; alle redeten durcheinander, und erst als Duncan mit aller Strenge und der Autorität des Gesetzes eingriff, legte sich das Simmengewirr: »Elspat Campbell, nun hören Sie mal! Sie haben doch gesagt, dort sei nichts gewesen.«

»Ich habe gesagt, dort sei kein Koffer gewesen. Über das andre Ding hab' ich nichts gesagt.«

»Wollen Sie damit sagen, daß die Hundebox unter dem Bett war, bevor Angus seine Tür abschloß und verriegelte?«

»Aye.«

»Elspat«, sagte Colin, und seine funkelnden Augen strahlten absolute Gewißheit aus, »du lügst, Sack und Asche, du lügst! Du hast gesagt, es sei nichts unter dem Bett gewesen. Das hab' ich selbst gehört.«

»Ich sag' euch die heilige Wahrheit, und von Kirstie werdet ihr auch nichts anderes hören.« Sie bedachte alle Anwesenden nacheinander mit einem bösartigen Blick. »Bald ist das Essen fertig, aber für ein Pack wie euch sind keine Plätze am Tisch frei.«

Nach dieser Klarstellung ging sie erhobenen Hauptes hinaus und schloß hinter sich die Tür.

Die Frage ist, dachte Alan, ob dies den Stand der Dinge verändert oder nicht. Er teilte Colin Campbells Überzeugung, daß Elspat log. Aber sie war so an die vielen kleinen Alltagslügen und -schwindeleien gewöhnt, und sie besaß so viel Routine darin, für das zu lügen, was sie für einen guten Zweck hielt, daß es bei ihr schwierig war, überhaupt zwischen wahr und falsch zu unterscheiden.

Diesmal war es Dr. Fell, der das Stimmengewirr zum Schweigen brachte. »Wir werden diesen Punkt mit einem Fragezeichen versehen«, sagte er, »und inzwischen weitermachen. Die nächsten Punkte umreißen unser Problem klar und deutlich:

15. Angus verschloß und verriegelte die Tür von innen.

16. Seine Leiche wurde am nächsten Morgen um sechs Uhr vom Milchmann am Fuß des Turms gefunden.

17. Er ist an einer Vielzahl von Verletzungen gestorben, die er sich bei dem Sturz zugezogen hatte.

18. Der Tod ist zwischen zehn Uhr abends und ein Uhr morgens eingetreten.

19. Er war nicht unter Drogen gesetzt oder sonstwie willenlos gemacht worden.

20. Die Tür war immer noch von innen abgesperrt und verriegelt. Da der Riegel rostig, schwer zu bewegen und fest in der Tür verankert war, ist die Möglichkeit ausgeschlossen, daß an ihm herummanipuliert wurde.«

Vor Alans innerem Auge erschien das Bild der aufgebrochenen Tür, wie er sie am Abend zuvor gesehen hatte. Er erinnerte sich an den rostigen Riegel und das stabile Schloß, das aus dem

Rahmen gebrochen war. Irgendein Trick mit einer Schnur oder etwas Ähnlichem wäre mit Sicherheit zum Scheitern verurteilt gewesen.

Das Bild verschwand wieder, als Dr. Fell fortfuhr:

»21. Das Fenster war von außen unzugänglich. Dies wurde von einem Fassadenkletterer bestätigt.

22. Im Raum war keine Person versteckt.

23. Das Bett ist benutzt worden.«

Dr. Fell blies seine Backen auf, runzelte die Stirn und klopfte mit einem Bleistift auf seinen Zettel. »An dieser Stelle muß ich eine weitere Zwischenfrage stellen. In deinem Brief stand nichts darüber. Als morgens der Leichnam gefunden wurde, trug er da Pantoffeln oder einen Hausmantel?«

»Nein«, sagte Colin. »Nur sein Nachthemd aus Wolle.«

Wieder machte sich Dr. Fell eine Notiz.

»24. Das Tagebuch war verschwunden. Es kann allerdings zu einem späteren Zeitpunkt fortgenommen worden sein.

25. Angus' Fingerabdrücke – und zwar nur seine – wurden auf dem Fenstergriff gefunden.

26. Unter dem Bett wurde ein Kasten gefunden, wie er zum Transport von Hunden benutzt wird. Er gehört nicht ins Haus, wurde vermutlich von Alec Forbes mitgebracht, war aber auf jeden Fall am Abend vorher noch nicht dort gewesen.

27. Diese Hundebox war leer.

Wir kommen deshalb zu der zwingenden Schlußfolgerung, daß . . .«

Dr. Fell machte eine Pause.

»Kommen Sie!« drängte ihn Alistair Duncan mit scharfer Stimme. »Zu welcher Schlußfolgerung?«

Dr. Fell rümpfte die Nase. »Meine Herren, wir können uns nicht davor drücken; es ist unausweichlich. Wir kommen zu dem zwingenden Schluß, daß sich entweder Angus Campbell aus freien Stücken das Leben genommen hat oder etwas in der Box war, was ihn um sein Leben laufen ließ beim Versuch, diesem Etwas zu entkommen – und daß er sich dabei aus dem Fenster in den Tod stürzte.«

Kathryn erschauderte leicht.

Chapman war weniger beeindruckt. »Ich weiß schon«, sagte er. »Schlangen. Spinnen. Fu Manchu. Das sind wir gestern abend alles schon durchgegangen. Es hilft uns nicht weiter.«

»Können Sie meine Fakten bestreiten?« fragte Dr. Fell und klopfte auf seinen Zettel.

»Nein. Aber können Sie meine bestreiten? Schlangen! Spinnen ...«

»Und jetzt auch noch Gespenster«, grinste Colin.

»Wie?« schnappte Chapman.

»Ein Wirrkopf namens Jock Fleming«, erklärte Colin, »behauptet, gestern abend ein Wesen ohne Gesicht im Highlandkostüm gesehen zu haben, das aus dem Fenster brabbelte.«

Chapmans Gesicht verlor ein wenig an Farbe. »Davon weiß ich nichts«, sagte er. »Aber wenn ich an eine clevere Spinne oder Schlange glauben soll, die die Schließen der Box hinter sich wieder zumacht, dann kann ich genausogut an ein Gespenst glauben. Ich bin Engländer. Ich denke praktisch. Aber hier sind wir in einem komischen Land und einem komischen Haus; und eins sage ich Ihnen: Ich hätte keine Lust, da oben in diesem Zimmer eine Nacht zu verbringen.«

Colin sprang von seinem Stuhl auf und vollführte einen kleinen Tanz durch das ganze Zimmer. »Das genügt!« brüllte er, sobald er wieder zu Atem gekommen war. »Jetzt reicht's mir!«

Dr. Fell blinzelte ihn vorwurfsvoll, aber milde an.

Colins Gesicht war jetzt dunkelrot geworden, und an seinem dicken Hals traten die Adern hervor. »Hören Sie«, sagte er, schluckte und beherrschte sich nur unter größter Anstrengung, »seit ich hier angekommen bin, ist man mir mit Gespenstern gekommen. Und ich hab' die Schnauze voll davon. Dieser Quatsch muß ein für allemal aufhören, und ich persönlich werde dafür sorgen. Ich sag' euch, was ich tun werde. Noch heute nachmittag bringe ich meine Sachen in diesen Turm hinauf und schlafe ab sofort dort oben. Und wenn auch nur der Geist eines Gespenstes mir seine dreckige Visage zeigt, wenn irgendwer mich dazu bringen will, aus dem Fenster zu springen ...«, sein Blick fiel auf die Familienbibel, und der Atheist Colin rannte hin und legte seine Hand darauf, »dann schwöre ich, daß ich die nächsten zwölf Monate lang jeden Sonntag zur Kirche gehen werde. Jawohl – und in die Gebetsstunde auch!«

Er machte einen Schritt zur Tür hinüber, die in die Halle führte, und riß sie auf.

»Hast du das gehört, Elspat?« brüllte er, kam zurück und legte seine Hand wieder auf die Bibel. »Jeden Sonntag – und mittwochs in die Gebetsstunde. Gespenster! Poltergeister! Dämonen! Gibt es denn auf der Welt keine vernünftigen Menschen mehr?« Seine Stimme hallte durchs Haus. Man hätte sich leicht ein Echo einbilden können.

Der Versuch Kathryns, Colin zu besänftigen, war dann nicht mehr nötig. Er hatte den Dampf abgelassen.

Es war Kirstie MacTavish, die für Ablenkung sorgte, indem sie ihren Kopf zur Tür hereinstreckte. In ihrer Stimme klang wirkliches Entsetzen mit. »Der Reporter ist wieder da«, sagte sie.

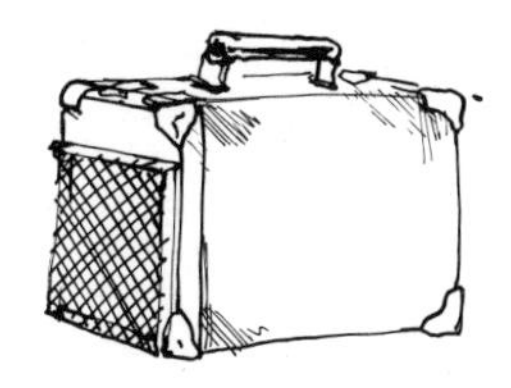

Kapitel 11

Das gestohlene Tagebuch

Colin riß seine Augen auf. »Doch nicht der Kerl vom *Daily Floodlight?«*

»Doch, der.«

»Sag ihm, ich will ihn sprechen«, sagte Colin, rückte seinen Kragen zurecht und atmete tief ein.

»Nein!« sagte Alan. »In deiner gegenwärtigen Geistesverfassung würdest du ihm wahrscheinlich das Herz aus dem Leib schneiden und es dann aufessen. Laß mich mit ihm reden.«

»Ja, bitte!« rief Kathryn. Eifrig redete sie auf Colin ein: »Wenn er sich traut, zu uns zurückzukommen, kann er nichts sehr Schreckliches über uns in seiner Zeitung geschrieben haben. Verstehen Sie doch – dies ist für uns eine einmalige Gelegenheit, uns zu entschuldigen und alles wieder ins Lot zu bringen. Lassen Sie Alan mit ihm sprechen, bitte!«

»Also gut«, stimmte Colin zu. »Du hast ihm schließlich nicht mit einem Breitschwert in den Hosenboden gestochen. Vielleicht kannst du ihn besänftigen.«

Alan eilte durch die Halle. Vor dem Vordertor stand Swan – sichtlich unentschlossen, wie er sich verhalten sollte. Alan ging zu ihm hinaus und machte die Tür hinter sich zu.

»Schauen Sie«, begann er, »es tut mir wirklich ganz schrecklich leid, was gestern abend passiert ist. Ich weiß gar nicht, was in uns gefahren war. Wir hatten einen über den Durst . . .«

»Erzählen Sie das ernsthaft m i r ?« fragte Swan. Er sah Alan an, und nicht Zorn, sondern wirkliche Neugierde schien seine vorherrschende Empfindung zu sein. »Ich war ja selbst einmal Läufer, aber seit Nurmi sich nach Finnland zurückgezogen hat, hab' ich niemanden mehr so schnell laufen sehen wie diesen stämmigen alten Knacker. Was um alles in der Welt haben Sie bloß getrunken? TNT gemischt mit Affendrüsenextrakt?«

»So was Ähnliches.«

Als Swan sah, daß er es mit einem gestraften Menschen zu tun hatte, wurde er strenger. »Sie wissen ja«, sagte er nachdrücklich, »daß ich Sie alle wegen Körperverletzung anzeigen könnte?«

»Ja, aber ...«

»Und daß ich so viel von Ihnen weiß, daß ich Ihren Namen in der Presse durch den Schmutz ziehen könnte, wenn ich ein nachtragender Mensch wäre?«

»Ja, aber ...«

»Sie können dem Schicksal danken, Dr. Campbell, daß ich kein nachtragender Mensch bin, das will ich doch mal betonen.« Swan nickte gewichtig. Er trug einen neuen hellgrauen Anzug und eine Schottenkrawatte. Wieder wurde seine Strenge von Neugierde verdrängt. »Was sind Sie überhaupt für ein Professor? Sich mit Professorinnen von anderen Colleges abgeben! Verrufene Häuser aufsuchen ...«

»Warten Sie! Um Himmels willen ...«

»Leugnen Sie's bloß nicht!« sagte Swan und zeigte mit seinem dünnen Finger auf Alans Gesicht. »Ich habe Miss Elspat selbst – vor Zeugen – sagen hören, daß Sie genau das immer tun.«

»So hat sie es doch gar nicht gemeint! ›Scharlachrote Hure‹ ist ein altes Schimpfwort für die römisch-katholische Kirche.«

»Nicht dort, wo ich herkomme. Und damit nicht genug, Sie betrinken sich sinnlos und jagen respektable Bürger mit Breitschwertern über eine öffentliche Straße. Benehmen Sie sich in Highgate eigentlich auch so, Doc? Oder tun Sie das bloß, wenn Sie in Ferien sind? Würde mich wirklich interessieren.«

»Ich schwöre Ihnen, es ist alles ein Irrtum! Und hören Sie, das Wichtigste ist folgendes: Es ist mir egal, was Sie über mich schreiben. Aber versprechen Sie, nichts über Miss Campbell zu schreiben?«

Swan überlegte. »Na, ich weiß nicht recht«, sagte er und schüttelte noch einmal düster und gewichtig den Kopf, womit er suggerierte, daß es lediglich seiner Gutherzigkeit zu verdanken sei, falls er akzeptieren sollte. »Ich habe eine Verantwortung gegenüber der Öffentlichkeit, wissen Sie.«

»Unsinn.«

»Aber ich sage Ihnen, was ich tun werde«, sagte Swan, so als ob er sich plötzlich zu einer Entscheidung durchgerungen hätte. »Damit Sie sehen, daß ich kein Spielverderber bin, mach' ich ein Geschäft mit Ihnen.«

»Ein Geschäft?«

Der andere senkte die Stimme. »Der Kerl da drin, der große, dicke, fette Kerl, das ist doch Dr. Gideon Fell, oder?«

»Ja.«

»Das hab' ich erst rausgefunden, als er mir schon wieder entschlüpft war. Und als ich dann mit meiner Zeitung telefoniert habe, waren die ganz aufgeregt. Sie meinten, wo der auftauche, sei etwas los, und es komme immer eine gute Story dabei raus. Ich solle ihm auf den Fersen bleiben. Schauen Sie, Doc, ich muß eine gute Story auftreiben! Ich hab' wegen dieser Sache schon eine Unmenge Auslagen gehabt; jetzt hab' ich auch noch ein Auto, das mir die Scheine aus der Tasche frißt. Wenn ich mit dieser Story auf die Schnauze falle, krieg' ich nicht mal meine Spesen wieder, und womöglich werde ich sogar gefeuert.«

»Also?«

»Also möchte ich, daß Sie folgendes tun. Halten Sie mich einfach auf dem laufenden, das genügt. Sagen Sie mir alles, was sich abspielt. Und dafür ...«

Er hielt inne und wich ein bißchen zurück, denn Colin Campbell kam aus der Tür. Aber Colin hatte sich entschlossen, umgänglich zu sein, sehr umgänglich, extrem umgänglich – er grinste.

»Und dafür«, fuhr Swan fort, »daß Sie mich auf dem laufenden halten, bin ich bereit, alles zu vergessen, was ich über Sie und Miss Campbell weiß, und auch, was Sie«, dies galt Colin, »getan haben. Sie hätten mich dabei leicht ernsthaft verletzen können. Dazu bin ich bereit, nur um kein Spielverderber und nicht nachtragend zu sein. Was sagen Sie dazu?«

Colins Gesicht hellte sich erleichtert auf. »Ich finde, das ist schwer anständig von Ihnen«, antwortete Colin und ließ einen Seufzer der Erleichterung hören. »Also, das ist wirklich verdammt anständig von Ihnen, junger Mann! Verdammt anständig! Ich war betrunken, und ich entschuldige mich. Was sagst du, Jung Alan?«

»Ich finde auch, daß es anständig von Ihnen ist«, erwiderte Alan eifrig. »Halten Sie sich an dieses Geschäft, Mr. Swan, und Sie werden sich nicht zu beklagen haben. Wenn irgend etwas passiert, werden wir es Ihnen sagen.« Fast gelang es ihm, seinen Kater zu vergessen. Ein wunderbares Wohlgefühl, ein

Gefühl, daß die Welt wieder im Gleichgewicht war, durchflutete Alan von oben bis unten.

»Also abgemacht?« fragte Swan mit hochgezogenen Augenbrauen.

»Abgemacht«, sagte Colin.

»Abgemacht«, stimmte der andere Missetäter zu.

»Also gut«, sagte Swan mit einem tiefen Atemzug. Dennoch sprach er mit drohender Stimme weiter. »Denken Sie bloß immer daran, daß ich meine Verantwortung der Öffentlichkeit gegenüber strapaziere, um Ihnen einen Gefallen zu tun. Also vergessen Sie nicht, was wir verabredet haben, und versuchen Sie nicht ...«

Über ihren Köpfen ging quietschend ein Fenster auf. Der Inhalt eines großen Wassereimers ergoß sich – mit wissenschaftlicher und tödlicher Zielsicherheit – in einem einzigen glitzernden Schwall auf Swans Kopf. Es sah für einen Augenblick sogar so aus, als ob Swan darin verschwunden wäre.

Am Fenster erschien das boshafte Gesicht von Tante Elspat. »Können Sie einen Wink mit dem Zaunpfahl nicht verstehen?« erkundigte sie sich. »Ich hab' Ihnen schon mal gesagt, Sie sollen verschwinden, und ich sag's Ihnen nicht nochmal. Hier – falls es nicht gereicht hat.«

Fast lässig, aber mit der gleichen Genauigkeit hob sie einen zweiten Eimer und entleerte ihn über Swans Kopf. Dann knallte das Fenster zu.

Swan sagte nichts. Er stand bewegungslos da. Sein neuer Anzug färbte sich langsam schwarz. Sein Hut ähnelte durch und durch nassem Löschpapier; unter der herabhängenden Hutkrempe starrten die Augen eines Mannes hervor, der sich Schritt für Schritt seines Verstandes beraubt sieht.

»Guter Mann!« polterte Colin ehrlich bestürzt. »Die alte Hexe! Ich dreh' ihr den Hals um; so wahr ich hier stehe, das tu' ich! Guter Mann, Sie sind doch nicht verletzt, oder?«

Colin rannte die Stufen hinunter. Swan begann langsam, aber mit zunehmender Hast vor ihm zurückzuweichen.

»Guter Mann, warten Sie! Sie müssen trockene Kleidung kriegen!«

Swan wich weiter zurück.

»Kommen Sie ins Haus, guter Mann. Kommen Sie ...«

Endlich fand Swan seine Stimme wieder. »Ins Haus kommen«, rief er schrill und ging immer weiter rückwärts, »damit Sie mir meine Kleider stehlen und mich dann vor die Tür setzen können? Nein, so nicht! Bleiben Sie mir vom Leib!«

»Passen Sie auf!« schrie Colin. »Noch ein Schritt, und Sie fallen in den Loch! Achtung . . .«

Alan sah sich wild um. An den Fenstern des Wohnzimmers hatte sich eine interessierte Gruppe von Beobachtern eingefunden, bestehend aus Duncan, Chapman und Dr. Fell. Aber am meisten war sich Alan der entsetzten Miene Kathryns bewußt.

Wie durch ein Wunder rettete sich Swan unmittelbar an der Kante des Landungsstegs vor einem Sturz ins Wasser. »Sie glauben doch nicht, daß ich in diese Klapsmühle gehe?« Er tobte. »Sie sind eine Bande von kriminellen Verrückten und nichts anderes, und ich werde Sie fertigmachen. Ich werde . . .«

»Mann, so können Sie doch nicht rumlaufen! Sie werden sich den Tod holen! Kommen Sie rein. Außerdem«, argumentierte Colin, »sind Sie doch dann unmittelbar am Schauplatz, oder? Voll im Zentrum des Geschehens, direkt an der Seite von Dr. Fell!«

Dies schien Swan irgendwie zu denken zu geben. Er zögerte. Seine Kleider trieften vor Nässe; die Bezeichnung ›wie ein begossener Pudel‹ wäre in diesem Augenblick reiner Euphemismus gewesen. Mit zitternder Hand wischte er sich das Wasser aus den Augen und sah Colin ernsthaft und eindringlich an.

»Kann ich mich darauf verlassen?«

»Ich schwöre es! Die alte Fuchtel hat's auf Sie abgesehen, aber ich werde mich um sie kümmern. Kommen Sie.«

Swan schien sich zu überlegen, welchen Kurs er einschlagen sollte. Schließlich gestattete er es, daß er am Arm genommen und zur Tür geführt wurde. Als er ans Fenster kam, duckte er sich so schnell daran vorbei, als würde er mit einer Ladung flüssigen Bleis rechnen.

Was dann drinnen folgte, war ziemlich peinlich. Der Anwalt und der Versicherungsmann verabschiedeten sich eilig. Colin – besänftigend auf seinen Schützling einredend – begleitete ihn nach oben zum Kleiderwechseln. Alan ging niedergeschmettert zu Kathryn und Dr. Fell ins Wohnzimmer.

»Ich bin überzeugt, Sir«, bemerkte Dr. Fell mit gravitätischer Höflichkeit, »daß Sie selbst am besten wissen, was Sie tun. Aber, offen gesagt, glauben Sie wirklich, daß es weise ist, die Presse dermaßen vor den Kopf zu stoßen? Was haben Sie denn diesmal mit dem armen Kerl gemacht? Ihn in einen Kübel Wasser getaucht?«

»Wir haben gar nichts getan. Es war Elspat. Sie hat zwei Eimer Wasser aus dem Fenster über ihn gekippt.«

»Aber wird er jetzt nicht . . .«, rief Kathryn.

»Er verspricht, daß er kein Wort sagen wird, wenn wir ihn über die hiesigen Vorgänge auf dem laufenden halten. Wenigstens hat er das vorhin versprochen. Ich weiß nicht, wie er inzwischen darüber denkt.«

»Auf dem laufenden halten?« fragte Dr. Fell scharf.

»Wahrscheinlich darüber, was hier vor sich geht; ob es sich um Selbstmord oder Mord handelt – und was Sie davon halten.« Alan machte eine kurze Pause. »Was halten Sie übrigens davon?«

Dr. Fells Blick wanderte zur Tür, die zur Halle führte, und vergewisserte sich, daß sie fest verschlossen war. Dann blies der Doktor seine Backen auf, schüttelte den Kopf und setzte sich schließlich wieder aufs Sofa. »Wenn nur die Fakten«, knurrte er, »nicht so infernalisch einfach wären! Ich mißtraue dieser Einfachheit. Ich habe so ein Gefühl, daß da irgendwo eine Falle eingebaut ist. Außerdem wüßte ich gerne, warum Miss Elspat Campbell jetzt ihre Aussage ändern will und schwört, daß die Hundebox doch unter dem Bett stand, bevor der Raum abgeschlossen wurde.«

»Glauben Sie, daß die zweite Version stimmt?«

»Nein, zum Donnerwetter, das glaube ich nicht!« sagte Dr. Fell und klopfte mit seinem Stock auf den Boden. »Ich glaube, daß die erste stimmt. Aber das macht unser Problem mit dem verschlossenen Raum nur noch schwieriger. Außer wenn . . .«

»Außer wenn was?«

Dr. Fell überhörte seine Frage. »Offensichtlich hilft es nichts, nur immer und immer wieder diese siebenundzwanzig Punkte durchzugehen. Ich sage noch einmal: Das ist zu einfach. Ein Mann verschließt zweifach seine Tür. Er geht zu Bett. Mitten in der Nacht steht er ohne Pantoffeln auf – beachten Sie das – und springt aus dem Fenster direkt in den Tod. Er . . .«

»Das ist übrigens nicht ganz korrekt.«

Dr. Fell hob den Kopf und schob seine Unterlippe vor. »Ha? Was denn nicht?«

»Nun, wenn man ganz präzise sein will, ist Angus nicht direkt in den Tod gesprungen. Wenigstens hat Colin mir das erzählt. Der

Polizeiarzt konnte den genauen Todeszeitpunkt nicht bestimmen. Er sagte, Angus sei nicht sofort gestorben, sondern wahrscheinlich erst noch eine Zeitlang lebendig, wenn auch bewußtlos gewesen.«

Dr. Fell zog die Brauen über seinen kleinen Augen zusammen. Die keuchenden Atemzüge, die seinen Oberkörper regelmäßig erbeben ließen, hielten einen Moment inne. Er schien etwas sagen zu wollen, besann sich dann aber anders.

Schließlich redete er doch weiter. »Ferner gefällt es mir gar nicht, daß Colin darauf besteht, die Nacht in diesem Turmzimmer zu verbringen.«

»Sie glauben doch nicht, daß immer noch Gefahr besteht?« fragte Kathryn.

»Mein liebes Kind, natürlich besteht noch Gefahr!» sagte Dr. Fell. »Es besteht immer Gefahr, wenn eine Gewalt, die wir nicht verstehen, einen Menschen getötet hat. Sobald man das Geheimnis gelüftet hat, ist alles in Ordnung. Aber solange man es nicht versteht ...« Er kam ins Brüten. »Sie haben sicherlich schon bemerkt, daß es just die Dinge sind, die wir am verzweifelsten zu verhindern suchen, die dann doch passieren. Schauen Sie sich nur den armen Swan an. Aber auch hier, wo es um ernstere Dinge geht, dreht sich immer noch dasselbe Rad, und dieselbe Gefahr kehrt zurück. Beim Jupiter! Was kann nur in dieser Box gewesen sein? Etwas, das keine Spuren hinterließ? Keinerlei Spuren! Und wozu die Öffnung? Offenbar, damit etwas durch das Drahtgeflecht atmen und Luft kriegen konnte. Aber was?«

Formlose, verzerrte Bilder jagten durch Alans Gedanken. »Glauben Sie, daß die Box eine falsche Fährte sein könnte?«

»Möglich. Aber wenn sie keine Bedeutung hat, bricht der ganze Fall zusammen, und wir können nach Hause gehen und uns ins Bett legen. Sie muß etwas bedeuten.«

»Irgendein Tier?« schlug Kathryn vor.

»Das den Verschluß der Box wieder zugemacht hat, nachdem es sie verlassen hatte?« fragte Dr. Fell.

»Vielleicht war es so dünn«, bemerkte Alan, »daß es durch den Draht schlüpfen konnte. Nein, zum Teufel, so geht's auch nicht!« Er erinnerte sich an die Box und das Drahtgeflecht. »Dieser Draht ist so engmaschig, daß sich selbst die kleinste Schlange kaum hätte durchwinden können.«

»Dann«, fuhr Dr. Fell fort, »haben wir noch die Geschichte von dem Highlander mit dem halben Gesicht.«

»Sie glauben doch nicht an diese Geschichte?«

»Ich glaube, daß Jock Fleming tatsächlich sah, was er behauptet, gesehen zu haben. Aber ich glaube nicht unbedingt an ein Gespenst. Schließlich wäre das kein besonders schwieriger Trick gewesen – im Mondlicht und zwanzig Meter über dem Boden. Eine alte Mütze, ein Plaid, ein bißchen Schminke . . .«

»Aber wozu?«

Dr. Fells Augen öffneten sich weit. Sein Atem ging heftig, als er sich förmlich auf diesen angesprochenen Punkt stürzte. »Exakt das ist die Frage. Wozu? Wir dürfen den entscheidenden Punkt bei dieser Geschichte nicht übersehen, und das ist nicht die Frage, ob es sich um eine übernatürliche Erscheinung handelte, sondern zu welchem Zweck diese Darbietung stattfand. Das heißt, wenn überhaupt in unserem Sinne ein Zweck dahintersteckte.« Er wurde sehr nachdenklich. »Wenn wir herausfinden, was in der Box war, sind wir aus dem Schneider. Das ist unser Problem. Andere Fragen sind natürlich einfacher zu lösen. Sie haben sicherlich erraten, wer das fehlende Tagebuch gestohlen hat.«

»Natürlich«, antwortete Kathryn sofort. »Das war Elspat.«

Alan starrte sie an.

Dr. Fell strahlte dankbar übers ganze Gesicht und sah Kathryn an, als wäre sie eine noch erfrischendere Person, als er selbst schon vermutet hatte. »Bewundernswert!« lachte er und nickte. »Die Befähigung zum Schlußfolgern, durch kluge historische Forschungsarbeit erworben, kann durchaus auch bei der Detektivarbeit eingesetzt werden. Vergessen Sie das nie, meine Liebe. Ich selbst habe das schon in jungen Jahren herausgefunden. Ins Schwarze getroffen. Es war Elspat, da wette ich einen Fünfer.«

»Aber warum?« fragte Alan.

Kathryn setzte ihr ernstestes Gesicht auf, so als hätten sie ihre Debatte von der Zugfahrt wieder aufgenommen. Ihr Tonfall war vernichtend. »Mein lieber Dr. Campbell! Überlegen Sie doch mal, was wir wissen. Viele, viele Jahre lang war Elspat für Angus Campbell einiges mehr als nur eine Haushälterin.«

»Na und?«

»Aber es ist doch schon fast krankhaft, welchen Wert sie auf Ehrsamkeit legt, und sie kann sich nicht einmal vorstellen, daß jemand ihr wahres Wesen erraten haben könnte.«

Alan war versucht zu sagen, ›Ein bißchen wie Sie‹, verkniff es sich aber und sagte nur: »Ja.«

»Angus Campbell war ein nicht gerade diskreter Mensch, der ein Tagebuch führte, in dem er seine intimen . . ., na, Sie wissen schon, festhalten konnte.«

»Ja und?«

»Schön. Drei Tage vor seinem Tod schließt Angus noch eine Versicherung ab, um seine alte Liebe für den Fall seines Todes zu versorgen. Und wenn er dies nun in seinem Tagebuch notiert hat, dann kann man doch mit Sicherheit annehmen, daß er auch dazugeschrieben hat, warum er es getan hat, oder?« Kathryn machte eine Pause und zog die Augenbrauen hoch. »Also hat Elspat natürlich das Tagebuch gestohlen, weil sie eine Heidenangst davor hatte, daß die Leute erfahren könnten, was sie jahrelang getan hat . . . Wissen Sie nicht mehr, was gestern abend passiert ist, Alan? Wie sie sich benahm, als Sie und Colin über das Tagebuch sprachen? Zuerst bezeichnete sie alle Anwesenden als Dummköpfe, und dann lenkte sie Sie mit diesem verwünschten Whisky ab. Und das hat natürlich gewirkt. Das ist alles.«

Alan pfiff durch die Zähne. »Mein Gott, ich glaube, Sie haben recht!«

»Haben Sie besten Dank, mein Lieber. Wenn Sie Ihren eigenen Verstand«, bemerkte Kathryn und kräuselte ihre hübsche Nase, »ein wenig zum Beobachten und Schlüsseziehen einsetzen würden, wie Sie es anderen Leuten immer nahelegen . . .«

Diese Bemerkung strafte Alan mit Mißachtung. Er hatte zwar nicht übel Lust, einen Bezug zur Herzogin von Cleveland und der Dürftigkeit der Schlüsse herzustellen, die K. I. Campbell in diesem Zusammenhang zu ziehen in der Lage gewesen war, aber er entschied sich dafür, die unselige Hofdame im Augenblick lieber ruhen zu lassen.

»Dann hat das Tagebuch also eigentlich mit dem Fall gar nichts zu tun?«

»Das ist die Frage«, sagte Dr. Fell.

»Eines ist klar«, erklärte Kathryn. »Tante Elspat weiß etwas – und zwar wahrscheinlich aus dem Tagebuch. Warum sonst dieser ganze Aufwand mit dem Brief an den *Daily Floodlight?«*

»Stimmt.«

»Und weil sie den Brief geschrieben hat, scheint es doch klar zu sein, daß im Tagebuch nichts stand, was ihren Ruf hätte ankratzen können. Also, warum sagt sie dann nichts? Was ist los mit ihr? Wenn das Tagebuch einen Anhaltspunkt dafür enthält, daß Angus ermordet wurde, warum sagt sie es nicht?«

»Und wenn im Tagebuch steht«, meinte Alan, »daß er vorhatte, sich das Leben zu nehmen?«

»Alan, Alan, Alan! Von den anderen Versicherungen einmal ganz zu schweigen, soll Angus also diese letzte Versicherung abgeschlossen haben, um dann niederzuschreiben, daß er sich umbringen will? Das wäre doch vollkommen widersinnig!«

Alan nickte düster mit dem Kopf.

»Fünfunddreißigtausend Pfund stehen auf dem Spiel«, hauchte Kathryn aufgeregt, »und sie erhebt keinen Anspruch darauf! Warum knöpft sich nicht mal jemand Elspat vor? Warum knöpfen Sie sie sich nicht vor, Dr. Fell? Alle anderen scheinen Angst vor ihr zu haben.«

»Mit dem größten Vergnügen«, strahlte Dr. Fell.

Schwerfällig wie ein Schlachtschiff, das an ein Dock anlegt, drehte er sich auf dem Sofa um. Er rückte seinen Kneifer zurecht und blinzelte Elspat Campbell an, die mit einem Gesichtsausdruck in der Tür stand, in dem sich Zorn, Schmerz, Unsicherheit und Furcht vor der ewigen Verdammnis mischten. Die anderen konnten diesen Ausdruck gerade noch erhaschen, bevor er blitzartig verschwand und ein grimmig vorgeschobenes Kinn und ein harter unbeugsamer Blick an seine Stelle traten.

Dr. Fell ließ sich nicht beeindrucken. »Na, Madam?« fragte er beiläufig. »Sie haben das Tagebuch doch wirklich geklaut, stimmt's?«

Kapitel 12

Am Fuß des Turmes

Die Dämmerung senkte sich auf den Loch Fyne herab, als sie durch die umgestürzten Bäume des geisterhaft grauen Waldes herabgestiegen kamen und auf der Hauptstraße nach Norden in Richtung Shira abbogen.

Nach einem Nachmittag an der frischen Luft fühlte sich Alan richtig wohl. Kathryn, in Tweed gekleidet und mit flachen Schuhen, hatte Farbe im Gesicht bekommen, und ihre blauen Augen leuchteten. Sie hatte kein einziges Mal ihre streitbare Brille aufgesetzt – nicht einmal, als sich Alan darüber mokiert hatte, daß ihr der Mord aus dem Jahr 1752 nicht geläufig war, als Colin Campbell, genannt der Rote Fuchs, erschossen wurde und James Stewart dafür in Inveraray vor Gericht stand.

»Das Problem ist«, dozierte Alan, als sie den Hügel hinuntergingen, »daß Stevenson uns so in seinen Bann gezogen hat, daß wir ganz zu vergessen pflegen, wie dieser ›Held‹, dieser berühmte Alan Breck – mit einem ›l‹ bitte –, wirklich war. Ich habe mir schon oft gewünscht, daß jemand zur Abwechslung mal für die Campbells Partei ergreifen würde.«

»Wieder wegen der intellektuellen Redlichkeit?«

»Nein, nur zum Spaß. Aber die absonderlichste Version des Vorfalles gibt es ja im Film *Kidnapped.* Alan Breck, David Balfour und ein völlig überflüssiges weibliches Wesen fliehen vor den Rotröcken. Bis über die Ohren verkleidet fahren sie in einem Karren auf einer Straße, auf der es von englischen Truppen nur so wimmelt, und singen ›Loch Lomond‹, und Alan Breck zischt: ›So werden sie nie Verdacht schöpfen‹. Ich wäre fast aufgestanden und hätte zur Leinwand gerufen: ›Das werden sie allerdings, wenn ihr unbedingt ein jakobitisches Lied singen müßt.‹ Das ist ungefähr so klug, als wenn eine Gruppe von britischen Geheimdienstagenten, als Gestapo-Männer verkleidet, Unter den Linden daherstolzieren und ›There'll always be an England‹ gröhlen würde.«

Kathryn stürzte sich auf das wichtigste Detail dieser Ausführung. »Das weibliche Wesen war also völlig überflüssig, ja?«

»Wie bitte?«

»Das weibliche Wesen, sagt er in all seiner Herrlichkeit, war also völlig überflüssig. Natürlich!«

»Ich habe nur gemeint, daß sie in der Originalfassung nicht vorhanden war, und sie hat das bißchen von der Handlung, was übriggeblieben war, vollends verdorben. Können Sie diesen Geschlechterkampf nicht mal für fünf Minuten vergessen?«

»Sie sind es ja, der das Thema immer wieder aufbringt.«

»Ich?«

»Ja, Sie. Ich weiß nicht, was ich von Ihnen halten soll. Sie ... können ziemlich nett sein, wissen Sie, wenn Sie wollen.« Sie wirbelte mit dem Fuß die heruntergefallenen Blätter auf und kicherte plötzlich. »Gestern nacht zum Beispiel.«

»Erinnern Sie mich bloß nicht daran!«

»Aber da waren Sie ja gerade am nettesten. Wissen Sie nicht mehr, was Sie zu mir gesagt haben?«

Er hatte gedacht, der Vorfall wäre der Gnade der Vergessenheit anheimgefallen. Das war er nicht. »Was habe ich denn gesagt?«

»Ach, lassen Sie mal. Wir kommen wieder furchtbar spät zum Tee, und Tante Elspat wird wieder eine Szene machen wie gestern abend.«

»Tante Elspat«, sagte er streng, »wird nicht zum Tee erscheinen, wie Sie genau wissen. Sie hat sich mit einem hysterischen Anfall auf ihr Zimmer zurückgezogen.«

Kathryn blieb stehen und machte eine hilflose Geste. »Wissen Sie, ich kann mich einfach nicht entscheiden, ob ich diese alte Frau mögen oder nicht doch lieber ermorden soll. Dr. Fell macht ihr wegen des Tagebuchs Vorhaltungen, und sie geht einfach in die Luft, schreit herum, daß es ihr Haus sei, daß man sie in Ruhe lassen solle, daß die Hundebox wirklich unter dem Bett gewesen sei ...«

»Ja, aber ...«

»Ich glaube, sie will einfach ihren Willen haben. Ich glaube, manche Dinge will sie nur deshalb nicht tun oder sagen, weil man es von ihr verlangt; sie will sich einfach als Herrin fühlen. Deshalb hat sie auch genauso einen Anfall bekommen, als Colin darauf bestand, diesen armen, harmlosen Swan aufzunehmen.«

»Junge Dame, weichen Sie meiner Frage nicht aus. Was habe ich letzte Nacht zu Ihnen gesagt?« Diese kleine Hexe tut das absichtlich, dachte Alan. Er wollte ihr zwar nicht die Genugtuung gönnen, Neugierde zu zeigen, konnte aber einfach nicht anders.

Sie waren nur noch wenige Meter auf der Hauptstraße von Burg Shira entfernt.

Kathryn schaute ihn im Zwielicht mit einem ernsten und gleichzeitig boshaften Gesichtsausdruck an. »Wenn Sie sich nicht erinnern können«, sagte sie unschuldig, »kann ich es Ihnen auch nicht sagen. Aber ich kann Ihnen verraten, was meine Antwort gewesen wäre, wenn ich Ihnen geantwortet hätte.«

»Also?«

»Oh, wahrscheinlich hätte ich so was Ähnliches gesagt wie: ›Wenn das so ist, warum tust du's nicht?‹«

Und damit rannte sie weg.

Alan holte sie erst in der Halle ein und fand keine Zeit mehr, etwas zu sagen. Das Dröhnen der Stimmen aus dem Eßzimmer hätte ausgereicht, um sie auf das vorzubereiten, was vor sich ging, auch wenn sie nicht durch die halboffene Tür Colin hätten sehen können.

Die helle Deckenlampe beleuchtete eine gemütliche Szene. Colin, Dr. Fell und Charles Swan hatten eine umfangreiche Mahlzeit beendet. Ihre Teller waren zur Seite geschoben, und mitten auf dem Tisch stand eine Karaffe mit einer Flüssigkeit, deren volles Braun im Licht funkelte. Auf den Gesichtern von Dr. Fell und Swan, die leere Gläser vor sich hatten, lag der Ausdruck von Menschen, die gerade eine tiefe spirituelle Erfahrung durchgemacht haben.

Colin zwinkerte den Neuankömmlingen zu. »Kommt rein!« rief er. »Setzt euch. Eßt, bevor es kalt wird. Ich habe unseren Freunden gerade ihre erste Kostprobe vom *Fluch der Campbells* gereicht.«

Swans übernatürlich feierliches Gesicht wurde jetzt durch einen leichten Schluckauf verzerrt. Aber er blieb weiterhin feierlich und schien in eine Art meditative Trance gefallen zu sein.

Auch seine Aufmachung war recht seltsam. Er war mit einem von Colins Hemden ausgestattet worden, das zu weit an Rumpf und Schultern, aber viel zu kurz in den Armen war. Darunter, da ihm wohl keine Hose im ganzen Haus zu passen schien, trug er einen Kilt. Dieser war im dunklen Grün und Blau der Campbells gemustert und von dünnen gelben und weißen Streifen kreuz und quer durchzogen.

»Allmächtiger!« stammelte Swan und starrte sein leeres Glas an. »Allmächtiger!«

»Eine nicht ungerechtfertigte Bemerkung«, sagte Dr. Fell. Er fuhr sich mit der Hand über die rosa Stirn.

»Schmeckt er?«

»Nun . . .«, sagte Swan.

»Noch einen? Was ist mit dir, Alan? Und du, Kitty-Kat?«

»Nein.« In diesem Punkt war Alan eisern. »Ich hätte gerne etwas zu essen. Von dieser alkoholischen Tabascosauce nehme ich vielleicht später ein klein wenig, aber wirklich nur sehr wenig und nicht jetzt.«

Colin rieb sich die Hände. »Oh, keine Sorge! Du wirst schon wieder was davon trinken. Das tun sie alle. Was hältst du vom Aufzug unseres Freundes Swan? Recht kleidsam, nicht? Hab' ich aus einer Kiste im großen Schlafzimmer gefischt. Das Originalmuster des MacHolster-Clans.«

Swan wurde rot. »Wollen Sie mich auf den Arm nehmen?«

»So wahr ich an den Himmel glaube«, schwor Colin und hob eine Hand, »ist das das Muster der MacHolsters. So wahr ich an den Himmel glaube.«

Swan war beschwichtigt. Er schien sich sogar wohl zu fühlen. »Es ist ein komisches Gefühl«, sagte er und äugte auf den Kilt hinunter. »Als ob man in der Öffentlichkeit ohne Hosen herumliefe. Verdammt aber auch! Daß ich, Charley Swan aus Toronto, in einer echten schottischen Burg sitze, einen echten Kilt trage und wie ein Clansmann alten Morgentau trinke! Ich muß meinem Vater davon schreiben. Es ist anständig von Ihnen, mich hier übernachten zu lassen.«

»Unsinn! Ihre Kleider sind vor morgen früh sowieso nicht fertig. Trinken Sie noch einen?«

»Danke. Hätte nichts dagegen.«

»Du, Fell?«

»Ähem«, sagte Dr. Fell. »So ein Angebot – oder in diesem Fall eine Herausforderung – weise ich sehr selten zurück. Danke. Aber . . .«

»Aber was?«

»Gerade habe ich mir überlegt«, sagte Dr. Fell und legte mit sichtlicher Anstrengung ein Knie übers andere, »ob das nunc bibendum est von einem vernünftigen sat prata hiberunt gefolgt werden sollte. Vornehmer ausgedrückt: Du denkst doch nicht schon wieder an ein Besäufnis? Oder hast du den Gedanken aufgegeben, heute nacht im Turm zu schlafen?«

Colin richtete sich auf. Ein Hauch von Beklommenheit strich durch das alte Zimmer.

»Und warum sollte ich den Gedanken aufgeben, im Turm zu schlafen?«

»Gerade weil ich nicht weiß, warum du es eigentlich nicht tun solltest«, antwortete Dr. Fell freimütig, »wünschte ich, du würdest es nicht tun.«

»Quatsch! Ich hab' den halben Nachmittag damit verbracht, das Schloß und den Riegel von dieser Tür zu reparieren. Ich hab' meinen ganzen Krempel hinaufgeschleppt. Du glaubst doch nicht, daß ich mir das Leben nehmen werde?«

»Na ja«, sagte Dr. Fell, »mal angenommen, du würdest das doch tun?«

Das Gefühl der Beklommenheit im Raum hatte sich verdichtet. Sogar Swan schien sie zu spüren. Colin wollte schon in offene Entrüstung ausbrechen, aber Dr. Fell hob eine Hand.

»Einen Augenblick. Nimm das jetzt nur mal an. Oder, um genauer zu sein, nimm an, wir finden dich morgen früh tot am Fuß des Turmes unter genau den gleichen Umständen wie Angus. Äh ... macht es Ihnen etwas aus, wenn ich rauche, solange Sie essen, Miss Campbell?«

»Nein, natürlich nicht«, sagte Kathryn.

Dr. Fell nahm eine große Meerschaumpfeife mit gebogenem Stiel heraus, füllte sie aus einem prallen Tabaksbeutel und zündete sie an. Dann rückte er auf seinem Stuhl hin und her, bis er eine diskussionstaugliche Stellung gefunden zu haben schien. Mit einem leicht schielenden Blick durch seinen Kneifer sah er zu, wie sich der Rauch in den hellen Lampenschirm hinaufkräuselte.

»Du glaubst doch«, fuhr er schließlich fort, »du glaubst doch, daß der Tod deines Bruders Mord war, oder?«

»Allerdings! Und Donnerschlag noch mal, ich hoffe, so war's auch! Wenn es nämlich so war und wir es beweisen können, dann erbe ich siebzehntausendfünfhundert Pfund.«

»Ja. Aber wenn Angus' Tod wirklich Mord war, dann kann dieselbe Kraft, die Angus getötet hat, auch dich töten. Hast du daran schon einmal gedacht?«

»Die Kraft möchte ich gerne sehen, die das könnte. Sack und Asche, das möchte ich!«

Aber Dr. Fells Ruhe verfehlte nicht ihre Wirkung. Colins Ton war jetzt deutlich gemäßigter.

»Also, wenn dir aus irgendeinem Grund etwas passieren sollte«, bohrte Dr. Fell weiter, während Colin auf seinem Stuhl hin- und herrutschte, »was geschieht dann mit deinem Anteil an den fünfunddreißigtausend Pfund? Erhält dann zum Beispiel Elspat Campbell alles?«

»Nein, auf keinen Fall. Es bleibt in der Familie. Es fällt an Robert. Oder an Roberts Erben, falls er nicht mehr lebt.«

»Robert?«

»Unser dritter Bruder. Er kam in Schwierigkeiten und hat das Land vor Jahren verlassen. Wir wissen nicht mal, wo er jetzt ist, obwohl Angus immer versucht hat, ihn aufzutreiben. Wir wissen nur, daß er geheiratet und Kinder bekommen hat – der einzige von uns dreien, der geheiratet hat. Robert müßte jetzt ... ungefähr vierundsechzig sein. Ein Jahr jünger als ich.«

Dr. Fell rauchte gedankenverloren weiter, seine Augen waren auf die Lampe gerichtet. »Seht ihr«, keuchte er, »wenn wir davon ausgehen, daß es sich hier um Mord handelt, dann müssen wir uns nach einem Motiv umsehen. Und ein Motiv, wenigstens im finanziellen Bereich, ist äußerst schwierig zu finden. Angenommen, Angus wurde wegen des Geldes von seiner Lebensversicherung ermordet. Von dir. Tz, tz, dreh mir nicht gleich den Hals um! Oder von Elspat. Oder von Robert oder seinen Erben. Nun wird aber doch kein Mörder, der seine Sinne beisammen hat, unter diesen Umständen ein Verbrechen planen, das man für einen Selbstmord halten muß. Denn dadurch würde er sich genau um das Geld bringen. Kehren wir also auf die persönliche Ebene zurück. Da ist dieser Alec Forbes. Ihm wäre es wohl zuzutrauen gewesen, Angus umzubringen?«

»Bei Gott, ja!«

»Hm. Sag mal, hat er auch irgend etwas gegen dich?«

Eine etwas obskure Genugtuung ließ Colin die Brust schwellen. »Alec Forbes«, antwortete er, »haßt mich bis aufs Blut. Nicht weniger, als er Angus gehaßt hat. Ich habe mich über seine Pläne lustig gemacht. Und wenn's etwas gibt, was diese übellaunigen Burschen nicht ausstehen können, dann ist es, wenn man sie nicht ernst nimmt.«

»Aber du gibst zu, daß das, was Angus getötet hat, auch dich töten könnte?«

Colin zog seinen dicken Kopf zwischen die Schultern. Er streckte die Hand nach der Whiskykaraffe aus und schenkte Dr. Fell, Swan, Alan und sich selbst großzügig ein.

»Wenn du mich davon abbringen willst, oben im Turm zu schlafen ...«

»Das will ich.«

»Dann scher dich zum Teufel. Ich werde es nämlich auf jeden Fall tun.« Aus wilden Augen musterte Colin die Gesichter ringsum. »Was ist bloß los mit euch allen?« röhrte er. »Ihr seid heute abend alle so blutleer! Gestern war das ganz anders. Trinkt aus! Ich werde keinen Selbstmord begehen; das verspreche ich euch. Also trinkt aus – und kein Wort mehr von diesem Unfug.«

Als sie um kurz nach zehn auseinandergingen, um zu Bett zu gehen, war keiner von ihnen mehr vollkommen nüchtern.

Der Grad ihrer Trunkenheit reichte von Swan, der das Zeug ungehemmt zu sich genommen hatte und kaum mehr stehen konnte, bis zu Dr. Fell, den nichts erschüttern zu können schien. Colin Campbell war eindeutig betrunken, obwohl sein Tritt noch sicher war und ihn nur seine roten Augen verrieten. Aber er war nicht so herrlich hemmungslos betrunken wie in der Nacht zuvor.

Das war niemand. Es war einer der Abende geworden, an denen sogar der Tabakrauch schal und trist in der Luft hängt und die Menschen widersinnigerweise ein ›letztes Glas‹ nach dem anderen trinken, obwohl sie keines mehr bräuchten. Als sich Kathryn kurz vor zehn Uhr davonstahl, versuchte niemand, sie aufzuhalten. Auf Alan hatte das Getränk eine unerwünschte Wirkung. Im Gegensatz zur entspannten Müdigkeit seiner Muskeln fühlte sich sein Geist aufgedreht und wach – wenn auch erschöpft. Gedanken kratzten durch sein Gehirn wie Stifte auf einer Schiefertafel; sie ließen ihm keine Ruhe und ließen sich auch nicht vertreiben.

Sein Schlafzimmer lag im ersten Stock mit Blick über den Loch. Leichtfüßig stieg er die Stufen hinauf und sagte Dr. Fell gute Nacht, der eben in sein eigenes Zimmer ging und erstaunlicherweise Zeitschriften unter dem Arm trug.

Eine gewisse Leichtfüßigkeit, ein brummender Kopf und eine starke innere Unruhe sind keine guten Schlafmittel. Alan tastete sich in sein Zimmer. Entweder aus Sparsamkeitsgründen oder wegen der mangelhaften Verdunkelungsvorrichtungen waren keine Glühbirnen im Leuchter. Statt dessen stand nur eine Kerze zur Verfügung.

Alan zündete die Kerze auf dem Schreibtisch an. Die spärliche kleine Flamme unterstrich die Düsterkeit ringsum noch und ließ sein Gesicht im Spiegel kalkweiß aussehen. Er kam sich willensschwach und wankelmütig vor; wie hatte er nur dieses Zeug noch einmal anrühren können! Diesmal hatte es ihn weder fröhlich gemacht, noch war er schläfrig geworden.

Immer wieder jagten seine Gedanken im Kreise herum und sprangen von einem Punkt zum anderen wie Bergziegen von Fels zu Fels. Früher haben die Leute bei Kerzenlicht studiert. Ein Wunder, daß sie nicht alle erblindet sind. Vielleicht sind die meisten ja auch erblindet. Er dachte an Mr. Pickwick im *Great White Horse* in Ipswich. Er dachte an Scott, der sein Augenlicht durch Arbeit unter ›einem hellen Gaslicht‹ ruiniert hatte. Er dachte an –

Es hatte keinen Sinn. Er konnte einfach nicht einschlafen.

Er zog sich unbeholfen im Dunkeln aus. Dann zog er Hausschuhe und Hausmantel an. Seine Uhr tickte weiter – halb elf, Viertel vor elf, die volle Stunde. Viertel nach elf –

Alan setzte sich in einen Sessel, stützte den Kopf in die Hände und sehnte sich nach einer Bettlektüre. Er hatte auf Shira nur sehr wenige Bücher bemerkt. Aber Dr. Fell hatte doch erzählt, er habe einen Boswell dabei.

Was für ein Trost, was für eine Beruhigung und Erquickung Boswell jetzt spenden könnte! In diesem Buch zu blättern, ein Zwiegespräch mit Doktor Johnson zu führen und dann geruhsam einzudösen, das müßte in dieser Nacht der Gipfel aller Wonnen sein. Je mehr er daran dachte, desto mehr sehnte er sich nach dem Buch. Würde Dr. Fell es ihm vielleicht leihen?

Er stand auf, öffnete die Tür und tappte durch den kühlen Flur zum Zimmer des Doktors. Als er unter der Tür einen dünnen Lichtstreifen sah, hätte er einen Freudenschrei ausstoßen können. Er klopfte, und eine Stimme, die er kaum als die von Dr. Fell erkannte, bat ihn herein.

Alan, der einen Zustand von fast übersinnlicher Wahrnehmungsfähigkeit erreicht hatte, spürte, wie sich ihm beim Anblick von Dr. Fells Gesichtsausdruck die Kopfhaut über dem Schädel zusammenzog.

Der Doktor saß neben einer Kommode, auf der eine Kerze brannte. Er trug einen alten purpurroten Hausmantel, der einem Zelt in punkto Größe in nichts nachstand. Aus einem Mundwinkel hing ihm die Meerschaumpfeife. Ringsum auf dem Fußboden verstreut lagen Zeitschriften, Briefe und etwas, was wie Rechnungen aussah. Durch den Dunst aus Tabakrauch sah Alan einen alarmierten und gleichzeitig geistesabwesenden Ausdruck in Dr. Fells Augen. Sein Mund stand halb offen, und es war ein Wunder, daß die Pfeife nicht herausfiel.

Plötzlich kam Leben in den dicken Mann. »Gott sei Dank sind Sie da!« polterte er. »Gerade wollte ich Sie holen.«

»Warum?«

»Ich weiß, was in dieser Box war. Ich weiß, wie der Trick funktioniert hat. Ich weiß, was gegen Angus Campbell eingesetzt wurde.«

Die Kerzenflamme flackerte zwischen den Schatten hin und her. Dr. Fell suchte nach seinem Stock mit dem Krückengriff und tastete wild herum, bis er ihn fand.

»Wir müssen Colin aus diesem Zimmer schaffen«, drängte er. »Vielleicht besteht keine Gefahr; wahrscheinlich sogar besteht keine; aber, Himmel, wir können kein Risiko eingehen! Ich kann ihm jetzt zeigen, wie's gemacht wurde, und das wird ihn zur Vernunft bringen. Schauen Sie«, keuchend und schnaufend hievte er sich auf die Füße, »ich habe mich heute schon einmal dem Martyrium unterzogen, die Stufen zu diesem Turm hinaufzusteigen. Noch einmal schaffe ich das nicht. Würden Sie hinaufgehen und Colin runterholen?«

»Natürlich.«

»Wir brauchen niemanden sonst zu wecken. Klopfen Sie einfach an die Tür, bis er Sie einläßt; lassen Sie sich nicht abweisen. Hier, ich habe eine kleine Taschenlampe. Decken Sie den Strahl ab, wenn Sie die Treppe hinaufgehen, sonst hetzen sie uns die Luftschutzwarte auf den Hals. Los, schnell!«

»Aber was ...«

»Ist jetzt keine Zeit für Erklärungen. Beeilen Sie sich!«

Alan nahm die Taschenlampe. Ihr dünner, fahler Strahl leuchtete vor ihm her. Er ging in den Flur hinaus, wo es nach alten Schirmen roch, und die Treppe hinunter. Kalte Zugluft strich um seine Knöchel. Unten angelangt, ging er durch die Halle und ins Wohnzimmer.

Vom Kaminsims schaute ihn das Gesicht von Angus Campbell an, als der Strahl der Lampe an der Photographie hängenblieb. Angus schien ihm sein weißes fleischiges Kinn entgegenzurecken und ein Geheimnis zu hüten, das er nicht preisgeben wollte.

Die Tür zum Erdgeschoß des Turms war vom Haus aus abgeschlossen. Mit zitternden Fingern drehte Alan den knirschenden Schlüssel um und machte die Tür auf.

Der Lehmboden unter seinen Füßen war jetzt eisig kalt. Ein dünner Nebel hatte sich vom Loch hereingestohlen. Der Türbogen, der ins Treppenhaus der Turmtreppe führte, wirkte irgendwie abschreckend und beunruhigend auf Alan. Zuerst rannte er die Treppe hinauf, aber die gefährlichen Stufen und die Anstrengung zwangen ihn bald, seinen Schritt zu verlangsamen.

Erster Stock, zweiter Stock – schon schwerer. Dritter Stock, und er atmete heftig. Vierter Stock – es schien endlos hinaufzugehen. Der dünne Lichtstrahl verstärkte die Kälte und die Klaustrophobie, von der man in diesem engen Gemäuer beschlichen wurde. Es wäre alles andere als angenehm, auf diesen Stufen plötzlich einem Mann im Highlandkostüm mit halb weggeschossenem Gesicht zu begegnen. Und wenn das Wesen zum Beispiel aus einem der Turmzimmer käme und ihn von hinten an die Schulter fassen würde?

Wenn man hier von jemandem verfolgt würde, gäbe es kein Entrinnen.

Alan kam auf den luft- und lichtlosen Treppenabsatz vor der Tür des obersten Zimmers. Die Eichentür, deren Holz von der Feuchtigkeit ziemlich angegriffen war, war geschlossen. Alan drehte am Türknopf, aber sie war von innen abgeschlossen und verriegelt.

Er hob die Faust und klopfte kräftig an die Tür.

»Colin!« rief er. »Colin!«

Keine Antwort. Der infernalisch dröhnende Widerhall seiner Faustschläge und seiner Stimme war in dem beengten Raum kaum auszuhalten. Alan hatte den Eindruck, daß jedermann im Haus, ja in Inveraray, davon aufwachen müßte. Trotzdem klopfte und rief er weiter – keine Reaktion.

Er stemmte seine Schulter an die Tür und drückte. Er kniete sich auf den Boden und versuchte, unter der Tür hindurchzusehen, konnte aber nichts außer einem Streifen Mondschein erkennen.

Als er, wegen der vorangegangenen Anstrengung leicht benommen, wieder aufstand, nahm der Verdacht, der bisher nur schemenhaft in ihm geschlummert hatte, plötzlich deutliche und häßliche Konturen an. Colin konnte natürlich einfach nur in tiefem Schlaf liegen – nach all dem Whisky. Andererseits –

Alan drehte sich um und rannte die gefährlichen Stufen hinunter. Der Atem rasselte wie eine Säge durch seine Lungen, und Alan mußte mehrmals anhalten. Er hatte jetzt sogar den Highlander vergessen. Es kam ihm wie eine halbe Stunde vor, aber tatsächlich dauerte es nur zwei oder drei Minuten, bis er den Fuß der Treppe wieder erreichte.

Die Doppeltür in den Hof war zu, aber das Vorhängeschloß war nicht eingeschnappt. Alan warf sie auf – die knirschenden, zitternden Holzbalken bogen sich durch, als sie über die Pflastersteine schabten. Er rannte in den Hof hinaus und um den Turm herum auf dessen Wasserseite. Dort blieb er abrupt stehen. Er hatte gewußt, was er finden würde, und er fand es.

Der grauenhafte Sturz war ein zweites Mal geschehen.

Colin Campbell – oder eher ein Bündel in einem rotweiß gestreiften Schlafanzug, das vielleicht einmal Colin gewesen war – lag mit dem Gesicht nach unten auf dem Pflaster. Neunzehn Meter über seinem Kopf standen die Flügel des Fensters offen und glänzten im Schein des abnehmenden Mondes. Ein dünner Nebel, der eher über dem Wasser zu hängen als von ihm aufzusteigen schien, hatte Colins struppiges Haar mit einem Netz aus Tautropfen überzogen.

Kapitel 13

Die wichtige Eintragung

Die Morgendämmerung hellte sich von einem rauchigen Purpurrot zu einem warmen Goldweiß auf, überzog den ganzen Himmel mit ihrem Seifenblasenglanz und hatte schon fast das Tal ausgefüllt, als Alan wieder die Turmstufen erklomm. Man konnte die frühherbstliche Luft fast schmecken.

Aber Alan war nicht in der Stimmung, sie zu genießen.

Er trug einen Meißel, einen Bohrer und eine Säge bei sich. Hinter ihm stapfte Swan, nervös und verbissen dreinschauend, in seinem nunmehr getrockneten grauen Anzug, der einmal modisch gewesen war, im Augenblick jedoch eher Sackleinen ähnelte.

»Aber sind Sie denn wirklich sicher, daß Sie dort hineingehen wollen?« fragte Swan beharrlich. »Ich bin nicht so sonderlich erpicht darauf.«

»Warum denn nicht?« fragte Alan. »Es ist Tageslicht. Der Insasse der Box kann uns jetzt nichts tun.«

»Welcher Insasse?«

Alan antwortete nicht. Ihm lag bereits auf der Zunge, daß Dr. Fell die Wahrheit inzwischen wußte und daß er gesagt hatte, daß keine Gefahr bestünde – aber diese Informationen sollten der Presse vielleicht doch lieber noch vorenthalten bleiben.

»Halten Sie mal die Taschenlampe«, bat er. »Ich verstehe nicht, warum auf diesem Treppenabsatz kein Fenster eingebaut wurde. Colin hat diese Tür gestern nachmittag repariert, wie Sie wissen. Jetzt werden wir dafür sorgen, daß sie nicht so schnell wieder repariert werden kann.«

Swan hielt das Licht, und Alan machte sich an die Arbeit. Sie ging langsam voran. Er bohrte eine Reihe dicht beieinander liegender Löcher in einem Quadrat neben dem Türschloß.

Als die Löcher fertig waren, stieß er den Meißel an einer schwachen Stelle zwischen zwei Löchern durch die Tür, hatte damit einen Ansatzpunkt für die Säge geschaffen und sägte nun langsam von einem Loch zum anderen.

»Colin Campbell«, bemerkte Swan plötzlich mit angespannter Stimme, »war ein guter Kerl. Ein richtig guter Kerl.«

»Wieso ›war‹?«

»Na ja, jetzt ist er ja tot ...«

»Aber er ist doch gar nicht tot.«

»Nicht tot?«

Die Säge ritschte und ratschte. Alan steckte die ganze Erleichterung, die er nach dem vorangegangenen grauenhaften und beklemmenden Anblick empfand, in seine Attacke auf die Tür. Hoffentlich hielt Swan jetzt erst einmal den Mund. Alan hatte Colin Campbell sehr ins Herz geschlossen – zu sehr, um jetzt irgendwelche kitschigen Sentimentalitäten hören zu wollen.

»Colin«, fuhr er fort, ohne sich umzudrehen und Swan ins Gesicht zu sehen, »hat zwei gebrochene Beine und eine gebrochene Hüfte. Das ist für einen Mann seines Alters keine Kleinigkeit. Es fehlt ihm auch noch etwas anderes, was Dr. Grant in große Aufregung versetzt hat. Aber tot ist er nicht, und er wird wohl auch nicht sterben.«

»So ein Sturz ...«

»Das gibt es. Sie haben sicher auch schon von Leuten gehört, die aus noch größeren Höhen gestürzt sind und manchmal nicht einmal verletzt wurden. Und wenn sie betrunken sind – wie Colin –, ist das ein großer Vorteil.«

»Aber er ist doch bewußt aus dem Fenster gesprungen?«

»Ja.«

In einer Wolke von stäubendem Sägemehl brach die letzte hölzerne Verbindung zwischen den Bohrlöchern durch. Alan stieß das ausgesägte Quadrat nach innen, wo es auf den Boden fiel. Er griff durch die Öffnung und stellte fest, daß mit dem Schlüssel immer noch abgeschlossen war und der rostige Riegel fest im Schließblech steckte. Er drehte den Schlüssel um, zog den Riegel zurück und öffnete nicht ohne Spannung die Tür.

Im klaren, frischen Morgenlicht wirkte das Zimmer unordentlich und ein bißchen unheimlich. Colin hatte sich achtlos ausgezogen, seine Kleidung lag verstreut auf Stühlen und dem Fußboden. Auf der Kommode tickte seine Armbanduhr. Das Bett war benutzt worden; die Decken waren jetzt zurückgeworfen und die Kissen zu einem Knäuel zusammengedrückt, das noch den Abdruck eines Kopfes zeigte. Die weit offenen Fensterflügel quietschten leise, als ein Luftzug sie bewegte.

»Was werden Sie tun?« fragte Swan, streckte den Kopf zur Tür herein und entschloß sich schließlich, das Zimmer zu betreten.

»Was Dr. Fell mich gebeten hat zu tun.« Obwohl er beiläufig sprach, mußte er sich doch zusammennehmen, bevor er vor dem Bett niederkniete und darunterfaßte. Er zog die lederne Hundebox hervor, in der sich der Insasse befunden hatte.

»Sie werden doch damit keinen Unsinn machen?« fragte Swan.

»Dr. Fell sagte, ich solle sie aufmachen. Fingerabdrücke seien keine darauf, also bräuchten wir uns deswegen keine Gedanken zu machen.«

»Sie glauben dem alten Burschen ja wirklich aufs Wort. Aber wenn Sie tatsächlich wissen, was Sie tun – dann machen Sie das Ding eben auf.«

Dieser Teil seines Auftrages fiel ihm am schwersten. Alan ließ mit den Daumen die Schließen aufschnappen und hob den Deckel hoch.

Wie erwartet war die Kiste leer. In seiner Phantasie hatte er jedoch eine Reihe sehr unangenehmer Dinge vor Augen, die darin hätten sein können.

»Was sollen Sie jetzt laut dem alten Burschen tun?« fragte Swan.

»Ich sollte sie nur aufmachen und nachsehen, ob sie leer ist.«

»Aber was hätte denn drin sein können?« rief Swan. »Ich sage Ihnen, ich werde noch verrückt, wenn ich weiter versuche, das alles zu verstehen! Ich ...« Swan hielt inne. Er riß die Augen auf, dann zog er sie zu schmalen Schlitzen zusammen und zeigte mit einem Finger in Richtung Schreibtisch.

An der Kante der Schreibfläche, halb verdeckt zwischen Papieren, jedoch an einer Stelle, wo es sich am Tag zuvor gewiß nicht befunden hatte, lag ein kleines ledergebundenes Büchlein, auf dessen Einband mit Goldprägebuchstaben geschrieben stand: *Tagebuch 1940.*

»Ist es das, wonach Sie gesucht haben?«

Beide stürzten sich auf das Tagebuch, doch Alan war schneller.

In einer kleinen, ungelenken Kinderschrift, die Alan an arthritische Finger denken ließ, war der Name *Angus Campbell* auf das Deckblatt geschrieben. Angus hatte sorgfältig in alle Rubriken die verschiedensten Daten eingetragen, so zum Beispiel seine Kragenweite und Schuhgröße – warum die Hersteller dieser Tagebücher eigentlich glauben, daß wir ständig unsere Kragenweite vergessen, bleibt ein Rätsel. Hinter *Kraftfahrzeugkennzeichen* hatte er ›Keines‹ geschrieben.

Aber damit hielt sich Alan nicht lange auf. Das Tagebuch war eng mit Eintragungen vollgeschrieben; die Zeilen fielen nach rechts ab. Die letzte Eintragung stammte aus Angus' Todesnacht: Samstag, 24. August. Alan Campbell merkte, wie sich seine Nakkenmuskeln anspannten und ihm das Herz bis zum Hals pochte, als er die folgenden Zeilen überflog:

Samstag. Scheck von Bank eingelöst. O. K. Elspat geht's wieder nicht gut. Nicht vergessen: Feigensirup. An Colin geschrieben. A. Forbes am Abend hiergewesen. Meinte, ich hätte ihn betrogen. Hahaha. Habe ihm gesagt, er soll nicht wiederkommen. Hat gesagt, das würde er auch nicht, wäre nicht nötig. Komischer muffiger Geruch hier im Zimmer heute nacht. Nicht vergessen: Ans Kriegsministerium wegen Traktor schreiben, könnte nützlich für die Armee sein. Gleich morgen.

Dann folgte die leere Stelle, die das Ende der Lebensspanne des Schreibers anzeigte.

Alan blätterte zurück. Er las zwar keine anderen Eintragungen mehr, stellte aber fest, daß an einer Stelle eine ganze Seite herausgerissen worden war. Er dachte an den kleinen, schweren, alten Mann mit der Knollennase und den weißen Haaren, wie er diese Worte schrieb, während etwas auf ihn wartete.

»Hm«, sagte Swan, »das hilft uns nicht viel weiter, was?«

»Weiß ich nicht.«

»Nun«, meinte Swan, »wenn Sie gesehen haben, was Sie sehen wollten, beziehungsweise, was Sie nicht sehen wollten und auch nicht gesehen haben, dann können wir doch wieder hinuntergehen, oder? Vielleicht ist hier ja auch alles in Ordnung, aber mir wird's langsam unheimlich.«

Alan steckte das Tagebuch ein, nahm das Werkzeug und folgte Swan. Unten im Wohnzimmer fanden sie den vollständig angezogenen Dr. Fell. Er trug einen alten schwarzen Alpacaanzug und eine dünne Krawatte. Alan stellte erstaunt fest, daß Dr. Fells plissierter Umhang und sein Schlapphut auf dem Sofa lagen, während sie am Abend zuvor noch in der Halle gehangen hatten.

Dr. Fell schien brennend an einem sehr schlechten Landschaftsbild interessiert zu sein, das über dem Klavier hing. Als die beiden hereinkamen, drehte er ihnen sein argloses Gesicht zu und sagte zu Swan: »Äh ... sagen Sie, könnten Sie wohl schnell mal nach oben gehen in – ähem –, was wir das Krankenzimmer nennen, und herausfinden, wie's dem Patienten geht? Lassen Sie sich von Dr. Grant nicht abwimmeln. Ich will wissen, ob Colin schon bei Bewußtsein ist und ob er etwas gesagt hat.«

»Das will ich auch wissen«, stimmte Swan heftig zu und verschwand so eilig, daß die Bilder an der Wand wackelten.

Hastig nahm Dr. Fell seinen plissierten Umhang hoch, schwang ihn sich mühevoll über die Schultern und hakte den kleinen Verschluß am Hals zu. »Nehmen Sie Ihren Hut, mein Junge«, sagte er. »Wir haben eine kleine Expedition vor. Die Gegenwart der Presse ist zweifellos stimulierend, aber manchmal wächst sie sich doch eindeutig zu einer Last aus. Vielleicht gelingt es uns hinauszuschleichen, ohne daß Freund Swan uns bemerkt.«

»Wo geht's denn hin?«

»Glencoe.«

Alan starrte ihn an. »Glencoe! Um sieben Uhr morgens!«

»Ich bedaure selbst«, seufzte Dr. Fell und sog den Geruch von gebratenen Speckstreifen und Eiern in die Nase, der begonnen hatte, das Haus zu durchziehen, »daß wir nicht aufs Frühstück warten können. Aber besser das Frühstück zu verpassen, als den ganzen Plan zu verderben.«

»Ja, aber wie um alles in der Welt kommen wir um diese Tageszeit nach Glencoe?«

»Ich habe nach Inveraray telefoniert und einen Wagen bestellt. Ihre faule Lebensweise, mein Junge, ist in diesem Teil des Landes unbekannt. Erinnern Sie sich, wie Duncan uns gestern erzählt hat, daß Alec Forbes möglicherweise bei einem Cottage in der Nähe von Glencoe gefunden worden sei?«

»Ja?«

Dr. Fell verzog sein Gesicht und schwenkte seinen Stock mit dem Krückengriff. »Vielleicht stimmt es nicht. Und vielleicht finden wir nicht einmal das Cottage. Ich habe allerdings eine Beschreibung über dessen Lage von Duncan bekommen; außerdem gibt es dort draußen nur wenige und weit voneinander entfernte Häuser. Und, Donnerwetter noch mal, wir dürfen uns diese Chance nicht entgehen lassen! Wenn ich Colin Campbell irgendwie nützlich sein soll, dann muß ich Alec Forbes zu fassen bekommen, bevor ihn irgend jemand sonst – und sei es die Polizei – zu fassen bekommt. Nehmen Sie Ihren Hut.«

Kathryn Campbell betrat mit schnellen Schritten das Zimmer, während sie gleichzeitig in ihre Tweedjacke schlüpfte. »Oh nein, da wird nichts draus!« sagte sie.

»Woraus wird nichts?«

»Daß Sie ohne mich gehen«, ließ Kathryn sie wissen. »Ich habe gehört, wie Sie den Wagen bestellt haben. Tante Elspat ist sonst schon rechthaberisch genug, aber Tante Elspat in einem Krankenzimmer ist schlechterdings nicht auszuhalten. Uuuh!« Sie ballte ihre Fäuste. »Hier kann ich sowieso nichts mehr tun. Bitte lassen Sie mich mitfahren!«

Mit einer höflichen Handbewegung gab Dr. Fell seine Zustimmung. Auf Zehenspitzen – wie Verschwörer – schlichen sie hinten aus dem Haus. Ein auf Hochglanz polierter Viersitzer wartete hinter der Hecke, die Shira von der Hauptstraße abschirmte.

Alan hatte an diesem Morgen kein großes Verlangen nach einem gesprächigen Fahrer, und er bekam auch keinen. Der Chauffeur, der ihnen widerwillig die Tür aufhielt, war ein knorriger kleiner Mann, der wie ein Werkstattmechaniker angezogen war. Erst hinter Dalmally stellten sie fest, daß er ein englischer Cockney war.

Alan war ohnehin so aufgeregt über seine jüngste Entdeckung, daß ihm die Gegenwart eines Zeugen nichts ausmachte. Er zog Angus' Tagebuch aus der Tasche und gab es Dr. Fell.

Sogar auf leeren Magen hatte Dr. Fell schon seine Meerschaumpfeife gestopft und angezündet. Vom Himmel drohten dunkle Wolken, als der Wagen mit offenem Verdeck den mächtigen Hügel erklomm. Dr. Fell hatte so seine Probleme mit dem Fahrtwind, der sich dem Hut des Doktors und dem Tabakrauch zu gleichen Teilen widmete. Trotzdem sah Dr. Fell das Tagebuch sorgfältig durch und schaute sich jede Seite zumindest einmal kurz an.

»Ähem, ja«, sagte er grollend. »Das paßt. Alles paßt! Ihre Schlußfolgerungen, Miss Campbell, waren absolut korrekt. Es war wirklich Elspat gewesen, die dies gestohlen hatte.«

»Aber . . .«

»Schauen Sie.« Er zeigte auf die Stelle, wo eine Seite herausgerissen worden war. »Die Eintragung davor, am Fuß der vorhergehenden Seite, lautet folgendermaßen: ›Elspat nennt Janet G.‹ – wer auch immer das sein mag – ›gottlos und wollüstig. In Elspats jungen Jahren –‹ Hier bricht es ab. Ich wette, es ging so weiter, daß Angus eine erheiternde Episode aus Elspats jüngeren und weniger moralischen Tagen aufgeschrieben hatte. Also hat Elspat den Beweis für diese ihre ruchlosen Taten vernichtet. Weitere Stellen, die sich auf sie bezogen, hat Elspat im Tagebuch nicht gefunden. Nachdem sie es genau durchgelesen hatte – vielleicht sogar mehrmals, um ganz sicherzugehen –, legte sie das Tagebuch an eine Stelle zurück, wo man es leicht finden konnte.«

Alan war noch nicht überzeugt. »Aber was hat es mit ihren angeblich so sensationellen Enthüllungen auf sich? Warum nahm Elspat mit der Presse Kontakt auf? Die letzte Tagebucheintragung kann vielleicht einige Denkanstöße geben, aber viel verrät sie uns gewiß nicht.«

»Nicht?«

»Etwa doch?«

Dr. Fell sah ihn verschmitzt an. »Ich denke im Gegenteil, daß sie uns recht viel verrät. Aber wir konnten ja kaum erwarten, daß die sensationelle Enthüllung, wenn es überhaupt eine gibt, ausgerechnet in der letzten Eintragung stehen würde. Schließlich war Angus gedankenlos und zufrieden schlafen gegangen. Was immer ihn angegriffen hat – dieser Angriff hat erst stattgefunden, nachdem er fertiggeschrieben und das Licht gelöscht hatte. Warum sollten wir also damit rechnen, daß die letzte Eintragung irgend etwas besonders Interessantes enthalten würde?«

Der Wagen fuhr über eine Unebenheit, und Alan bekam einen Stoß. »Das stimmt schon«, gab er zu, »trotzdem ...«

»Nein, mein Junge. Hier ist die wahre Substanz versteckt.« Dr. Fell durchblätterte die Seiten des Büchleins mit seinem Daumen. »In der großen Beichte im Tagebuch, wo Angus uns das berichtet, was er das ganze Jahr über getan hat.«

Stirnrunzelnd schaute er das Buch an und steckte es in die Tasche. Die Höllenqualen, die er, nach seinem Gesichtsausdruck zu schließen, durchleiden mußte, waren offenbar im selben Maß wie seine Gewißheit gewachsen.

»Zum Teufel aber auch!« rief er und schlug sich mit der Hand aufs Knie. »So muß es gewesen sein! Elspat stiehlt das Tagebuch. Sie liest es. Da sie nicht dumm ist, errät sie ...«

»Errät sie was?«

»Wie Angus Campbell wirklich gestorben ist. Sie haßt die Polizei und mißtraut ihr aus tiefster Seele. Also schreibt sie an ihre Lieblingszeitung und plant, eine Bombe hochgehen zu lassen. Und plötzlich, als es schon zu spät ist, bemerkt sie entsetzt ...« Erneut versank Dr. Fell in Grübeleien. Sein Gesicht glättete sich wieder – mit einem heftigen Seufzer lehnte er sich ins Polster zurück und schüttelte den Kopf. »Wissen Sie, damit ist die Sache geplatzt«, setzte er ausdruckslos hinzu. »Damit ist die Sache wirklich geplatzt.«

»Ich persönlich«, sagte Kathryn durch ihre Zähne, »werde demnächst auch platzen, wenn diese Geheimnistuerei noch lange so weitergeht.«

Das schien Dr. Fells Qualen nur noch zu verstärken. »Erlauben Sie, daß ich Ihrer sehr natürlichen Neugier mit nur noch einer einzigen weiteren Frage begegne.« Er sah Alan an. »Gerade sagten Sie, die letzte Eintragung in Angus' Tagebuch könnte uns ›Denkanstöße geben‹. Was meinten Sie damit?«

»Damit meinte ich, daß es gewiß keine Notiz ist, die jemand schrieb, der im Begriff stand, sich umzubringen.«

Dr. Fell nickte. »Ja. Was würden Sie nun aber davon halten, wenn ich Ihnen sagen würde, daß Angus Campbell schließlich und endlich doch Selbstmord begangen hat?«

Kapitel 14

Der Fund im Cottage

»Ich würde Ihnen antworten«, sagte Kathryn, »daß ich mir absolut an der Nase herumgeführt vorkäme! Oh, ich weiß, daß ich das nicht sagen sollte, aber es stimmt. Sie haben uns dazu gebracht, so gebannt nach einem Mörder Ausschau zu halten, daß wir unser Augenmerk auf gar nichts anderes mehr richten können.«

Dr. Fell nickte, so als wollte er die psychologische Gültigkeit dieser Bemerkung bestätigen. »Und doch«, fuhr er fort, »bitte ich Sie, rein theoretisch, folgende Erläuterung zu bedenken. Ich bitte Sie, darauf zu achten, wie sie von jeder uns bekannten Tatsache belegt wird.« Er schwieg einen Augenblick und zog an seiner Meerschaumpfeife. »Nehmen wir zuerst Angus Campbell. Ein pfiffiger, aber verbitterter, ausgelaugter, alter Mann mit einem unermüdlich, aber ineffektiv arbeitenden Gehirn und einem starken Familiensinn. Er ist pleite, vollkommen pleite. Seine großen Träume werden sich nie verwirklichen lassen. Er weiß das. Sein Bruder Colin, den er sehr mag, erstickt in Schulden. Seine ehemalige Geliebte, Elspat, die ihm noch mehr am Herzen liegt, ist völlig mittellos und wird es auch bleiben.

Angus, dickköpfiger Schotte, der er ist, betrachtet sich selbst möglicherweise als eine unnötige Belastung für die Welt: Niemandem etwas nütze – außer als toter Mann. Aber er ist ein zäher alter Bursche, dem der Versicherungsarzt gut und gerne noch fünfzehn Jahre zutraut. Und wie, in Gottes Namen, wie sollen sie diese Zeit überstehen? Wenn er jetzt natürlich stürbe ...«

Dr. Fell machte eine fahrige Handbewegung.

»Aber wenn er jetzt stürbe, dann muß sichergestellt sein, absolut sichergestellt sein, daß es sich nicht um Selbstmord handelt. Und dafür gibt es einiges zu arrangieren. Es geht um eine große Summe: fünfunddreißigtausend Pfund, verteilt auf mehrere clevere Versicherungsgesellschaften, die ganz unangenehm mißtrauisch sind. Ein bloßer Unfall genügt nicht. Er kann nicht einfach spazierengehen, von einer Klippe springen und hoffen, daß man es als Unfall auslegt. Das könnte zwar klappen, ist aber zu riskant, und er kann es sich nicht leisten, irgend etwas dem Zufall zu überlassen. Sein Tod muß wie ein Mord aussehen: ein eiskalter und zweifelsfrei bewiesener Mord.« Wieder hielt Dr. Fell inne.

Alan benutzte die Gelegenheit, um spöttisch zu lachen, was ihm aber nicht sehr überzeugend gelang. »Wenn das so ist, Sir«, sagte er, »wende ich Ihre eigenen Waffen gegen Sie.«

»Aha? Wie denn?«

»Gestern abend fragten Sie, warum jemand, der die Absicht hätte, jemanden wegen einer Versicherungssumme umzubringen, das so tun sollte, daß es wie Selbstmord aussieht. Nun, warum sollte aus demselben Grund ausgerechnet Angus einen Selbstmord inszenieren, der genau wie ein Selbstmord aussieht?«

»Das hat er nicht getan«, erwiderte Dr. Fell.

»Wie bitte?«

Dr. Fell lehnte sich vor, um Alan, der auf dem Vordersitz saß, bestimmt auf die Schulter zu klopfen. Das Verhalten des Doktors verriet eine Mischung aus Ungeduld und Geistesabwesenheit. »Das ist es ja gerade. So hat Angus es nicht getan. Sehen Sie, Ihnen ist eben noch nicht klar, was in dieser Hundebox war. Sie wissen nicht, was er dort mit voller Absicht hineingetan hat. Und ich sage Ihnen« – Dr. Fell hob feierlich die Hand – »ich sage Ihnen, wenn ein winziger, unvorhersehbarer Umstand nicht eingetreten wäre, ein so irrwitziges Pech, dessen mathematische Wahrscheinlichkeit eins zu einer Million war, dann hätte es nie den geringsten Zweifel daran gegeben, daß Angus ermordet wurde! Ich sage Ihnen, dann wäre Alec Forbes in diesem Augenblick schon längst hinter Gittern, und die Versicherungsgesellschaften wären gezwungen zu zahlen.«

Sie näherten sich Loch Awe, einem Kleinod in einem tiefen Bergtal, aber keiner beachtete ihn.

»Wollen Sie damit sagen«, hauchte Kathryn, »daß Angus sich umbringen und absichtlich Alec Forbes als seinen Mörder hinstellen wollte?«

»Genau das will ich. Halten Sie das für ausgeschlossen?«

Nach einem kurzen Moment der Stille fuhr Dr. Fell fort: »Betrachten Sie unsere Indizien im Lichte dieser Theorie. Da ist

Forbes, ein Mann mit einem echten, tiefsitzenden Groll. Ideal für die Rolle des Sündenbocks. Forbes macht Angus an diesem Abend einen Besuch – sagen wir besser: Er war ›herbestellt‹ worden. Er geht hinauf ins Turmzimmer. Es kommt zu einem Streit, den Angus so gestaltet, daß er im ganzen Haus zu hören ist. Hatte Forbes nun zu diesem Zeitpunkt einen ›Koffer‹ bei sich?

Wir können festhalten: Die Frauen wissen es nicht. Sie haben Forbes erst gesehen, als er davongejagt wurde. Wer ist der einzige Zeuge für die Existenz des Koffers? Angus selbst. Er lenkt ihre Aufmerksamkeit gezielt darauf, daß Forbes einen Koffer dabei haben müßte, und sagt ebenso gezielt, daß Forbes ihn zurückgelassen haben muß. Können Sie mir folgen? Angus wollte die Sache so aussehen lassen, daß Forbes ihn abgelenkt und den Koffer unter das Bett geschoben hatte, wo Angus ihn nicht bemerkte, wo aber der Inhalt später seine tödliche Aufgabe erledigen konnte.«

Alan überlegte. »Merkwürdig«, sagte er, »daß ich selbst vorgestern diese Theorie mit Forbes als Mörder vorgeschlagen habe. Aber niemand wollte mir zuhören.«

»Und ich wiederhole«, versicherte Dr. Fell, »daß Forbes sofort als Mörder festgenagelt worden wäre, wenn nicht dieses völlig unvorhersehbare Mißgeschick geschehen wäre.«

Kathryn legte die Hände an die Schläfen. »Meinen Sie«, rief sie, »daß Elspat unter das Bett schaute, bevor die Tür verschlossen wurde, und sah, daß sich keine Box drunter befand?«

Aber zu ihrem Erstaunen schüttelte Dr. Fell den Kopf. »Nein, nein, nein, nein! Das war natürlich ein weiterer Punkt. Aber das war nicht weiter tragisch. Angus hat wahrscheinlich nie in Erwägung gezogen, daß ihr bei einem Blick unter das Bett überhaupt irgend etwas auffallen würde. Nein, nein, nein! Ich meine den Inhalt der Box.«

Alan schloß die Augen. »Ich muß annehmen«, sagte er mit bebender Stimme, »es wäre zu viel verlangt, wenn wir Sie bitten würden, uns einfach zu sagen, was in der Box war?«

Dr. Fells Gesicht wurde noch ernster, ja geradezu verbissen. »In sehr kurzer Zeit werden wir hoffentlich mit Alec Forbes sprechen. Ihm werde ich diese Frage stellen. Inzwischen bitte ich Sie, selbst darüber nachzudenken. Bedenken Sie die Fakten, die wir kennen; denken Sie an die Fachzeitschriften in Angus' Zimmer; denken Sie daran, was er im Lauf des letzten Jahres getan hat; und schauen Sie, ob Sie nicht selbst auf die Lösung kommen können.

Kehren wir für den Augenblick zu Angus' großem Plan zurück. Alec Forbes hat natürlich keinen Koffer oder etwas Derartiges dabeigehabt. Die Box – welche bereits von Angus selbst vorbereitet worden war – wartete in einem Zimmer in einem Stockwerk weiter unten im Turm. Um zehn Uhr entledigte sich Angus der Frauen, stahl sich hinunter, holte sich die Box, stellte sie unters Bett und verschloß und verriegelte wieder seine Tür. Dies – und das möchte ich zu bedenken geben – ist die einzig mögliche Erklärung dafür, wie diese Box in den hermetisch verschlossenen Raum gekommen sein kann.

Anschließend schrieb Angus in sein Tagebuch. Er schrieb die bezeichnenden Worte hinein, daß er Forbes verboten habe zurückzukommen und daß Forbes geantwortet habe, das sei gar nicht nötig. Erinnern Sie sich auch an die anderen entscheidenden Worte: alles Nägel für Forbes' Sarg. Dann zog sich Angus aus, löschte das Licht, stieg ins Bett und harrte mit grimmigem Mut der Dinge, die da kommen mußten.

Jetzt beachten Sie, was am nächsten Tag geschah. Angus hat sein Tagebuch deutlich sichtbar liegenlassen, damit die Polizei es finden sollte. Elspat findet es und nimmt es an sich.

Sie glaubt, daß Alec Forbes Angus getötet hat. Als sie das Tagebuch ganz durchliest, wird ihr haarscharf klar – genau wie Angus wollte, daß es jedermann klarwerden würde –, was Angus getötet hat. Sie hat den Mörder: Alec Forbes. Sie will den Sünder baumeln sehen, setzt sich hin und schreibt an den *Daily Floodlight.*

Erst als sie den Brief schon geschrieben hat, fällt ihr plötzlich auf, welchen Haken die Sache hat. Wenn Forbes das getan hat, muß er die Box unter das Bett geschoben haben, bevor er rausgeworfen wurde. Aber das kann Forbes nicht getan haben! Denn sie selbst hat unters Bett geschaut und keine Box gesehen – und was das Schlimmste ist: Sie hat dies schon der Polizei erzählt.«

Dr. Fell machte eine vielsagende Handbewegung.

»Diese Frau hat vierzig Jahre lang mit Angus Campbell zusammen gelebt. Sie kennt ihn in- und auswendig. Sie durchschaut ihn mit dieser fast krankhaften Klarheit, die das Weibervolk entwikkelt, wenn es um unsere Launen und Narreteien geht. Sie braucht nicht lange, um hinter den ganzen Hokuspokus zu kommen. Es war gar nicht Alec Forbes; es war Angus selbst, der das getan hat. Also . . .:

Muß ich noch weiterreden? Denken Sie an ihr Verhalten. Denken Sie an ihren plötzlichen Sinneswandel, was die Box anbelangt. Denken Sie daran, wie sie sich Gründe konstruiert hat, einen Koller zu bekommen und den Zeitungsmenschen hinauszuwerfen, den sie selbst herbestellt hat. Denken Sie vor allen Dingen daran, in welcher Lage sie sich befindet. Wenn sie mit der Wahrheit rausrückt, verliert sie jeden Penny. Wenn sie Alec Forbes denunziert, überantwortet sie ihre eigene Seele dem ewigen Höllenfeuer. Denken Sie daran, meine Freunde, und urteilen Sie nicht zu streng über Elspat Campbell, wenn ihr mal zu schnell das Temperament durchzugehen scheint.«

Das Bild des Menschen, den Kathryn eine dumme alte Frau genannt hatte, machte in den Gedanken der beiden eine seltsame Wandlung durch.

Alan mußte an gewisse Blicke, Worte und Gesten Elspats denken, an den wahren Kern unter diesem schwarzen Taft, und sowohl seine Gefühle als auch seine Gedanken änderten sich. »Also . . .?« hakte er nach.

»Tja nun! Sie will die Entscheidung nicht treffen«, antwortete Dr. Fell. »Sie legt das Tagebuch ins Turmzimmer zurück und überläßt uns die Entscheidung.«

Das Auto war in höheres, öderes Gebiet gekommen. Geröllbedeckte Hochebenen, mit häßlichen Pfählen gegen mögliche Invasionen aus der Luft gespickt, hoben sich braun gegen die Granitrippen der Berge ab. Der Himmel war inzwischen bewölkt, und eine feuchte Brise blies ihnen in die Gesichter.

»Sind wir uns einig«, fragte Dr. Fell nach einer Pause, »daß dies die einzige Erklärung ist, die alle Tatsachen berücksichtigt?«

»Wenn wir also nicht nach einem Mörder suchen . . .«

»Oh, mein lieber Herr«, rief Dr. Fell, »wir suchen nach einem Mörder!«

Überrascht drehten sich Kathryn und Alan zu ihm um.

»Es gibt weitere Fragen, die Sie sich stellen sollten«, sagte Dr. Fell. »Wer hat den gespenstischen Highlander gespielt – und warum? Wer wollte Colin Campbell umbringen – und warum? Denn vergessen Sie eines nicht: Nur durch einen glücklichen Zufall ist Colin noch am Leben.«

Er brütete vor sich hin, kaute dabei am Stiel seiner Pfeife, die ausgegangen war, und machte eine Handbewegung, als wollte er etwas einfangen, was ihm zu entwischen drohte. »Bilder bringen einen manchmal auf die erstaunlichsten Gedanken.«

Dann schien er zum ersten Mal zu merken, daß sie sich in Gegenwart eines Außenstehenden unterhielten. Im Rückspiegel fing er den Blick des knorrigen, kleinen Fahrers auf, der seit vielen Meilen weder einen Ton gesagt noch sich bewegt hatte. Dr. Fell murmelte etwas, schnaubte und klopfte sich Asche von seinem Umhang. Er schien aus einer Trance zu erwachen und blinzelte um sich. »Ähem. Hm. Ja. Also. Wann kommen wir denn nach Glencoe?«

Der Fahrer antwortete, ohne dabei den Mund zu öffnen. »Dies *ist* Glencoe.«

Alle wachten auf.

Und hier, dachte Alan, waren endlich die wilden Berge, wie er sie sich immer vorgestellt hatte. Das einzige Adjektiv, das ihm in Verbindung mit dieser Gegend einfiel, war gottverlassen, und er meinte es nicht als leeres Wort, sondern als wörtliche Tatsache.

Zu Alans Überraschung war das Tal Glencoe enorm lang und enorm breit, während er es sich immer schmal und tief vorgestellt hatte. Die schwarze Straße führte schnurgerade hindurch. Auf beiden Seiten reihten sich die Bergrücken aneinander. Ihr Granitgrau und stumpfes Purpurrot sah glatt wie Stein aus. Sie hatten nichts Freundliches – es war, als wäre die Natur ausgetrocknet und sogar ihre Öde zu Feindseligkeit versteinert.

Bächlein, die sich die Berghänge herunterschlängelten, waren so weit entfernt, daß man nicht einmal sicher sein konnte, daß sich das Wasser bewegte, bis man es glitzern sah. Die öde Verlassenheit des Tals wurde durch eine völlige Stille unterstrichen. Manchmal waren winzige, weißgetünchte Cottages zu sehen, die unbewohnt schienen.

Dr. Fell zeigte auf eines davon. »Wir suchen ein Cottage auf der linken Seite der Straße; es geht ein Stück hinunter, und dann liegt es zwischen ein paar Tannen gleich hinter den Wasserfällen von Glencoe. Kennen Sie es zufällig?«

Der Fahrer überlegte einen Augenblick. »Ja. Kenn' ich, glaub' ich. Nicht weit von hier. Sind in ein paar Minuten bei den Fällen.«

Die Straße stieg an, und nachdem sie so lange geradeaus geführt hatte, wand sie sich jetzt um die schiefergraue Schulter eines Hügels. Als sie in eine schmalere Straße abbogen, die rechts an einer Felswand entlangführte, schien die Luft vom hohlen, donnernden Röhren eines Wasserfalls zu vibrieren.

Der Chauffeur fuhr sie ein Stück auf dieser Straße hinunter, dann hielt er an, lehnte sich zurück und zeigte wortlos nach vorne.

Sie stiegen aus. Ein kalter Wind pfiff über die Straße, und der Himmel hatte sich bezogen. Aus der Entfernung drang immer noch das Donnern des Wasserfalls an ihre Ohren. Mit einiger Hilfestellung gelangte Dr. Fell einen Abhang hinunter, auf dem sie alle auszurutschen drohten. Mit noch mehr Hilfestellung gelangte er über einen Bach; die Steine im Bachbett waren schwarz poliert, so als ob sie aus dem innersten Erdkern stammten.

Dahinter stand ein schmutziges, weiß getünchtes Steincottage mit einem strohgedeckten Dach. Es war winzig und schien nur aus einem Raum zu bestehen. Die Tür war geschlossen. Kein Rauch kam aus dem Schornstein. Weit dahinter erhoben sich seltsam rosa die Berge.

Nichts rührte sich – außer einem Hund.

Die Promenadenmischung sah die Ankömmlinge, begann, im Kreis herumzuspringen, rannte zum Cottage und kratzte mit den Vorderpfoten an der geschlossenen Tür. Das Kratzgeräusch übertönte das entfernte Grollen der Wasserfälle. Es paßte beklemmend zu der niederdrückenden Einsamkeit von Glencoe.

Der Hund setzte sich auf die Hinterbeine, hob den Kopf und heulte.

»Ist ja gut, alter Junge!« sagte Dr. Fell.

Die beruhigende Stimme schien auf das Tier zu wirken. Wieder kratzte es wild an der Tür, dann kam es zu Dr. Fell gelaufen, hüpfte um ihn herum und sprang an seinem Umhang hoch. Was Alan Angst einjagte, war die Angst in den Augen des Hundes.

Dr. Fell klopfte an die Tür. Keine Antwort. Er drückte auf die Klinke, aber etwas hielt die Tür von innen verschlossen. An der Vorderseite des Cottage befand sich kein Fenster.

»Mr. Forbes!« rief er donnernd. »Mr. Forbes!«

Ihre Schritte knirschten über die Kiesel. Der Grundriß des Cottage war ungefähr ein Quadrat. Murmelnd trottete Dr. Fell – gefolgt von Alan – um die Hausecke.

Hier fanden sie ein kleines Fenster. Ein rostiges Metallgitter, wie ein Geflecht aus dickem Draht, war von innen vor das Fenster genagelt. Der Fensterflügel mit seiner schmutzigen Scheibe auf der Innenseite dieses Gitters stand halb offen.

Die beiden schirmten mit ihren Händen ihre Augen ab und drückten sich an das Gitter, um hineinzusehen. Ein stickiger Geruch, der sich aus schaler Luft, schalem Whisky, Paraffin und Sardinen aus der Büchse zusammensetzte, stieg in ihre Nasen. Nach und nach, als sich ihre Augen an die Dunkelheit gewöhnt hatten, konnten sie Umrisse erkennen.

Der Tisch, vollgestellt mit schmierigem Geschirr, war zur Seite geschoben worden. In der Mitte der Zimmerdecke war – wahrscheinlich für eine Lampe – ein kräftiger eiserner Haken angebracht. Alan erkannte, was jetzt an dem Haken hing und jedesmal leicht hin- und herschwang, wenn sich der Hund gegen die Tür warf.

Alan nahm seine Hände herunter, wandte sich vom Fenster ab und stützte sich mit einer Hand an der Hauswand ab, um nicht ins Wanken zu geraten. Dann ging er um die Ecke des Cottage herum zurück nach vorne, wo Kathryn wartete.

»Was ist los?« Er hörte ihre Stimme nur von weither, obwohl sie fast schrie. »Stimmt irgendwas nicht?«

»Gehen Sie besser weg hier.«

»Was ist denn?«

Dr. Fell, der seine gesunde Gesichtsfarbe verloren hatte, folgte Alan zur Tür des Cottage.

Der Doktor blieb einen Augenblick stehen und atmete heftig und ächzend, bevor er sprach. «Das ist eine ziemlich mickrige Tür«, sagte er und zeigte mit seinem Stock darauf. »Sie können sie sicherlich eintreten, und ich bitte Sie, das am besten auch gleich zu tun.«

An der Innenseite der Tür saß ein kleiner, neuer, fester Riegel. Mit drei kräftigen Fußtritten, in die er seine ganze Willens- und Muskelkraft legte, riß Alan das Schließblech des Riegels aus dem Holz.

Er war nicht sonderlich erpicht darauf hineinzugehen, aber das Gesicht des toten Mannes war jetzt von ihnen abgewandt, und der Anblick war nicht so schlimm wie bei ihrem ersten Blick durchs Fenster. Der Geruch nach Essen, Whisky und Paraffin wurde unerträglich.

Der Tote trug einen langen, speckigen Hausmantel. Der Strick, an dem er hing, war einmal der geflochtene Gürtel des Hausmantels gewesen. Jetzt war er an einem Ende zu einer Schlinge geknüpft und mit dem anderen Ende fest am Deckenhaken festgeknotet. Die Füße des Mannes schwebten etwa sechzig Zentimeter über dem Boden. Ein leeres Fäßchen, das gewiß einmal Whisky enthalten hatte, war unter ihm weggerollt.

Verzweifelt aufjaulend schoß die Promenadenmischung an ihnen vorbei, sprang an dem Toten hoch und brachte ihn damit wieder zum Schwingen.

Dr. Fell sah sich den herausgebrochenen Riegel an. Dann warf er einen Blick auf das vergitterte Fenster hinüber. In dem übelriechenden Raum klang seine Stimme gewichtig.

»Oh ja«, sagte er. »Mal wieder ein Selbstmord.«

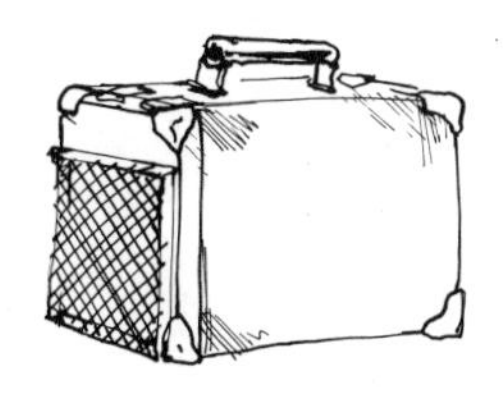

Kapitel 15

Der Inhalt der Box

»Das ist doch wohl Alec Forbes?« murmelte Alan. Dr. Fell zeigte mit seinem Stock auf ein Feldbett, das an einer Wand stand. Auf ihm lag ein offener Koffer, voll mit schmutziger Wäsche, der die Initialen ›A. G. F.‹ trug. Dann ging der Doktor um den baumelnden Leichnam herum, so daß er ihm ins Gesicht sehen konnte. Alan folgte ihm nicht.

»Die Beschreibung paßt auch. Seinen Bart hat er eine Woche lang wuchern lassen – die Verzweiflung in seinem Herzen wahrscheinlich zehn Jahre lang.«

Dr. Fell ging an die Tür und versperrte sie so für Kathryn, die einige Schritte entfernt mit bleichem Gesicht unter dem bedeckten Himmel stand.

»Irgendwo muß es ein Telefon geben. Wenn ich die Karte richtig im Kopf habe, gibt es zwei oder drei Kilometer von hier ein Dorf mit einem Hotel. Versuchen Sie, Inspector Donaldson vom Polizeirevier in Dunoon an den Apparat zu bekommen, und sagen Sie ihm, Mr. Forbes hätte sich erhängt. Könnten Sie das tun?«

Kathryn nickte schnell und unsicher. »Er hat sich also umgebracht, ja?« flüsterte sie kaum hörbar. »Es ist nicht vielleicht ... was anderes?«

Darauf antwortete Dr. Fell nicht. Nach einem weiteren kurzen Nicken drehte sich Kathryn um und ging zum Wagen zurück.

Die Hütte maß ungefähr vier Meter im Quadrat, hatte dicke Wände, einen primitiven Kamin und einen Steinfußboden. Es wirkte nicht wie das Cottage eines Kleinbauern, sondern war offensichtlich von Forbes als eine Art Unterschlupf benutzt worden. Die Möblierung bestand aus dem Feldbett, dem Tisch, zwei Küchenstühlen, einem Waschtisch mit Wasserkrug und Schüssel und einem Regal mit verschimmelten Büchern.

Der Hund hatte sein verzweifeltes Wimmern jetzt eingestellt, wofür Alan dankbar war. Das Tier legte sich dicht unter die leblose Gestalt, von wo aus es seine schmachtenden Augen auf das entstellte Gesicht richten konnte; von Zeit zu Zeit schüttelte es sich.

»Ich stelle dieselbe Frage wie Kathryn«, sagte Alan. »Ist dies Selbstmord oder nicht?«

Dr. Fell machte einen Schritt nach vorne und faßte Forbes am Arm. Der Hund hob den Kopf. Ein böses Grollen kam aus seiner Kehle und brachte seinen ganzen Leib zum Vibrieren.

»Ruhig, Hund!« sagte Dr. Fell. »Ganz ruhig!«

Er trat zurück, nahm seine Uhr heraus und studierte sie. Grunzend und murmelnd tappte er zum Tisch, auf dessen Kante eine Sturmlaterne mit Kette und Haken stand, womit sie an der Decke aufgehängt werden konnte. Mit den Fingerspitzen hob Dr. Fell die Laterne hoch und schüttelte sie. Daneben stand eine Dose Öl.

»Leer«, sagte er. »Ausgebrannt, ist aber offensichtlich benutzt worden.« Er zeigte auf die Leiche. »Die Totenstarre ist noch nicht ganz eingetreten. Es ist zweifellos in den frühen Morgenstunden geschehen – vielleicht gegen zwei oder drei Uhr. Die Stunde der Selbstmörder. Und schauen Sie hier.«

Er zeigte jetzt auf den geflochtenen Gürtel des Hausmantels, der um den Hals des Toten lag.

»Es ist merkwürdig«, knurrte er. »Ein echter Selbstmörder gibt sich grundsätzlich die größte Mühe, sich selbst die kleinste Unbequemlichkeit zu ersparen. Wenn er sich zum Beispiel erhängt, wird er niemals einen Draht oder eine Kette benutzen – so etwas würde sich höchstwahrscheinlich in seinen Hals schneiden oder ihn wundscheuern. Wenn er einen Strick nimmt, wird er ihn in vielen Fällen auspolstern, damit er nicht scheuert. Sehen Sie! Alec Forbes hat ein weiches Seil genommen und es mit Taschentüchern umwickelt. Das hat entweder ein echter Selbstmörder getan oder . . .«

»Oder was?«

»Ein wahres Mordgenie«, sagte Dr. Fell.

Er bückte sich und inspizierte das leere Whiskyfaß. Dann ging er zu dem einzigen Fenster, steckte einen Finger durch den Maschendraht und rüttelte kräftig daran. Er war solide von innen festgenagelt. Aufgeregt ging Dr. Fell zum Riegel an der Tür, den er noch einmal sorgfältig untersuchte, ohne ihn zu berühren. Dann linste er im Zimmer herum und stampfte mit dem Fuß auf den Boden. Seine Stimme klang jetzt so wie der Wind, der durch einen U-Bahn-Schacht pfeift.

»Zum Teufel auch!« sagte er. »Es ist Selbstmord. Es muß Selbstmord sein. Das Faß hat gerade die richtige Höhe, daß er es sich unter den Füßen fortgestoßen haben kann, und liegt in genau der richtigen Entfernung von ihm. Niemand konnte durch dieses zugenagelte Fenster oder die fest verriegelte Tür hinaus- oder hineingelangen.« Unruhig sah er Alan an. »Wissen Sie, ich verstehe weiß Gott etwas von Manipulationen an Türen und Fenstern. Von solchen Dingen bin ich schon – ähem – verfolgt, ja heimgesucht worden.«

»Davon habe ich gehört.«

»Aber ich kann Ihnen keine Möglichkeit nennen«, fuhr Dr. Fell fort und schob sich seinen Schlapphut auf den Hinterkopf, »wie man einen Riegel manipuliert, wenn es kein Schlüsselloch gibt und die Tür so genau in die Türöffnung paßt, daß sie am Boden schabt. Und das ist hier der Fall.« Er zeigte hin. »Und ich weiß nicht, wie man ein Fenster manipuliert, wenn es mit einem Gitter aus Stahldraht von innen vernagelt ist. Und auch das ist hier der Fall. Wenn Alec Forbes – he!«

Das Bücherregal stand diagonal in der Ecke neben dem Kamin. Dr. Fell entdeckte es, als er sich gerade den Kamin anschauen wollte. Nachdem er mit Widerwillen festgestellt hatte, daß der Rauchfang zu eng und zu verrußt war, als daß ein Mensch hätte hindurchklettern können, wischte er sich die Finger ab und wandte sich dem Regal zu.

Auf der obersten Reihe Bücher stand eine tragbare Schreibmaschine ohne Deckel. Aus ihrem Wagen ragte ein Blatt Papier. In blaßblauer Schrift waren ein paar Worte darauf getippt:

An die Spitzbuben, die dies finden: Ich habe Angus und Colin Campbell mit demselben Ding umgebracht, mit dem sie mich hereingelegt haben. Was werdet ihr nun damit anfangen?

»Sehen Sie«, sagte Dr. Fell grimmig, »sogar ein Abschiedsbrief. Der letzte Schliff. Der Pinselstrich des Meisters. Ich wiederhole, Sir, es muß Selbstmord sein. Und doch ... also, wenn es wirklich so sein sollte, dann ziehe ich mich nach Bedlam zurück.«

Der Gestank in dem Raum, sein Bewohner mit dem schwarzen Gesicht, der winselnde Hund – all dies begann Alan Campbell auf den Magen zu schlagen. Er hatte das Gefühl, die Luft hier drin nicht länger aushalten zu können. Trotzdem widersprach er.

»Ich kann Ihnen da nicht ganz folgen«, meinte er. »Sie könnten doch schließlich zugeben, daß Sie möglicherweise unrecht hatten.«

»Unrecht?«

»Damit, daß Angus' Tod Selbstmord war.« Alan war sich jetzt sicher, absolut sicher. »Forbes hat Angus wirklich umgebracht und auch versucht, Colin umzubringen. Darauf deutet alles hin. Niemand kann in diesen Raum reingekommen sein oder ihn verlassen haben, wie Sie selbst zugeben; zu guter Letzt haben wir noch Forbes' Geständnis. Er hat hier draußen gesessen und gebrütet, bis sein Hirn einen Knacks bekommen hat – das würde mir in dieser Gegend auch so gehen, es sei denn, ich würde mich auf die Religion stürzen. Nachdem er beide Brüder erledigt hatte oder zumindest annahm, daß er das getan hätte, brachte er sich selbst um. Die Beweise liegen vor uns. Was wollen Sie denn noch?«

»Die Wahrheit will ich«, beharrte Dr. Fell dickköpfig. »Ich bin altmodisch. Ich will die Wahrheit.«

Alan zögerte. »Ich bin auch altmodisch. Und ich glaube mich zu erinnern, daß Sie eigens nach Schottland gekommen sind, um Colin zu helfen. Wird es Colin oder auch Tante Elspat helfen, wenn der Detektiv, den sie hergeholt haben, damit er beweist, daß Angus ermordet wurde, wenn dieser Detektiv herumläuft und ausposaunt, daß es Selbstmord war – und das sogar noch, nachdem Alec Forbes' Geständnis gefunden wurde?«

Dr. Fell rückte seinen Kneifer zurecht und zwinkerte Alan an. »Mein lieber Freund«, sagte er mit gequältem Erstaunen. »Sie werden doch sicherlich nicht denken, daß ich meine Überzeugung der Polizei anvertrauen werde?«

»Ja, wollen Sie das denn nicht?«

Dr. Fell schaute sich um, als bestünde die Gefahr, daß sie jemand belauschen würde. »Mein Sündenregister«, gestand er, »ist außerordentlich lang. Ähem. Ich habe in mehreren Fällen an den Indizien herumgespielt, so daß der jeweilige Mörder unbehelligt blieb. Vor nicht allzu vielen Jahren habe ich sogar mit viel Mühe ein Haus angezündet. Im Augenblick möchte ich – daß das aber ja unter uns bleibt – die Versicherungsgesellschaften beschwindeln, damit Colin Campbell für den Rest seines Lebens in guten Zigarren und Feuerwasser schwelgen kann . . .«

»Was?«

Dr. Fell sah Alan aufmerksam an. »Schockiert Sie das? Tz, tz! Ich sage Ihnen, all das gedenke ich zu tun. Aber, verdammt, Mann!« Er breitete die Hände aus. »Zu meinem eigenen, ganz privaten Vergnügen will ich die Wahrheit wissen.«

Wieder schenkte er seine Aufmerksamkeit dem Bücherregal. Er inspizierte die Schreibmaschine, wobei er sie auch dieses Mal nicht berührte. Auf der zweiten Buchreihe lagen eine Fischreuse und einige Lachsfliegen. Das dritte Fach enthielt oben auf den Büchern einen Schraubenschlüssel, einen Schraubenzieher und eine abnehmbare Fahrradlampe. Als nächstes sah Dr. Fell mit professionellem Blick die Bücher durch. Es gab Werke über Physik und Chemie, über Dieselmotoren, Hausbau und Astronomie. Dazwischen befanden sich Kataloge, Fachzeitschriften, ein Wörterbuch, ein sechsbändiges Konversationslexikon und erstaunlicherweise zwei oder drei Bücher für Jungen von G. A. Henty, welche sich Dr. Fell mit einigem Interesse ansah.

»Hoppla!« sagte er. »Liest denn heutzutage überhaupt noch jemand Henty? Wenn die Leute wüßten, was ihnen da entgeht, würden sie in Scharen zu ihm zurückkommen. Ich bin stolz darauf, daß ich ihn immer noch mit Entzücken lese. Wer hätte in Alec Forbes eine romantische Seele vermutet?« Er kratzte sich an der Nase. »Trotzdem . . .«

»Jetzt hören Sie mal«, hakte Alan nach, »woher wollen Sie denn so genau wissen, daß dies hier kein Selbstmord ist?«

»Eine Theorie. Oder meine Dickköpfigkeit, wenn Ihnen das lieber ist.«

»Und Ihre Theorie besagt immer noch, daß Angus sich selbst umgebracht hat?«

»Ja.«

»Aber daß Forbes ermordet wurde?«

»So ist es.«

Dr. Fell wanderte in die Zimmermitte zurück. Er sah sich das unordentliche Feldbett mit dem Koffer darauf und das Paar Gummistiefel unter dem Bett an.

»Mein Junge, ich traue diesem Abschiedsbrief nicht. Ich traue ihm kein bißchen. Und es gibt handfeste Gründe, warum ich ihm nicht traue. Kommen Sie raus hier. Wir brauchen ein wenig frische Luft.«

Alan war froh, das Cottage verlassen zu können. Der Hund erhob sich und sah sie wild und verwirrt an; dann ließ er sich wieder unter dem Toten nieder, knurrte und senkte mit unendlicher Geduld den Kopf auf die Pfoten.

In der Entfernung rauschte der Wasserfall. Alan atmete die kalte, feuchte Luft ein und fühlte, wie ihm ein Schauer über den Rücken lief.

Dr. Fell, der in seinem Umhang wie ein riesiger Bandit wirkte, lehnte sich auf seinen Stock.

»Wer auch immer diese Notiz geschrieben hat«, fuhr er fort, »ob es nun Alec Forbes war oder sonstwer: Er wußte, welcher Trick bei Angus Campbells Tod benutzt worden war. Das ist die erste Tatsache, von der wir ausgehen müssen. Also! Haben Sie schon erraten, was der Trick war?«

»Nein.«

»Nicht einmal jetzt, nachdem Sie den angeblichen Abschiedsbrief gelesen haben? Mann Gottes! Denken Sie nach!«

»Sie können mich zum Denken auffordern, solange Sie wollen. Vielleicht bin ich ja beschränkt; aber Sie müssen schon Verständnis dafür haben, daß ich immer noch nicht begreife, was Leute mitten in der Nacht erst aus dem Bett und dann aus dem Fenster in den Tod springen läßt.«

»Fangen wir damit an«, sagte Dr. Fell, »daß in Angus' Tagebuch verzeichnet ist, womit er sich im Lauf des Jahres beschäftigt hat, wie das ja bei Tagebüchern öfters der Fall ist. Also – womit in Drei-Teufels-Namen hat sich Angus denn nun in diesem Jahr hauptsächlich beschäftigt?«

»Er hat sich in verschiedene obskure Projekte gestürzt – in der Hoffnung, damit Geld zu verdienen«, antwortete Alan.

»Stimmt. Aber ich glaube, Alec Forbes war nur an einem der Projekte beteiligt.«

»Ja.«

»Gut. Und welches Projekt war das?«

»Das war die Idee, in Schottenmustern gefärbtes Speiseeis herzustellen. Das hat Colin jedenfalls erzählt.«

»Und bei der Produktion ihres Speiseeises«, sagte Dr. Fell, »welches Kühlmittel haben sie da in großen Mengen verbraucht? Auch das hat uns Colin erzählt.«

»Er sagte, sie hätten ›künstliches Eis‹ benutzt, das er als ›dieses chemische Zeug‹ beschrieb, ›das so teuer‹ ...«

Alan brach abrupt ab. Halb vergessene Erinnerungen kamen zurück. Mit einem Schock fiel ihm das Labor in seiner alten

Schule wieder ein und die Worte, die von einem Katheder herab gesprochen worden waren. Schwach klangen sie nun in seinen Ohren.

»Und wissen Sie«, erkundigte sich Dr. Fell, »was dieses ›künstliche Eis‹ – oder Trockeneis – eigentlich ist?«

»Es sieht weißlich aus; ein bißchen wie echtes Eis, nur undurchsichtig. Es ...«

»Um genau zu sein«, sagte Dr. Fell, »ist es nicht mehr und nicht weniger als festes Gas. Und kennen Sie den Namen des Gases, das in einen festen ›Schneeblock‹ verwandelt, geschnitten und so transportiert werden kann? Nun – wie heißt dieses Gas?«

»Kohlendioxyd«, sagte Alan. Obwohl seine Gedanken immer noch gelähmt schienen, war ihm jetzt, als wäre eine Binde verrutscht, mit der ihm die Augen verbunden gewesen waren, so daß er nun ein wenig sehen konnte.

»So, nun nehmen Sie mal an«, fuhr Dr. Fell fort, »Sie hätten einen Block von diesem Zeug aus seinem luftdichten Zylinder genommen. Einen großen Block; sagen wir gerade so groß, daß er noch in einen großen Koffer paßt – oder noch besser in eine Kiste mit einer Öffnung, so daß er Kontakt mit der Luft hat. Was würde passieren?«

»Er würde langsam schmelzen.«

»Und beim Schmelzen würde er w a s an die Raumluft abgeben?«

Alan merkte, daß er fast schrie. »Kohlensäuregas! Eines der tödlichsten und schnellwirkendsten Gase, die es gibt.«

»Angenommen, Sie hätten Ihr Trockeneis in seinem Behältnis unter das Bett in einem Zimmer geschoben, in dem das Fenster nachts immer geschlossen gehalten wird. Was würde passieren?

Mit Ihrer Erlaubnis werde ich die sokratische Methode nun aufgeben und es Ihnen einfach sagen. Sie hätten eine der sichersten und mörderischsten Fallen aufgestellt, die es gibt. Eines von zwei Dingen wird passieren. Entweder wird das Opfer im Schlaf oder Halbschlaf das konzentrierte Gas einatmen, wenn dieses in die Zimmerluft abgegeben wird – dann wird das Opfer im Bett sterben.

Oder es wird den leicht säuerlichen Geruch bemerken, wenn er ihm in die Lungen steigt. Wohlgemerkt – viel Zeit hat er dafür nicht. Sobald die Wirkung des Zeugs einsetzt, bringt es den stärksten Mann ins Wanken, und er fällt um wie eine Fliege. Er wird Luft wollen – Luft um jeden Preis. Während er schon das Bewußtsein verliert, wird er sich aus dem Bett kämpfen und versuchen, ans Fenster zu kommen.

Vielleicht wird er es nicht schaffen. Wenn er es schafft, werden seine Beine schon so schwach sein, daß er sich nicht mehr auf ihnen halten kann. Und wenn dieses Fenster auch noch ein niedriges Fenster ist, das ihm fast bis zu den Knien hinunterreicht, wenn es zwei Flügel hat, die sich nach außen öffnen, und er dagegenfällt . . .«

Dr. Fell stieß mit einer schnellen Bewegung seine Hände nach außen.

Alan sah es fast plastisch vor sich, wie der schlaffe, plumpe Körper in seinem Nachthemd nach draußen und hinunter stürzte.

»Natürlich wird das Trockeneis wegschmelzen und in der Box keine Spur hinterlassen. Da das Fenster jetzt offen ist, wird sich das Gas schnell verflüchtigen.

Jetzt werden Sie hoffentlich einsehen, warum Angus' Selbstmord so narrensicher war. Wer außer Alec Forbes hätte Trockeneis benutzen sollen, um seinen Projektpartner umzubringen?

Wie ich die Sache verstehe, hat Angus gar nicht vorgehabt, aus dem Fenster zu springen oder hinauszufallen. Nein, nein! Er wollte tot im Bett gefunden werden – mit einer Kohlensäuregasvergiftung. Es würde eine Autopsie geben. Das Gas hätte in seinem Blut deutlich seine Spuren hinterlassen. Das Tagebuch würde gelesen und interpretiert werden. Alle Umstände, die gegen Forbes sprechen und die ich Ihnen vor kurzem dargelegt habe, würden aufgedeckt werden. Und das Versicherungsgeld würde ausgezahlt werden – das ist so sicher wie der morgige Sonnenaufgang.«

Alan starrte in das Wasser des Bachs und nickte. »Aber im letzten Moment, nehme ich an . . .?«

»Im letzten Moment«, stimmte Dr. Fell zu, »wie das bei Selbstmorden oft der Fall ist, konnte Angus es nicht durchhalten. Er mußte einfach Luft haben. Er spürte, wie er erstickte. Und in seiner Panik stürzte er zum Fenster.

Und jetzt, mein Junge, kommt die Wahrscheinlichkeit von eins zu einer Million, von der ich gesprochen habe. Es stand eine Million zu eins, daß entweder das Gas ihn töten würde oder er bei dem Sturz sofort ums Leben käme, als er mit dem Gesicht nach vorne durch die Luft flog. Aber keins von diesen beiden Dingen geschah! Er wurde tödlich verletzt, aber starb nicht sofort. Sie erinnern sich?«

Wieder nickte Alan. »Ja. Darüber haben wir schon mehrmals gesprochen.«

»Bevor er starb, entwich das Gas aus seinen Lungen und seinem Blut. Deshalb blieb keine Spur davon für die Autopsie zurück. Wäre er sofort oder wenigstens sehr schnell gestorben, wären diese Spuren noch feststellbar gewesen. Sie waren es aber nicht. Also stellte sich uns die Sache so dar, daß ein alter Herr sich aus dem Bett erhebt, um sich aus dem Fenster zu stürzen.«

Dr. Fells laute Stimme wurde leidenschaftlich. Er pochte mit seiner Stockspitze auf den Boden. »Ich sage Ihnen ...«

»Augenblick mal!« unterbrach ihn Alan, der sich plötzlich an etwas erinnert hatte.

»Ja?«

»Als ich letzte Nacht ins Turmzimmer ging, um Colin runterzuholen, bückte ich mich und versuchte, unter der Tür durchzuschauen. Und als ich mich wieder aufrichtete, fühlte ich mich benommen. Beim Abstieg auf der Treppe taumelte ich sogar ein bißchen. Habe ich da vielleicht eine Prise von dem Zeug abbekommen?«

»Ja, natürlich. Das Zimmer war voll davon. Sie haben zum Glück nur einen ganz kleinen Hauch davon eingeatmet. Und damit kommen wir zum Schluß. Angus hat sorgfältig in seinem Tagebuch vermerkt, daß es im Zimmer ›komisch muffig‹ gerochen hätte. Nun, das ist auf den ersten Blick Quatsch. Wenn er das Gas schon bemerkt hätte, dann hätte er niemals sein Tagebuch fertigschreiben und zu Bett gehen können. Nein, das war noch ein zusätzlicher Kunstgriff, der die Schlinge um Alec Forbes' Hals weiter zuziehen sollte.«

»Und der von mir mißverstanden wurde«, knurrte Alan. »Ich habe an irgendein Tier gedacht.«

»Aber Sie sehen doch jetzt, wohin uns all das führt?«

»Nein, keineswegs. Außer natürlich in die Bredouille, aber abgesehen davon ...«

»Die einzig mögliche Erklärung für die erwähnten Tatsachen«, beharrte Dr. Fell, »ist, daß Angus Selbstmord begangen hat. Wenn Angus sich selbst getötet hat, dann kann ihn Alec Forbes nicht getötet haben. Und wenn Forbes ihn nicht getötet hat, dann hatte Forbes auch keinen Grund zu sagen, er hätte es getan. Deshalb ist der Abschiedsbrief eine Fälschung. Bis jetzt, sehen Sie, hatten wir einen Selbstmord, den jedermann für einen Mord hielt. Ab jetzt haben wir auch noch einen Mord, den jedermann für einen Selbstmord halten wird. Wir schauen hierhin und sehen etwas; wir schauen dorthin und sehen das Gegenteil davon. Alle Wege führen ins Irrenhaus. Könnten Sie mir nicht zufällig mit einer Idee weiterhelfen?«

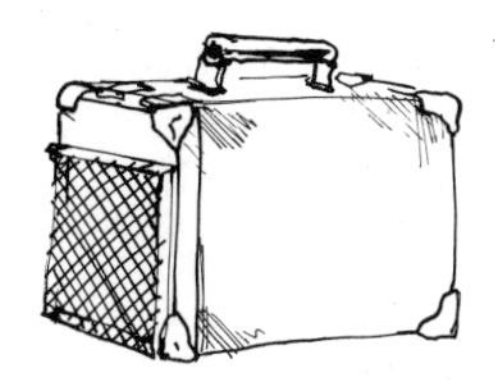

Kapitel 16

Der Rennfahrer

Alan schüttelte den Kopf. »Ich habe auch keine. Ich nehme an, dieses ›Andere‹, an dem Colin litt, und das Dr. Grant so erregte, war eine Kohlendioxyd-Vergiftung?«

Dr. Fell grunzte zustimmend. Wieder fischte er die Meerschaumpfeife aus der Tasche, stopfte sie und zündete sie an.

»Was uns nun«, sagte er, wie der Geist des Vulkans aus seinen Rauchwolken heraus, »mitten zu unserem Hauptproblem führt. Für Colins Vergiftung können wir Angus nicht verantwortlich machen. Die Todesbox hat sich selbst nicht wieder mit Trockeneis aufgefüllt.

Jemand, der wußte, daß Colin oben schlafen würde, hat die Falle wieder aufgestellt – in einer Kiste, die – wie praktisch – schon unter dem Bett bereitstand. Jemand, der genau wußte, was Colin tun würde, konnte sich vor ihm hinaufschleichen. Colin war betrunken und würde sich gewiß nicht einfallen lassen, die Box zu untersuchen. Sein Leben wurde nur gerettet, weil er mit offenem Fenster schlief und rechtzeitig aufstand. Preisfrage: Wer hat das getan – und warum? Letzte Preisfrage: Wer hat Alec Forbes umgebracht, und wie, und warum?«

Alan schüttelte immer noch zweifelnd den Kopf.

»Sie sind immer noch nicht davon überzeugt, mein Junge«, fragte Dr. Fell, »daß Forbes' Tod ein Mord war?«

»Ehrlich gesagt, nein. Ich kann immer noch nicht einsehen, warum Forbes nicht die beiden anderen getötet haben kann – oder wenigstens dachte, er hätte es – und sich dann selbst umgebracht hat.«

»Und wer hat bei diesem Gedanken Pate gestanden: die Logik oder ein frommer Wunsch?«

Alan war aufrichtig. »Vielleicht beide. Von der finanziellen Seite mal abgesehen, gefällt mir der Gedanke nicht, daß Angus so ein altes Schwein gewesen sein soll, daß er einen Unschuldigen an den Galgen liefern wollte.«

»Angus«, versetzte Dr. Fell, »war weder ein altes Schwein noch ein ehrlicher Christenmensch. Er war ein Realist, der nur eine Möglichkeit sah, diejenigen zu versorgen, die ihm lieb und teuer waren. Ich will das nicht verteidigen. Aber wollen Sie behaupten, Sie könnten es nicht verstehen?«

»Es geht auch noch um etwas anderes. Ich kann nicht verstehen, warum er die Verdunkelung vom Fenster nahm, wenn er doch an dem Zeug ersticken wollte ...«

Alan sprach nicht weiter, denn der Gesichtsausdruck, den Dr. Fell plötzlich aufsetzte, war bemerkenswert idiotisch. Der Doktor starrte mit rollenden Augen vor sich hin. Fast wäre ihm die Pfeife aus dem Mund gefallen.

»Oh Herr im Himmel! Oh Bacchus! Oh Gottseibeiuns!« keuchte er. »Die Verdunkelung!«

»Was ist denn?«

»Der erste Fehler des Mörders«, sagte Dr. Fell. »Kommen Sie mit.«

Eilig drehte er sich um und tappte in die Hütte zurück. Alan konnte ihm kaum folgen. Dr. Fell unterzog den Raum einer hektischen Durchsuchung. Mit einem Schrei des Triumphes fand er auf dem Boden beim Bett ein Stück Teerpappe, das auf einen dünnen Holzrahmen genagelt war. Er hielt es ans Fenster – es paßte.

»Wir selbst können bezeugen«, fuhr er außerordentlich heftig fort, »daß sich an diesem Zimmer keine Verdunkelung befand, als wir hier ankamen. Stimmt's?«

»Ja.«

»Und doch hatte die Lampe« – er zeigte auf sie – »offensichtlich längere Zeit gebrannt, bis tief in die Nacht hinein. Wir können selbst jetzt noch deutlich den Gestank von verbranntem Paraffin riechen.«

»Ja.«

Dr. Fell starrte ins Leere. »Jeder Zoll dieser Gegend wird die ganze Nacht hindurch von den Patrouillen der Bürgerwehr kontrolliert. Eine Sturmlaterne gibt ein starkes Licht. An diesem Fenster war nicht einmal ein Vorhang, geschweige denn eine Verdunkelung, als wir ankamen. Wie kommt es, daß niemand das Licht bemerkte?«

Es entstand eine Pause.

»Vielleicht haben sie es einfach übersehen.«

»Lieber Junge! In diesen Bergen würde das kleinste Licht sofort die Bürgerwehr auf den Plan rufen. Nein, nein! Das ist keine Erklärung.«

»Na, vielleicht hat dann Forbes – bevor er sich aufhängte – die Laterne ausgeblasen und die Verdunkelung abgenommen. Das Fenster war ja offen. Ich weiß allerdings nicht, warum er das getan haben sollte.«

Wieder schüttelte Dr. Fell vehement den Kopf. »Ich erinnere Sie nochmals an die Gepflogenheiten von Selbstmördern. Ein Selbstmörder wird niemals sein Leben im Dunkeln beenden, wenn es eine Möglichkeit gibt, Licht zu machen. Die Psychologie, die dem zugrunde liegt, davon ist mir im Augenblick egal – es geht mir nur um das Faktum. Außerdem hätte Forbes im Dunkeln seine Vorbereitungen nicht treffen können. Nein, nein! Die Idee ist völlig abwegig.«

»Was glauben Sie denn, wie es war?«

Dr. Fell legte die Hände an die Stirn. Einen Moment lang stand er bewegungslos und leicht keuchend da.

»Ich glaube«, sagte er schließlich und nahm die Hände herunter, »daß der Mörder, nachdem er Forbes ermordet und aufgehängt hatte, selbst die Laterne ausmachte. Dann goß er das übrige Öl fort, damit man später glauben sollte, sie wäre ausgebrannt. Und dann nahm er die Verdunkelung herunter.«

»Aber wieso zum Teufel sollte er das tun? Warum sollte er die Verdunkelung nicht lassen, wo sie war, sich davonmachen und die Lampe ausbrennen lassen?«

»Offensichtlich deshalb, weil er das Fenster brauchte, um sich davonzumachen.«

Das war zu viel für Alan.

»Schauen Sie doch«, sagte er mit mühsam unterdrückter Ungeduld und ging ans Fenster. »Schauen Sie sich das verdammte Fenster an! Ein Gitter aus Stahldraht ist von innen fest davorgenagelt! Können Sie sich eine Möglichkeit denken, irgendeine Möglichkeit, wie ein Mörder da durchschlüpfen könnte?«

»Nun – nein. Im Augenblick nicht. Und doch ist es so passiert.«

Sie sahen einander an.

Aus der Entfernung hörten sie die besorgten Hallorufe einer Männerstimme. Sie eilten an die Tür.

Charles Swan und Alistair Duncan kamen den Abhang herunter auf sie zu. Der Anwalt, in Regenmantel und Melone, sah noch blasser aus als sonst, aber sein ganzes Auftreten drückte einen trockenen Triumph aus.

»Ich finde, Sie benehmen sich ziemlich schäbig«, sagte Swan in anklagendem Ton zu Alan. »Sich einfach so davonzustehlen, nachdem Sie versprochen hatten, mir alle Informationen zu überlassen? Wenn ich mein Auto nicht gehabt hätte, wäre ich verloren gewesen.«

Duncan brachte ihn zum Schweigen. Er machte vor Dr. Fell eine kleine Verbeugung. »Meine Herren«, sagte er und warf sich schulmeisterhaft in Positur, »wir haben soeben von Dr. Grant erfahren, daß Colin Campbell an den Folgen einer Kohlensäuregasvergiftung leidet.«

»Richtig«, bestätigte Dr. Fell.

»Das Gas wurde ihm wahrscheinlich mit Hilfe von Trockeneis verabreicht, das aus Angus Campbells Labor stammt.«

Wieder nickte Dr. Fell.

»Kann es also«, spann Duncan seinen Faden weiter, legte seine Handflächen aneinander und rieb sie leicht, »irgendwelche Zweifel an der Art und Weise geben, wie Angus zu Tode gekommen ist? Oder daran, wer ihm das Gas verabreicht hat?«

»Nein, daran gibt es keine Zweifel. Wenn Sie einen Blick in dieses Cottage werfen wollen«, sagte Dr. Fell und deutete mit dem Kopf darauf, »dann werden Sie den endgültigen Beweis finden, der Ihren Fall abschließt.«

Duncan trat schnell an die Tür, und ebenso schnell trat er wieder zurück. Swan war entschlossener oder abgehärteter: Er stieß einen überraschten Ruf aus und ging hinein.

Schweigen herrschte, während der Anwalt all seinen Mut zusammennahm. Sein Adamsapfel hüpfte emsig in seinem zu langen Hals über dem zu großen Kragen auf und ab. Duncan nahm seinen Hut ab und wischte sich mit einem Taschentuch die Stirn. Dann setzte er den Hut wieder auf, straffte die Schultern und zwang sich, Swan in das Cottage zu folgen.

Aber schon nach kurzer Zeit tauchten beide wieder auf – in großer Hast und ohne jede Würde. Sie wurden von einem fauchenden Knurren verfolgt, das sich zu einem wilden Kläffen steigerte. Der Hund blieb auf der Türschwelle stehen und sah den beiden mit blutunterlaufenen Augen nach.

»Braver Hund!« zwitscherte Duncan mit einem so offensichtlich heuchlerischen Grinsen, daß der Hund sofort weiterknurrte.

»Sie hätten ihn nicht anfassen sollen«, sagte Swan. »Das hat sein Köter natürlich übelgenommen. Ich brauche ein Telefon. Jesus, was für ein Fund!«

Duncan fand seine verlorengegangene Würde wieder. »Es war also Alec Forbes«, sagte er.

Dr. Fell neigte den Kopf. »Mein lieber Herr«, fuhr der Anwalt fort und eilte herbei, um Dr. Fell begeistert die Hand zu quetschen, »ich – wir – können Ihnen gar nicht genug danken! Ich vermute, Sie haben aus den Fachzeitschriften und Rechnungen, die Sie aus Angus' Zimmer entliehen haben, auf die Tatwaffe geschlossen?«

»Ja.«

»Ich begreife nicht«, sagte Duncan, »warum uns allen das nicht von Anfang an klar war. Obwohl die Auswirkungen des Gases natürlich verschwunden waren, bis Angus gefunden wurde. Kein Wunder, daß die Verschlüsse der Hundebox geschlossen waren! Wenn ich daran denke, daß wir uns Schlangen und Spinnen und ich weiß nicht was alles eingebildet haben, finde ich das fast komisch. Das Ganze ist so außergewöhnlich simpel – wenn man erst einmal das Prinzip dahinter verstanden hat.«

»Da haben Sie recht«, sagte Dr. Fell. »Beim Herkules, wie recht Sie haben!«

»Haben Sie – äh – den Abschiedsbrief entdeckt?«

»Ja.«

Duncan nickte befriedigt. »Jetzt werden die Versicherungen klein beigeben müssen. Keine Frage, sie werden die volle Summe ausbezahlen müssen.«

Trotzdem zögerte Duncan.

»Eine Sache kann ich aber nicht ganz verstehen. Wenn Forbes die Hundebox unter das Bett schob, bevor er hinausgeworfen wurde, wie dieser Herr«, er sah Alan an, »am Montag so klug vermutet hat, wie kommt es dann, daß Elspat und Kirstie sie nicht gesehen haben, als sie nachschauten?«

»Haben Sie da nicht etwas vergessen?« fragte Dr. Fell. »Sie hat sie ja gesehen, wie sie uns inzwischen versichert hat. Miss Elspat Campbell nimmt alles so wörtlich wie ein Deutscher. Sie hatten sie gefragt, ob ein Koffer dort gewesen sei, und das hat sie verneint. Das ist alles.«

Es wäre gelogen gewesen zu sagen, daß die Zweifel ganz aus Duncans Gesicht verschwanden. Aber es hellte sich auf, wenn er auch Dr. Fell einen seltsamen Blick zuwarf.

»Glauben Sie, daß die Versicherungsgesellschaften diese Berichtigung akzeptieren werden?«

»Ich weiß, daß die Polizei sie akzeptieren wird. Also werden es die Versicherungsgesellschaften nolens volens auch müssen.«

»Ein klarer Fall?«

»Ein klarer Fall.«

»Scheint mir auch so.« Duncans Gesicht wurde noch freundlicher. »Nun, wir müssen diese traurige Geschichte so schnell wir können hinter uns bringen. Haben Sie die Polizei schon von – dieser Sache hier unterrichtet?«

»Miss Kathryn Campbell ist auf dem Weg, das zu tun. Sie müßte jeden Augenblick zurück sein. Wir mußten die Tür aufbrechen, wie Sie sehen, aber sonst haben wir nichts angerührt. Wir wollen uns ja schließlich nicht Beihilfe nach der Tat vorwerfen lassen.«

Duncan lachte. »Da können Sie ganz unbesorgt sein. Das schottische Recht kennt keine Beihilfe nach der Tat.«

»Tatsächlich? Soso«, sinnierte Dr. Fell. Er nahm die Pfeife aus dem Mund und fragte überraschend: »Mr. Duncan, kannten Sie Robert Campbell?«

Keiner wußte so recht warum, aber es gab etwas in dieser Frage, das die Aufmerksamkeit aller Anwesenden so erregte, daß sie sich zu Dr. Fell umdrehten. In der kurzen Stille, die folgte, erschien das Donnern der Wasserfälle von Glencoe plötzlich laut.

»Robert?« wiederholte Duncan. »Der dritte Bruder?«

»Ja.«

Eine Spur von snobistischer Abscheu zeigte sich auf dem Gesicht des Anwalts. »Also wirklich, Sir, alte Skandale wieder aufzuwärmen . . .«

»Kannten Sie ihn?« beharrte Dr. Fell.

»Ja.«

»Was können Sie mir über ihn sagen? Alles, was ich bisher erfahren habe, ist, daß er in Schwierigkeiten geriet und das Land verlassen mußte. Was hat er getan? Wohin ist er gegangen? Und vor allem, was für ein Mensch war er?«

Duncan überlegte widerwillig. »Ich kannte ihn als jungen Mann.« Er warf Dr. Fell einen schnellen Blick zu. »Robert war, wenn ich das so sagen darf, bei weitem der Schlauste und Intelligenteste in der ganzen Familie. Aber er hatte einen Schuß böses Blut abbekommen, der Angus und Colin zum Glück erspart blieb. Er bekam Ärger bei der Bank, wo er arbeitete. Dann war er an einer Schießerei wegen eines Barmädchens beteiligt. Wo er jetzt ist, kann ich nicht sagen. Er ging ins Ausland – in die Kolonien oder Amerika –, ich weiß nicht wohin. Er hat sich von Glasgow aus mit einem Schiff abgesetzt. Sie glauben doch wohl nicht, daß das jetzt von irgendeiner Bedeutung ist?«

»Nein, ich denke nicht.«

Dr. Fells Aufmerksamkeit wurde abgelenkt. Kathryn Campbell kraxelte den Abhang herunter, überquerte den Bach und kam zu ihnen.

»Ich habe mit der Polizei gesprochen«, berichtete sie atemlos, nachdem sie Duncan und Swan scharf angesehen hatte. »Im Dorf Glencoe ist ein Hotel, das Glencoe Hotel, ungefähr zwei Meilen von hier. Die Telefonnummer ist Ballachulish – ausgesprochen *Ballahoolish* – fünfundvierzig.«

»Haben Sie mit Inspector Donaldson gesprochen?«

»Ja. Er hat gesagt, er hätte immer gewußt, daß Alec Forbes einmal so etwas tun würde. Er meinte, wir bräuchten nicht hier zu warten, wenn wir nicht wollten.« Ihre Augen wanderten unruhig zum Cottage und wieder weg. »Bitte, *müssen* Sie hierbleiben? Könnten wir nicht weiterfahren bis ins Hotel und etwas essen? Ich frage deshalb, weil die Besitzerin Mr. Forbes gut kannte.«

Dr. Fell schaute sie interessiert an.

»Aha?«

»Ja. Sie sagt, er sei ein berühmter Fahrradfahrer gewesen. Er habe unglaubliche Entfernungen mit unglaublicher Geschwindigkeit zurücklegen können – ganz gleichgültig, wieviel er getrunken hatte.«

Duncan stieß einen leisen Ruf aus. Mit einer bedeutsamen Geste ging er um das Cottage herum, und die anderen folgten ihm instinktiv. Hinter dem Cottage stand ein Toilettenhäuschen, an das ein Rennrad mit Gepäckträger gelehnt war. Duncan zeigte darauf.

»Das letzte Glied in der Kette, meine Herren. Jetzt wissen wir, wie Forbes von hier nach Inveraray und zurück kommen konnte, wann immer es ihm paßte. Hat Ihre Informantin noch etwas gesagt, Miss Campbell?«

»Nicht viel. Sie sagte, er sei zum Trinken und Fischen hier herausgekommen und zum Experimentieren mit seinen Perpetuum Mobiles und dergleichen. Zuletzt habe sie ihn gestern in der Bar des Hotels gesehen. Als sie nachmittags schlossen, hätten sie ihn praktisch hinauswerfen müssen. Die Frau sagt, er sei ein schlechter Mensch gewesen, der alles und jeden haßte außer Tieren.«

Dr. Fell ging langsam zu dem Fahrrad und legte eine Hand auf die Lenkstange. Alan sah beunruhigt, daß er wieder diesen bestürzten, vollkommen idiotischen Ausdruck auf seinem Gesicht trug, den Alan schon einmal hatte beobachten können. Diesmal war er aber noch ausgeprägter.

»Oh mein Gott!« donnerte Dr. Fell und drehte sich wie elektrisiert um. »Was für ein Schaf ich gewesen bin! Was für ein dummer Esel! Was für ein bemerkenswerter Kretin!«

»Ohne«, bemerkte Duncan, »dieses Urteil teilen zu wollen, das Sie da äußern, darf ich fragen, warum Sie es äußern?«

Dr. Fell überlegte einen Augenblick und wandte sich dann an Kathryn. »Sie haben vollkommen recht«, sagte er ernst, »wir müssen in dieses Hotel. Nicht nur, um für unser leibliches Wohl zu sorgen, obwohl ich, ehrlich gesagt, kurz vor dem Verhungern stehe, sondern ich muß auch telefonieren. Ich muß unbedingt ganz dringend telefonieren. Die Wahrscheinlichkeit ist natürlich nur eins zu einer Million, aber den Fall hatten wir ja schon einmal, und er ist trotzdem eingetreten, und deshalb kann er auch noch einmal eintreten.«

»Welche Wahrscheinlichkeit von eins zu einer Million?« fragte Duncan verzweifelt. »Und mit wem möchten Sie telefonieren?«

»Mit dem örtlichen Kommandanten der Bürgerwehr«, antwortete Dr. Fell und verschwand mit wehendem Umhang um die Ecke des Cottage.

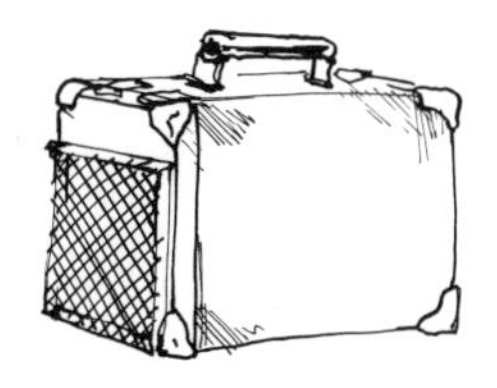

Kapitel 17

Der Invalide

»Alan«, fragte Kathryn, »Alec Forbes hat sich doch in Wirklichkeit gar nicht umgebracht, oder?«

Es war spät abends, und es regnete. Die beiden hatten ihre Sessel vor das hell brennende Kaminfeuer im Wohnzimmer von Shira gerückt.

Alan blätterte in einem Familienalbum mit dick wattiertem Einband und Goldschnitt. Kathryn hatte längere Zeit geschwiegen. Ihre Ellbogen ruhten auf den Armlehnen des Sessels, und sie stützte ihr Kinn mit einer Hand. Sie starrte ins Feuer. Wie es ihre Angewohnheit war, kam ihre Frage direkt aus dem Nichts.

Er hob seinen Blick nicht von dem Album. »Wie kommt es«, fragte er, »daß alte Photographien immer so unglaublich erheiternd wirken? Man kann jedes beliebige Familienalbum in die Hand nehmen und sich kaputtlachen. Wenn es Bilder von jemandem sind, den man kennt, wirken sie noch stärker. Warum bloß? Sind es die Kleider, ist es die Mimik, oder was? So lustig waren wir doch in Wirklichkeit gar nicht, oder?«

Ohne ihre Reaktion abzuwarten, blätterte er weiter.

»Die Frauen kommen in der Regel besser weg als die Männer. Hier ist ein Bild von Colin in jungen Jahren, das aussieht, als hätte er einen Liter vom *Fluch der Campbells* getrunken, bevor er in die Kamera schielte. Tante Elspat hingegen war eine wirklich gutaussehende Frau. Eine Brünette mit stolzem Blick, ein Hauch von Sarah Siddons. Und hier sieht man sie im Highlanderkostüm eines Mannes: Mütze, Feder, Plaid und so weiter.«

»Alan Campbell!«

»Angus dagegen versuchte immer so würdevoll und tiefsinnig auszusehen, daß ...«

»Alan, Liebling!«

Mit einem Ruck richtete er sich auf. Der Regen trommelte gegen die Scheiben. »Was haben Sie gesagt?«

»Das war nur so dahergeredet.« Sie hob das Kinn. »Oder wenigstens – na ja, irgendwie mußte ich Ihre Aufmerksamkeit ja auf mich lenken. Eigentlich hat sich Alec Forbes gar nicht selbst umgebracht, stimmt's?«

»Wie kommen Sie darauf?«

»Das sehe ich an Ihrem Gesicht«, konterte Kathryn, und Alan hatte das ungute Gefühl, daß sie immer in seinem Gesicht würde lesen können; und das würde in Zukunft sicherlich noch für unangenehme Augenblicke sorgen.

»Außerdem«, fuhr sie leiser fort und sah sich nach Lauschern um, »welchen Grund sollte er denn gehabt haben? Keinesfalls kann er es gewesen sein, der versucht hat, den armen Colin umzubringen.«

Widerstrebend schloß Alan das Album.

Er dachte an den vergangenen Tag, an das Essen im Glencoe Hotel, an die sich endlos wiederholenden Beschreibungen Alistair Duncans, wie Alec Forbes seine Verbrechen begangen und sich dann aufgehängt habe, während Dr. Fell keinen Ton gesagt, Kathryn vor sich hin gebrütet und Swan eine Story an den *Daily Floodlight* durchgegeben hatte, die er als ›Zucker‹ bezeichnete.

»Und warum«, fragte er, »kann Forbes nicht versucht haben, Colin umzubringen?«

»Weil er gar nicht wissen konnte, daß Colin im Turmzimmer schlief.«

Verdammt, das war ihr also auch aufgefallen!

»Haben Sie nicht gehört, was die Hotelbesitzerin gesagt hat?« bohrte Kathryn weiter. »Forbes war gestern nachmittag in der Hotelbar, bis geschlossen wurde. Nun, es war am frühen Nachmittag, als Colin hier seinen heiligen Schwur tat, im Turm zu schlafen. Wie hätte Forbes das wissen können? Es war ein spontaner Entschluß, den Colin aus einer Augenblickslaune heraus faßte und von dem außerhalb des Hauses niemand etwas wissen konnte.«

Alan zögerte.

Kathryn senkte ihre Stimme noch mehr. »Oh, ich werde das nicht herumerzählen! Alan, ich weiß, was Dr. Fell denkt. Auf der Fahrt nach Glencoe hat er uns erzählt, daß er Angus' Tod für Selbstmord hält. Das ist furchtbar, aber ich glaube es. Und jetzt, wo wir von dem Trockeneis erfahren haben, glaube ich es noch mehr.« Sie schüttelte sich. »Wenigstens wissen wir, daß nichts ...

Übernatürliches im Spiel war. Als wir an Schlangen, Spinnen, Gespenster und was sonst noch alles dachten, hatte ich wirklich Angst. Und in Wirklichkeit war es nichts als Trockeneis!«

»So ist es mit den meisten furchtbaren Dingen.«

»Tatsächlich? Wer hat dann Gespenst gespielt? Und wer hat Forbes umgebracht?«

Alan grübelte. »Wenn Forbes überhaupt ermordet wurde«, sagte er und gab diese Möglichkeit zum ersten Mal indirekt zu, »dann ist das Motiv klar. Nämlich den Beweis dafür zu liefern, daß Angus' Tod wirklich ein Mord war und daß es tatsächlich einen Anschlag auf Colin gab, und um Forbes beide Verbrechen anzulasten. Damit wäre alles klar gewesen ...«

»... und das Versicherungsgeld hätte ausbezahlt werden müssen?«

»So sieht es aus.«

Der Regen trommelte gleichmäßig gegen die Fenster. Kathryn warf einen schnellen Blick auf die Tür zur Halle.

»Aber Alan! In diesem Fall ...«

»Ja. Ich weiß, was Sie denken.«

»Und davon abgesehen: Wie konnte Forbes ermordet werden?«

»Ich kann auch nur raten. Dr. Fell glaubt, daß der Mörder durch das Fenster entwischt ist. Ja, ich weiß, daß ein unbeschädigtes Gitter davor war! Aber vor der Öffnung der Hundebox war auch ein Gitter, wenn Sie sich erinnern. Vor vierundzwanzig Stunden hätte ich noch geschworen, daß nichts durch dieses Gitter der Hundebox schlüpfen könnte, und doch ist es passiert.«

Er hörte auf zu sprechen, machte ein übertrieben unbeteiligtes Gesicht und warf Kathryn einen warnenden Blick zu. In der Halle waren Schritte zu hören. Als Swan das Wohnzimmer betrat, blätterte Alan schon wieder in seinem Album.

Swan war fast so naß wie nach Elspats zwei Wasserkübeln. Er ging zum Feuer, hielt seine Hände darüber und ließ sie abtropfen.

»Wenn ich mir doch nicht auf die eine oder die andere Art eine Lungenentzündung hole, bevor diese Geschichte zu Ende ist«, verkündete er und trat von einem Fuß auf den anderen, »dann nicht deshalb, weil ich nicht genügend Pech gehabt hätte. Ich habe heute nur versucht, meinen Anweisungen zu folgen und Dr. Fell auf den Fersen zu bleiben. Man sollte doch meinen, das wäre kein Problem, oder?«

»Nein.«

Swan machte ein verbittertes Gesicht. »Nun, es ist aber eins. Er hat mich heute zweimal abgehängt. Er hat irgendwas mit der Bürgerwehr zu schaffen. Jedenfalls war das noch so, bevor dieser Regen einsetzte. Aber was er mit ihr zu schaffen hat, kann ich nicht rauskriegen, und nicht mal Sherlock Holmes könnte es erraten. Ist hier inzwischen irgendwas passiert?«

»Nein, wir sehen uns nur Familienbilder an.« Alan blätterte weiter. Er betrachtete eine Photographie und wollte schon weiterblättern, als er mit plötzlichem Interesse noch einmal hinschaute. »He«, sagte er, »das Gesicht kenne ich doch irgendwoher!«

Es war eine Porträtaufnahme, die am Anfang des Jahrhunderts aufgenommen worden war. Sie zeigte einen Mann mit hellem Haar und einem dichten Schnauzbart mit herabhängenden Enden. Er hatte ein gutaussehendes Gesicht mit ausdruckslosen Augen. Dieser Eindruck konnte allerdings auch von dem ausgeblichenen Braun des Papiers hervorgerufen sein. Quer über die rechte untere Ecke stand in schnörkeliger Schrift ›Viel Glück!‹ geschrieben. Auch die Tinte war verblichen.

»Natürlich kennen Sie es«, sagte Kathryn. »Es ist ein Campbell. Wir sehen uns doch alle mehr oder weniger ähnlich.«

»Nein, nein. Ich meine ...« Alan zog das Bild aus den vier Schlitzen in der Pappe und drehte es herum. Auf der Rückseite war in derselben Handschrift geschrieben: ›Robert Campbell, Juli '05‹. »Das ist also der schlaue Robert!«

Swan, der ihm über die Schulter geschaut hatte, interessierte sich offenbar für etwas anderes. »Moment mal!« rief er, steckte das Bild wieder an seinen Platz und blätterte schnell eine Seite zurück. »Donnerwetter, ist die aber hübsch! Wer ist dieses gutaussehende Kind?«

»Das ist Tante Elspat.«

»Wer?«

»Elspat Campbell.«

Swan rieb sich die Augen. »Doch nicht die alte Zicke, die ... die ...« Wortlos wanderten seine Hände zu seinem neuen Anzug, und sein Gesicht verzerrte sich.

»Doch. Dieselbe, die Sie getauft hat. Schauen Sie sich dieses andere hier an, auf dem sie ihr Highlandkostüm trägt und Bein zeigt. Es sind sehr schöne Beine, wenn ich das mal so sagen darf; wenn auch für den heutigen Geschmack vielleicht etwas zu kräftig und muskulös.«

Kathryn konnte sich nicht zurückhalten. »Aber natürlich noch gar nichts«, spöttelte sie, »im Vergleich zu den Beinen Ihrer teuren Herzogin von Cleveland.«

Swan versuchte, ihre Aufmerksamkeit auf sich zu lenken. »Schauen Sie«, sagte er mit Nachdruck, »ich will ja nicht in Dingen herumschnüffeln, die mich nichts angehen. Aber«, seine Stimme klang nun ein wenig erregt, »wer ist diese Dame aus Cleveland überhaupt? Wer ist Charles? Wer ist Russell? Und wie kam es, daß Sie sich mit ihr eingelassen haben? Ich sollte wirklich nicht fragen, aber ich kann nachts schon nicht mehr schlafen, weil ich immer drüber nachdenken muß.«

»Die Herzogin von Cleveland«, sagte Alan, »war Charles' Geliebte.«

»Ja. Das habe ich mitbekommen. Aber ist sie auch Ihre Geliebte?«

»Nein. Und sie stammt auch nicht aus Cleveland, Ohio, denn sie ist schon seit über zweihundert Jahren tot.«

Swan starrte ihn an. »Sie wollen mich auf den Arm nehmen.«

»Keineswegs. Wir hatten einen historischen Streit, und ...«

»Aber natürlich wollen Sie mich auf den Arm nehmen!« wiederholte Swan. Ungläubiges Entsetzen schwang in seiner Stimme mit. »Es muß ganz einfach eine wirkliche Frau aus Cleveland dabei geben! Wie ich über Sie in meinem ersten Bericht an den *Daily Floodlight* geschrieben habe ...« Er hielt inne, klappte den Mund auf und wieder zu. Er schien seinen Lapsus zu bemerken.

Zwei Augenpaare hefteten sich auf ihn. Es herrschte bedrohliches Schweigen.

»Was«, fragte Kathryn schließlich langsam und deutlich, »haben Sie über uns in Ihrem ersten Bericht an den *Daily Floodlight* geschrieben?«

»Gar nichts. Ehrenwort, nichts! Nur einen kleinen Scherz; kein bißchen Verleumdung dabei.«

»Alan«, murmelte Kathryn und hob ihre Augen zur Zimmerdecke, »glauben Sie nicht, Sie sollten mal wieder die Breitschwerter holen?«

Swan war instinktiv zurückgewichen, bis er mit dem Rücken an die Wand stieß. Er sprach jetzt sehr feierlich. »Sie heiraten ja schließlich! Ich hab' Dr. Fell selbst sagen hören, daß Sie einfach heiraten müßten. Also wozu die Aufregung? Ich hab's bestimmt nicht böse gemeint.« Das hat er wirklich nicht, dachte Alan. »Ich hab' nur geschrieben ...«

»Wirklich schade«, sprach Kathryn weiter, wobei sie ihre Augen immer noch zur Decke gerichtet hielt, »wirklich schade, daß Colin seine Beine nicht gebrauchen kann. Aber wie man hört, kann er sehr gut mit seiner Schrotflinte umgehen. Und sein Zimmer geht – das ist doch sehr praktisch – zur Hauptstraße hinaus ...« Sie schwieg bedeutungsvoll, als Kirstie MacTavish die Tür aufstieß.

»Colin Campbell will Sie sprechen«, verkündete sie mit ihrer süßen, leisen Stimme.

Swan wurde bleich. »Wen will er sprechen?«

»Er will Sie alle sprechen.«

»Aber er darf doch noch keine Besucher empfangen, oder?« rief Kathryn.

»Weiß ich nicht. Er trinkt jedenfalls im Bett Whisky.«

»Also, Mr. Swan«, sagte Kathryn und verschränkte ihre Arme, »nachdem Sie uns ein feierliches Versprechen gegeben haben, das Sie niemals halten wollten und auch prompt gebrochen haben, nachdem Sie sich unter Vortäuschung falscher Tatsachen die Gastfreundschaft erschwindelt haben, nachdem Ihnen die einzige gute Story, die Sie wahrscheinlich in Ihrem ganzen Leben auftreiben werden, auf dem Präsentierteller überreicht wurde, nachdem Sie hier auf weiteres Material hoffen durften – besitzen Sie nach alldem die Dreistigkeit, jetzt hinaufzugehen und Colin in die Augen zu sehen?«

»Aber Sie müssen die Sache auch mal aus meiner Sicht sehen, Miss Campbell!« rief Swan.

»Ach?«

»Colin Campbell wird mich verstehen! Er ist ein guter Kerl! Er ...« Ein plötzlicher Gedanke schien ihm durch den Kopf zu gehen, und Swan wandte sich an das Mädchen. »Er ist doch nicht etwa dicht, oder?«

»Was?«

»Dicht. Zu«, sagte Swan ängstlich. »Breit. Blau. Voll.«

Kirstie verstand. Sie versicherte ihm, daß Colin nicht voll sei. Die Glaubwürdigkeit dieser Auskunft wurde zwar etwas relativiert durch Kirsties – durch Erfahrung erworbene – Auffassung, daß ein Mann erst dann ›voll‹ sei, wenn er zwei Stockwerke die

Treppen hinunterfallen könne, ohne sich zu verletzen. Aber das wußte Swan nicht, und somit verfehlte die Auskunft nicht ihre Wirkung.

»Ich werde es ihm erklären«, beteuerte Swan voller Ernst. »Und inzwischen kann ich es Ihnen schon mal erklären. Kaum komme ich hier an, was passiert mir?«

»Nichts im Vergleich zu dem, was Ihnen noch passieren wird«, sagte Kathryn. »Aber sprechen Sie weiter.«

Swan hatte nicht hingehört. »Ich werde über eine Straße gejagt«, fuhr er fort, »man fügt mir eine schwere Verletzung zu, von der ich eine Blutvergiftung hätte bekommen können. Nun gut. Ich komme am nächsten Tag wieder, mit einem nagelneuen Anzug, für den ich bei Austin Reed zehn Guineen bezahlt habe, und diese Verrückte leert zwei Eimer Wasser über mich aus. Nicht einen Eimer, wohlgemerkt. Zwei.«

»Alan Campbell«, fragte Kathryn giftig, »was finden Sie daran eigentlich so komisch?«

Alan konnte nichts dagegen tun. Er lehnte sich in seinem Sessel zurück und brüllte vor Lachen.

»Alan Campbell!«

»Ich kann nichts dafür«, wehrte sich Alan prustend und wischte sich die Tränen aus den Augen. »Ich mußte nur gerade daran denken, daß Sie mich jetzt wohl heiraten müssen.«

»Kann ich mich darauf berufen?« fragte Swan sofort.

»Alan Campbell, was um alles in der Welt meinen Sie damit? Ich werde nichts dergleichen tun. Was für eine Idee!«

»Sie werden nicht viel dagegen machen können, meine Liebe. Es ist der einzige Ausweg aus unseren Schwierigkeiten. Ich habe den *Daily Floodlight* noch nicht gelesen, aber ich glaube, ich weiß, welche Sorte Anspielungen drinstehen.«

Swan schaltete sich wieder in das Gespräch ein. »Ich wußte, daß Sie mir nicht böse sein würden«, sagte er fröhlich. »Es steht nichts drin, wogegen irgendwer was haben könnte, das schwöre ich Ihnen! Ich hab' kein Wort davon gesagt, daß Sie immer in Freudenhäuser gehen. Das wäre ja auch Verleumdung ...«

»Was höre ich da?« fragte Kathryn schnell. »Sie gehen in Freudenhäuser?«

»Tut mir leid, daß ich das gesagt habe«, entschuldigte sich Swan schnell. »Das hätte ich in Ihrer Gegenwart auf keinen Fall sagen dürfen, Miss Campbell; ist mir nur so rausgerutscht. Wahrscheinlich stimmt's sowieso nicht, also vergessen Sie's einfach. Mir kam's nur darauf an, daß ich Ihnen und der Öffentlichkeit gegenüber ehrlich sein muß.«

»Also, kommen Sie jetzt?« fragte Kirstie, die geduldig an der Tür gewartet hatte.

Swan rückte seinen Krawattenknoten zurecht. »Ja, wir kommen. Und ich weiß, daß Colin Campbell – der beste Kerl, den die Welt je gesehen hat –, meine Lage verstehen wird.«

»Das hoffe ich«, hauchte Kathryn, »mein Gott, das kann ich wirklich nur hoffen! Du hast doch gesagt, er hätte da oben Whisky, stimmt's, Kirstie?«

In gewisser Weise war es überflüssig, diese Frage zu beantworten. Als die drei hinter Kirstie die Treppe hinaufstiegen und durch den Flur in den hinteren Teil des Hauses gingen, wurde sie nämlich von Colin selbst beantwortet. Die Türen von Shira waren stabil und dick und ließen nicht viele Geräusche durch. Die Stimme, die sie hörten, war deshalb nicht besonders laut. Aber sie drang doch deutlich bis an die Treppe:

»Ich liebte ein Mädchen vom Hochland,
rein wie die Lilie im Tal,
süß wie die Heide im Herbste . . .«

Der Gesang brach abrupt ab, als Kirstie die Tür öffnete. In einem geräumigen Hinterzimmer mit Eichenmöbeln lag Colin Campbell in etwas, das wohl ein Krankenbett sein sollte. Aus dem Verhalten des zähen alten Sünders hätte man das nicht schließen können.

Er war von der Hüfte abwärts bandagiert; ein Bein wurde von einem transportablen, eisernen Stützgestell leicht hochgehalten. Sein Rücken war so in Kissen gepackt, daß er kaum den Kopf heben konnte.

Obwohl ihm Haar und Bart gestutzt worden waren, brachte er es dennoch irgendwie fertig, noch zerzauster als üblich auszusehen. Der Haarwust rahmte sein rotleuchtendes Gesicht ein, aus dem ein paar grimmig-freundliche Augen schauten. Das ungelüftete Zimmer roch wie eine Schnapsbrennerei.

Colin hatte darauf bestanden, daß ihm als Invaliden viel Licht zustand, und der Leuchter strotzte vor Glühbirnen. Sie beleuchteten sein wildes Grinsen, seine geschmacklose Schlafanzugjacke und das Durcheinander von Gegenständen auf dem Nachttisch. Sein Bett stand vor einem der verdunkelten Fenster.

»Hereinspaziert!« rief er. »Immer herein, der alte Krüppel will Gesellschaft haben. Bin in einer scheußlichen Lage. Kirstie, geh, und hol noch drei Gläser und eine Karaffe. Ihr da! Nehmt euch Stühle. Setzt euch darüber, wo ich euch sehen kann. Außer dem hier kann ich nichts tun.«

Seine Aufmerksamkeit galt der nicht mehr vollen Karaffe und einer sehr leichten Schrotflinte, Kaliber 20, die er sich zu reinigen und zu ölen anschickte.

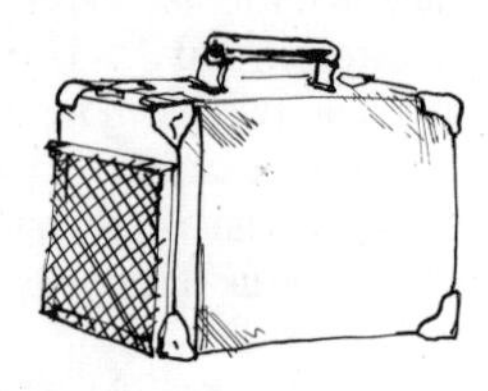

Kapitel 18

Das Quartett

»Kitty-Kat, mein Liebes, es ist ein Vergnügen, dein Gesichtchen zu sehen«, fuhr Colin fort und hielt die aufgeklappte Flinte so an sein Auge, daß er Kathryn durch einen der Läufe anschauen konnte. »Wie du siehst, habe ich die Flinte noch nicht ins Korn geworfen. Hast du mir statt dessen vielleicht was mitgebracht, das ich aufs Korn nehmen soll?«

Swan sah ihn nur kurz an, drehte sich um und marschierte schnurstracks auf die Türe zu. Doch bevor er sie erreichte, drehte Kathryn schnell den Schlüssel im Schloß um und stellte sich mit dem Rücken an die Tür. »Das hab' ich allerdings, Onkel Colin«, sagte sie zuckersüß.

»Recht so, Kitty-Kat. Und du, wie geht's dir, Alan? Und wie geht's unserem zweiten Horace Greeley? Mir geht's dreckig, das kann ich euch sagen. Eingeschnürt wie eine verdammte Chinesin haben sie mich, bloß haben sie ein bißchen mehr erwischt als bloß meine Füße. Sack und Asche! Wenn ich nur einen Rollstuhl hätte, dann könnte ich mich wenigstens bewegen.«

Er überlegte. Dann ließ er die Flinte zuschnappen und lehnte sie an sein Bett.

»Ich bin ganz zufrieden«, sagte er. »Vielleicht sollte ich's nicht sein, aber ich bin's. Ihr habt doch gehört, was mit mir passiert ist? Trockeneis. Genau wie bei Angus. War also schließlich doch Mord. Ist schon schlimm mit Alec Forbes. Der Kerl war mir eigentlich nie unsympathisch. Moment mal. Wo ist Fell? Warum ist Fell nicht hier? Was habt ihr mit Fell gemacht?«

Kathryn war wild entschlossen. »Er ist bei der Bürgerwehr. Hör mal zu, Onkel Colin. Ich muß dir etwas sagen. Dieser Schuft von Reporter hat uns erst versprochen ...«

»Was zum Teufel hat er denn bei der Bürgerwehr verloren – in seinem Alter und bei seinem Gewicht? Sie werden ihn wohl kaum als Fallschirmspringer abknallen, aber wenn sie seine Silhouette gegen den Himmel sehen, halten sie ihn womöglich für einen

Fallschirm und schießen ihn trotzdem ab. Es ist verrückt, mehr als das – es ist wirklich gefährlich!«

»Onkel Colin, kannst du mir mal bitte einen Augenblick zuhören?«

»Ja, mein Liebes, natürlich. Zur Bürgerwehr zu gehen! Hab' mein Leben lang noch nicht so einen Unfug gehört!«

»Dieser Reporter ...«

»Hat keinen Ton davon erzählt, als er vor kurzem hier war. Hat nur jede Menge Fragen über den armen alten Robbie gestellt und worüber wir am Montag oben im Turmzimmer gesprochen haben. Außerdem, wie soll er überhaupt in die schottische Bürgerwehr reinkommen? Willst du mich auf den Arm nehmen?«

Inzwischen machte Kathryn so ein verzweifeltes Gesicht, daß es sogar Colin auffiel. Er verstummte und äugte sie unwirsch an. »Stimmt was nicht, Kitty-Kat?«

»Allerdings stimmt was nicht. Aber du willst mir ja keine Sekunde zuhören! Erinnerst du dich daran, wie Mr. Swan versprochen hat, kein Wort darüber zu verraten, was hier passiert, wenn wir ihm die Informationen geben, die er haben will?«

Colin zog die Augenbrauen zusammen. »Sack und Asche! Sie haben doch nicht in Ihrem Schmierblatt drucken lassen, daß wir Sie mit einem Breitschwert in den Hosenboden gestochen haben?«

»Bei Gott, nein, das hab' ich nicht!« rief Swan sofort und offenbar wahrheitsgemäß. »Davon hab' ich kein Wort gesagt. Ich hab' die Zeitung bei mir; ich kann's Ihnen beweisen.«

»Was juckt dich denn dann, Kitty-Kat?«

»Er hat furchtbare Dinge über Alan und mich geschrieben oder zumindest angedeutet. Ich weiß allerdings nicht genau, was. Und Alan scheint das nicht zu interessieren, aber es geht um irgendwas angeblich Unmoralisches zwischen Alan und mir ...«

Colin starrte sie an. Dann ließ er sich in seine Kissen zurückfallen und brüllte los vor Lachen. Das Vergnügen trieb ihm die Tränen in die Augen. »Ja, und? War denn da nichts?«

»Nein! Nur wegen dieses schrecklichen Zufalls, nur weil wir im Zug von London die Nacht im selben Abteil verbringen mußten ...«

»Montagnacht hättet ihr hier aber nicht im selben Zimmer verbringen müssen«, betonte Colin unwiderlegbar. »Ihr habt es aber, verdammt noch mal, trotzdem getan. Na?«

»Sie haben hier die Nacht im selben Zimmer verbracht?« fragte Swan schnell.

»Natürlich ham sie das!« röhrte Colin. »Komm, Kitty-Kat, sei ein Mann! Ich meine natürlich, sei eine Frau! Gib's zu! Steh zu deinen Neigungen. Was habt ihr denn sonst getan, wenn nicht euern Spaß gehabt? So ein Quatsch!«

»Sehen Sie, Miss Campbell«, verteidigte sich Swan, »irgendwie mußte ich doch auch Sex in die Story kriegen, und anders ging's nunmal nicht. Er versteht das. Und Ihr Freund versteht es auch. Sie brauchen sich überhaupt keine Sorgen zu machen, nicht die geringsten.«

Kathryn sah von einem zum anderen. Hoffnungslose Verzweiflung spiegelte sich in ihrem tiefroten Gesicht. Tränen stiegen ihr in die Augen; sie setzte sich auf einen Stuhl und nahm die Hände vors Gesicht.

»Jetzt mal ganz ruhig!« sagte Alan. »Ich habe ihr vorhin erst erklärt, Colin, daß ihr Ruf rettungslos ruiniert ist, wenn sie mich jetzt nicht heiratet. Ich habe sie gefragt, ob sie mich heiraten will ...«

»Haben Sie ja gar nicht.«

»Dann tu ich's eben jetzt, vor Zeugen. Miss Campbell, wollen Sie mir die Ehre erweisen, meine Frau zu werden?«

Kathryn hob ihr tränenüberströmtes, erzürntes Gesicht. »Natürlich will ich das, du Idiot!« schrie sie ihn an. »Aber warum kannst du mich das nicht anständig fragen, wo ich dir doch Dutzende von Gelegenheiten dazu gegeben habe, statt mich zu erpressen? Oder zu behaupten, ich hätte dich dazu erpreßt?«

Colin riß die Augen auf. »Soll das etwa heißen«, rief er entzückt, »daß es eine Hochzeit geben wird?«

»Kann ich das drucken?«

»Ja – und noch einmal ja«, antwortete Alan.

»Meine liebe Kitty-Kat! Mein lieber Junge! Beim Jupiter!« sagte Colin und rieb sich die Hände. »Da ist ja eine Feier fällig, wie sie diese Mauern nicht mehr gesehen haben, seit im Jahr 1900 der Sieg über Elspats Tugend errungen wurde. Wo bleibt Kirstie mit der Karaffe? Sack und Asche! Haben wir einen Dudelsack im Haus? Hab' seit Jahren auf keinem mehr gespielt, aber ihr hättet mich mal früher hören sollen, da wäre euch ganz warm ums Herz geworden.«

»Sie sind also nicht böse auf mich?« fragte Swan ängstlich.

»Auf Sie? Gott bewahre, nein! Warum sollte ich denn? Kommen Sie rüber, alter Junge, setzen Sie sich!«

Swan war immer noch nicht ganz überzeugt. »Was wollten Sie dann mit dem Spielzeuggewehr anfangen?«

»Soso, Spielzeuggewehr! Ihnen werd' ich's geben, von wegen Spielzeuggewehr!« Colin schnappte sich die 20-mm-Kaliber-Flinte. »Wissen Sie, daß es weitaus mehr Erfahrung und Genauigkeit bedarf, mit so einem Ding umzugehen, als mit einem Gewehr Kaliber 12 mm? Sie glauben's nicht? Soll ich's Ihnen beweisen?«

»Nein, nein, nein! Ich glaub's Ihnen.«

»Na schön. Kommen Sie, und trinken Sie was. Ach nein, uns fehlen ja noch die Gläser. Wo steckt bloß Kirstie? Und Elspat? Elspat soll herkommen. Elspat!«

Kathryn wurde aufgefordert, die Tür aufzusperren. Swan ließ sich mit einem erleichterten Seufzer nieder und streckte die Beine von sich wie jemand, der endlich wieder zu Hause ist. Voller Mißtrauen sprang er allerdings gleich wieder auf, als Elspat den Raum betrat.

Aber Elspat ignorierte ihn mit solch eisiger Deutlichkeit, daß er zurückwich. Allen – außer Swan – warf sie einen unergründlichen Blick zu. Ihre Lider waren rot und geschwollen, ihr Mund war eine dünne Linie. Alan versuchte, an ihr eine Ähnlichkeit mit der hübschen Frau aus dem Album zu entdecken, aber die Schönheit war vergangen – schon vor langer Zeit.

»Da bist du ja, altes Haus«, sagte Colin. Er streckte ihr seine Hand entgegen. »Ich hab' großartige Neuigkeiten. Wunderbare Neuigkeiten. Diese beiden«, er zeigte auf sie, »werden heiraten.«

Elspat sagte nichts. Ihre Augen ruhten prüfend auf Alan. Dann wanderten sie zu Kathryn und blieben lange auf ihr haften. Schließlich ging sie zu ihr hinüber und küßte sie schnell auf die Wange. Zwei Tränen flossen zur allgemeinen Verwunderung über Elspats Wangen.

»Nun, nun!« Colin wäre nervös hin- und hergerückt, wenn ihm sein Zustand das erlaubt hätte. Trotzig starrte er Elspat an. »Immer dieselbe alte Familientradition«, beschwerte er sich mürrisch. »Immer die Wasserhähne aufdrehen, wenn's eine Hochzeit gibt. Das ist ein fröhliches Ereignis, verdammt noch mal! Hör schon auf!«

Elspat rührte sich immer noch nicht. In ihrem Gesicht spiegelten sich verschiedene Gefühle wider.

»Wenn du nicht damit aufhörst, werfe ich dir was an den Kopf!« brüllte Colin. »Kannst du nicht ›Gratuliere‹ sagen oder so was? Haben wir übrigens einen Dudelsack im Haus?«

»Hier wird's keine gottlosen Vergnügungen geben, Colin Campbell«, fauchte Elspat. Sie preßte die Worte heraus – trotz der Gefühle, die sich in ihrem Gesicht zeigten. Sie wehrte sich instinktiv; Alan fühlte sich zunehmend unwohl.

»Aye, meinen Segen sollt ihr haben«, sagte sie und sah zuerst Kathryn und dann Alan an. »Wenn euch der Segen von einem alten Wackelzahn wie mir überhaupt was wert ist.«

»Also schön«, sagte Colin schmollend, »dann können wir ja jetzt zum Whisky übergehen. Du trinkst doch wohl auf ihre Gesundheit?«

»Aye. Das könnt' ich brauchen heut abend. Der Teufel geht über mein Grab.« Sie schüttelte sich.

»So viele Spaßverderber auf einem Haufen hab' ich mein Leben lang noch nicht gesehen«, knurrte Colin. Aber als Kirstie mit den Gläsern und der Karaffe kam, besserte sich seine Stimmung sofort. »Noch ein Glas, meine Beste. Moment mal, vielleicht sollten wir gleich noch eine dritte Karaffe holen, was meint ihr?«

»Augenblick bitte!« sagte Alan. Er sah sich im Kreise um, und zuletzt fiel sein Blick mit einiger Unruhe auf die Schrotflinte. »Du planst doch heute abend nicht etwa schon wieder ein Besäufnis, oder?«

»Besäufnis! Unsinn!« rief Colin, goß sich ein kleines Glas ein – offenbar, um Kraft zu schöpfen, damit er den anderen einschenken konnte – und kippte es hinunter. »Wer redet von einem Besäufnis? Wir trinken auf die Gesundheit und das Wohlergehen der Braut, das ist alles. Dagegen hast du doch wohl keine Einwände?«

»Ich jedenfalls nicht«, lächelte Kathryn.

»Ich auch nicht«, bemerkte Swan. »Ich fühle mich großartig! Ich verzeihe allen. Ich verzeihe sogar der Dame«, er warf einen furchtsamen Blick auf Elspat, »daß sie meinen Anzug ruiniert hat, der zehn Guineen gekostet hat.«

Colin sprach sehr überzeugend. »Siehst du, Elspat, es tut mir leid mit Angus. Aber so ist es nun mal eben. Und es hat sich doch alles zum Besten gewendet. Ich gebe gerne zu: Wenn er nun einmal hat sterben müssen, dann freut es mich, daß er mich dadurch aus einer üblen finanziellen Klemme befreit hat. Weißt du, was ich tun werde? Zunächst einmal ist Schluß mit dem Praktizieren in Manchester. Ich kauf' mir ein Segelboot und mach' eine Kreuzfahrt in der Südsee. Und du, Elspat, kannst dir ein Dutzend Ölgemälde von Angus machen lassen und sie den ganzen Tag anschauen. Oder du kannst nach London fahren und dir den Jitterbug anschauen. Du hast jetzt ausgesorgt, altes Mädchen.«

Elspats Gesicht war kalkweiß. »Aye«, zischte sie ihn an, »und weißt du auch, warum wir ausgesorgt haben?«

»Langsam!« rief Alan.

Trotz seiner euphorischen Stimmung merkte er genau, was als nächstes kommen mußte. Auch Kathryn wußte es. Beide machten einen Schritt auf Elspat zu, aber sie reagierte nicht.

»Ich hör' jetzt auf damit, mich selbst mit Lügen in die Hölle zu bringen. Weißt du, warum wir ausgesorgt haben?«

Schnell drehte sie sich zu Swan um. Zum ersten Mal redete sie ihn an und verkündete in aller Ruhe, daß Angus Selbstmord begangen habe; sie erzählte die ganze Geschichte mitsamt den Gründen, warum sie dies glaubte. Und jedes Wort davon war wahr.

»Das ist wirklich sehr interessant, Ma'am«, sagte Swan, der ein erstes Glas Whisky getrunken hatte und nun sein Glas zum Nachschenken ausstreckte. Er schien sich durch die Aufmerksamkeit, die sie ihm schenkte, geschmeichelt zu fühlen. »Sie sind also nicht mehr böse auf mich?«

Elspat starrte ihn an. »Böse auf Sie? Quatsch! Haben Sie denn nicht gehört, was ich sage?«

»Doch, natürlich, Ma'am«, erwiderte Swan beruhigend. »Und ich verstehe natürlich auch, daß Sie sich deswegen solche Sorgen gemacht haben ...«

»Mann, glauben Sie mir etwa nicht?«

Swan legte den Kopf in den Nacken und lachte. »Ich widerspreche nur ungern einer Dame, Ma'am. Aber wenn Sie sich nur kurz mit der Polizei oder Dr. Fell unterhalten würden – oder mit diesen Leuten hier –, dann würden Sie schnell merken, daß Sie irgend jemand an der Nase herumgeführt hat. Vielleicht haben Sie sich da ja auch selbst in was verrannt. Ich muß es ja schließlich wissen, oder? Hat Ihnen noch niemand erzählt, daß sich Alec Forbes umgebracht und einen Zettel hinterlassen hat, auf dem er zugibt, Mr. Campbell ermordet zu haben?«

Elspat holte tief Luft. Sie legte ihr Gesicht in tausend Falten und drehte sich zu Colin um, der ihr zunickte.

»Es stimmt, Elspat! Du bist nicht auf dem laufenden! Wo hast du den ganzen Tag gesteckt?«

Es gab Alan einen Stich ins Herz, sie anzusehen. Sie tastete nach einem Schaukelstuhl und setzte sich. Ein menschliches Wesen, ein fühlendes, lebendes, verletztes menschliches Wesen kam hinter dem grimmigen Gesicht hervor, das Elspat der Welt präsentiert hatte.

»Sie wollen mich auch nicht betrügen?« hakte sie nach. »Sie schwören beim Gottvater ...«

Dann wiegte sie sich in ihrem Schaukelstuhl vor und zurück und fing an zu lachen. Ihr ganzes Gesicht hellte sich auf; ihr ganzes Wesen schien ein Dankgebet zu hauchen.

Angus hatte nicht Hand an sich gelegt und war nicht in Sünde gestorben. Er war nicht zum Ort des Grauens hinabgefahren. Und Elspat, diese Elspat, deren richtigen Nachnamen niemand wußte, schaukelte vor und zurück, lachte und war glücklich.

Colin Campbell, der über all dies heiter hinwegsah, agierte immer noch als Mundschenk. »Verstehst du«, strahlte er, »weder Fell noch ich haben auch nur einen Moment lang gedacht, daß es Selbstmord gewesen sein könnte. Aber es ist schließlich besser, so einer Sache richtig auf den Grund zu gehen. Ich habe keine Sekunde lang geglaubt, daß du das alles nicht gewußt hättest, sonst wäre ich persönlich aus dem Bett gekrochen, ums dir zu sagen. Jetzt sei ein Schatz. Ich weiß, daß in diesem Haus offiziell immer noch getrauert wird. Aber wie wäre es angesichts der neuen Situation, wenn ich trotzdem meinen Dudelsack bekäme?«

Elspat stand auf und verließ das Zimmer.

»Beim Jupiter«, hauchte Colin, »sie holt ihn! ... Was hast du, Kitty-Kat?«

Kathryn schaute mit zweifelnden, seltsam glänzenden Augen auf die Tür. Sie biß sich auf die Lippen. Dann wanderten ihre Augen zu Alan. »Ich weiß auch nicht«, antwortete sie. »Ich bin glücklich«, dabei sah sie Alan an, »und fühle doch irgendwie ganz komisch und so durcheinandergebracht.«

»Deine Grammatik«, sagte Alan, »ist unter aller Kritik. Aber deine Gefühle sind verständlich. Elspat glaubt die Sache jetzt nun einmal; und das muß sie auch weiter glauben – weil es die Wahrheit ist.«

»Natürlich«, pflichtete ihm Kathryn schnell bei. »Onkel Colin, würdest du mir einen großen Gefallen tun?«

»Was immer du willst, mein Liebes.«

»Also dann«, sagte Kathryn und streckte zögernd ihr Glas aus. »So ein großer Gefallen ist es vielleicht doch nicht. Aber könntest du mir noch ein bißchen Whisky geben?«

»So ist's recht, Kitty-Kat!« röhrte Colin. »Bitte sehr. Genug so?«

»Noch einen kleinen Schluck, bitte.«

»Noch einen kleinen Schluck?«

»Ja, bitte.«

»Donnerwetter«, murmelte Swan, bei dem die erste, die niederschmetternde und erschütternde Wirkung des *Fluchs der Campbells* nun einer beschleunigten und aufgeregten Redeweise Platz gemacht hatte, »da haben sich ja die richtigen zwei Professoren zusammengetan. Wie macht ihr das bloß? Wie wär's jetzt vielleicht mit einem Lied?«

Colin lag glückselig wie ein frisch gekrönter König in den Kissen, nahm die Flinte in die Hand und wedelte damit durch die Luft, als wolle er ein Orchester dirigieren. Seine Baßstimme donnerte gegen die Fenster: »Ich liebe ein Mädchen vom Hochland ...«

Swan zog sein Kinn bis fast in den Kragen hinein und machte ein feierliches Gesicht. Nach einem anfänglichen Hüsteln fand er den richtigen Ton, schwenkte sachte sein Glas im Rhythmus und stimmte mit ein: »Rein wie die Lilie im Tal!«

Alan, der sein Glas hob und einen Toast auf Kathryn aussprach, erfüllte das Gefühl, daß sich alles zum besten wendete und daß morgen ein Tag war, um den er sich heute nicht zu kümmern brauchte.

Die Euphorie des Verliebtseins, die Euphorie, Kathryn bloß anzusehen, verband sich mit der Euphorie, die die machtvolle Flüssigkeit in seiner Hand auszulösen imstande war. Er lächelte Kathryn zu; sie lächelte zurück; und beide stimmten sie ein: »Süß wie die Heide im Herbste ...«

Alan hatte einen guten, kräftigen Bariton und Kathryn einen Sopran, der sich hören lassen konnte. Das Quartett versetzte das Zimmer in Schwingung.

Für Tante Elspat – die mit einem Dudelsack zurückkam, den sie Colin mit grimmigem Gesicht übergab und den er eifrig in

Betrieb nahm, ohne das Lied zu unterbrechen – mußte es so aussehen, als wären die alten Zeiten zurückgekehrt.

»Nu ja!« sagte Tante Elspat ergeben. »Nu ja!«

Kapitel 19

Der Beschuldigte

Alan Campbell öffnete ein Auge. Aus weitentfernten, dem Auge und dem Ohr verborgenen Gefilden kam seine Seele auf unterirdischen Pfaden unter Schmerzen in seinen Körper zurückgekrochen. Zuletzt schien sie an einem Familienalbum mit Photographien vorbeizukommen, aus dem ein Gesicht starrte, das Alan schon irgendwo – erst heute noch – gesehen hatte.

Dann war er wach. Das erste Auge zu öffnen war schlimm genug gewesen. Aber als er das zweite auch noch öffnete, wurde sein Gehirn von einem derartigen Schmerz durchflutet, daß er sofort wußte, was mit ihm los war: Er hatte es wieder getan.

Er ließ seinen Kopf zurückfallen und starrte auf die Risse in der Decke. Die Sonne schien ins Zimmer.

Er hatte starke Kopfschmerzen, und sein Hals war trocken. Aber mit leichtem Erschrecken mußte er feststellen, daß es nicht halb so schlimm wie das letzte Mal war. Zweifel beschlichen ihn: Hatte ihn das infernalische Zeug schon im Griff? War es, wie man in den Traktaten der Abstinenzler lesen konnte, ein heimtückisches Gift, dessen Wirkung von Tag zu Tag abzunehmen schien?

Dann dämmerte ihm eine andere Erkenntnis, die je nach Standpunkt, den man zu dem Zeug einnahm, er- oder entmutigend war: Als er sein Gedächtnis befragte, erinnerte er sich an nichts mehr; nur einige undeutliche Bilder waren da, die vom Lärm des Dudelsacks untermalt waren, und die Vision von Elspat, die inmitten von allem glückselig im Schaukelstuhl hin- und herschaukelte.

Und doch war er sich keiner Sünde bewußt, keiner Schuld und keiner Ungeheuerlichkeit. Er wußte, daß er sich wie ein Gentleman benommen hatte, sogar in seinem Zustand. Woher er diese Überzeugung hatte, wußte er nicht, aber sie war real und wurde nicht einmal erschüttert, als Kathryn zur Tür herein kam.

Im Gegenteil: heute morgen war es Kathryn, die einen schuldbewußten und mitgenommenen Eindruck machte. Auf ihrem

Tablett stand nicht eine, sondern zwei Tassen mit schwarzem Kaffee. Sie setzte das Tablett auf den Nachttisch und sah ihn an.

»Eigentlich solltest du mir heute morgen dieses Zeug bringen«, sagte sie nach einem Räuspern. »Aber ich wußte schon, daß du wieder gräßlich sein und bis Mittag schlafen würdest. Ich nehme an, du kannst dich mal wieder nicht an gestern abend erinnern?«

Er versuchte hochzukommen, um das Pochen in seinem Kopf zu lindern. »Hm, nun, nein. Äh, ich habe doch nicht . . .?«

»Nein, hast du nicht. Alan Campbell, so einen selbstgefälligen Gockel, wie du es gestern abend warst, hat die Welt noch nicht gesehen. Du hast einfach nur dagesessen und hast gestrahlt, als hättest du die ganze Welt zum Geburtstag geschenkt bekommen. Aber das Rezitieren von Poesie kannst du ja nicht lassen. Als du mit Tennyson angefangen hast, hab' ich schon das Schlimmste befürchtet. Du hast die gesamte *Princess* vorgetragen und fast die ganze *Maud.* Und du warst dir nicht zu schade, die Stelle zu zitieren, wo es heißt: ›Dein süßes Händchen reiche mir, und schenk mir dein Vertrauen‹. Dabei hast du meine Hand getätschelt – also wirklich!«

Alan wandte seine Augen ab und nahm sich einen Kaffee. »Ich wußte gar nicht, daß ich Tennyson so gut kenne.«

»So gut kennst du ihn auch wieder nicht. Immer, wenn du nicht weiter wußtest, hast du kurz überlegt, einfach ›Murmel-murmel-murmel‹ gesagt und dann weitergemacht.«

»Nun ja. Jedenfalls haben wir nichts verbrochen?«

Kathryn ließ die Tasse wieder sinken, die sie schon an die Lippen gehoben hatte. Die Tasse wackelte auf der Untertasse. »Nichts verbrochen?« wiederholte sie mit großen Augen. »Wo der arme Swan jetzt wahrscheinlich im Krankenhaus liegt?«

Alans Kopf fuhr hoch. »Haben wir etwa . . .?«

»Nein, du nicht. Onkel Colin.«

»Mein Gott, er hat doch Swan nicht schon wieder was angetan? Sie vertrugen sich doch prima miteinander! Das ist doch unmöglich! Was ist passiert?«

»Also, es ging alles gut, bis Colin sein ungefähr fünfzehntes Glas Whisky getrunken hatte und Swan, der auch ziemlich – wie er es nennt – ›dicht‹ und ein bißchen zu selbstsicher war, den Zeitungsartikel hervorzog, den er gestern geschrieben hatte. Er hatte die Zeitung hereingeschmuggelt für den Fall, daß wir nicht einverstanden damit wären.«

»Ja und?«

»Der Artikel war gar nicht so schlimm, das gebe ich zu. Alles war in Ordnung, bis die Stelle kam, wo Swan beschreibt, wie sich Colin entschließt, im Turmzimmer zu schlafen.«

»Ja und?«

»Swans Version dieser Szene lautet ungefähr so. Du erinnerst dich doch, daß er sich draußen vor den Wohnzimmerfenstern herumdrückte? In seiner Story steht: ›Dr. Colin Campbell, ein tief religiöser Mann, legte seine Hand auf die Bibel und schwor einen Eid, daß er die Kirche nicht wieder betreten würde, bis das Familiengespenst aufgehört hätte, die unheimliche Burg Shira heimzusuchen.‹ Colin sah ihn ungefähr zehn Sekunden lang bloß an. Dann zeigte er auf die Tür und sagte: ›Raus!‹ Swan verstand erst nicht, bis Colin tiefrot anlief und rief: ›Raus aus diesem Haus, und kommen Sie nie wieder rein!‹ Dann griff er nach seiner Flinte und . . .«

»Er hat doch nicht etwa . . .?«

»In diesem Augenblick noch nicht. Aber als Swan nach unten lief, sagte Colin: ›Macht das Licht aus, und nehmt die Verdunkelung runter. Ich will ihn vom Fenster aus erwischen, wenn er auf der Straße ist.‹ Sein Bett steht ja am Fenster, wenn du dich erinnerst.«

»Willst du etwa sagen, Colin hat Swan in den Hosenboden geschossen, als dieser nach Inveraray davonrannte?«

»Nein«, antwortete Kathryn. »Nicht Colin. Ich.« Ihre Stimme ging in ein Schluchzen über. »Alan, Liebling, wir müssen fort aus diesem tückischen Land! Zuerst du - und jetzt auch ich! Ich weiß nicht, was in mich gefahren ist, ich weiß es wirklich nicht!«

Alans Kopfweh wurde noch einen Grad heftiger. »Aber Augenblick mal! Wo war ich denn? Hab' ich denn nicht eingegriffen?«

»Du hat es nicht einmal bemerkt. Du hast Tante Elspat *Sir Galahad* vorgetragen. Der Regen hatte aufgehört – es war vier Uhr morgens -, und der Mond schien hell. Ich hatte eine Stinkwut auf Swan, verstehst du. Und da war er – auf der Straße. Er muß gesehen haben, wie das Fenster aufging, und dann sicherlich auch den Glanz des Gewehrlaufs im Mondschein. Er schaute nämlich nur einmal kurz her und rannte dann los – noch schneller als am Montag abend. Ich hab' gesagt: ›Onkel Colin, laß mich mal.‹ Er sagte: ›In Ordnung, aber laß ihm einen fairen Vorsprung, wir wollen ihn ja nicht verletzen.‹ Normalerweise machen mir Gewehre Angst, und ich hätte nicht einmal ein Scheunentor getroffen. Aber mit diesem vermaledeiten Zeug im Magen ist alles anders. Ich hab' eher ins Leere gezielt und gleich mit dem zweiten Schuß sozusagen ins Schwarze getroffen ... Alan, glaubst du, daß er mich verhaften lassen wird? Und untersteh dich zu lachen!«

»›Pompilia, wirst du sie mich morden lassen?‹« murmelte Alan. Er trank seinen Kaffee aus, richtete sich auf und wartete, bis das verschwommene Bild, das ihm seine Augen von der Welt übermittelten, schärfer wurde. »Halb so schlimm«, sagte er. »Ich werde ihn beruhigen.«

»Aber wenn ich ihn ...«

Alan sah Kathryn an, wie sie da so hilflos vor ihm stand. »Du kannst ihn nicht schwer verletzt haben. Nicht auf diese Entfernung, mit diesem Kaliber und einer leichten Ladung. Er ist doch nicht zu Boden gegangen, oder?«

»Nein, er rannte nur noch schneller.«

»Dann ist es schon in Ordnung.«

»Aber was soll ich bloß tun?«

»›Dein süßes Händchen reiche mir, und schenk mir dein Vertrauen.‹«

»Alan Campbell!«

»Wäre das nicht die angemessene Verfahrensweise?«

Kathryn seufzte. Sie ging ans Fenster und sah auf den Loch. Friedlich glänzte das Wasser in der Sonne. »Und das«, sagte Kathryn schließlich, »ist noch nicht alles.«

»Haben wir ihm etwa noch mehr ...?«

»Nein, nein! Nichts Derartiges mehr. Ich hab' heute morgen einen Brief bekommen, Alan. Ich bin zurückgerufen worden.«

»Zurückgerufen?«

»Aus meinem Urlaub. Vom College. Luftschutzübungen. Außerdem hab' ich heute morgen einen Blick in den schottischen *Daily Express* geworfen. Sieht so aus, als ob es mit der Bombardierung jetzt erst so richtig losginge.«

Der Sonnenschein war so hell, die Hügel so golden und purpurrot wie immer. Alan nahm eine Schachtel Zigaretten vom Nachttisch, zündete sich eine an und inhalierte tief. Obwohl er ein Schwindelgefühl bekam, saß er da, schaute nachdenklich auf den Loch hinaus und rauchte weiter.

»Unser Urlaub«, sagte er, »ist also nur ein Zwischenspiel.«

»Ja«, sagte Kathryn, ohne sich umzudrehen. »Alan, liebst du mich?«

»Das weißt du doch.«

»Macht es uns dann etwas aus?«

»Nein.«

Eine Weile wurde nicht geredet.

»Wann mußt du fahren?« fragte er schließlich.

»Heute abend schon, leider. So steht es in dem Brief.«

»Dann«, erklärte er schnell, »gibt's keine Zeit zu verlieren. Je eher ich meine Sachen gepackt habe, desto besser. Hoffentlich können wir nebeneinanderliegende Abteile im Zug bekommen. Hier haben wir ohnehin alles getan, was wir tun konnten, und das war nicht viel. Offiziell ist der Fall abgeschlossen. Ich hätte trotzdem gerne den richtigen Schluß mitbekommen – wenn es einen gibt.«

»Vielleicht wirst du den Schluß noch mitbekommen«, sagte Kathryn und wendete ihren Blick vom Fenster ab ihm zu.

»Was meinst du damit?«

Sie legte ihre Stirn in Falten, und ihre Nervosität ließ sich nicht nur mit ihrer Besorgnis wegen der Ereignisse der vergangenen Nacht erklären. »Weißt du«, fuhr sie fort, »Dr. Fell ist hier. Als ich ihm sagte, daß ich heute abend abfahren müsse, sagte er, er hätte allen Grund zu glauben, daß er ebenfalls fahren würde. Ich fragte, ›Aber was ist mit . . . na, Sie wissen schon?‹, und er sagte: ›Das wird sich, denke ich, von selbst erledigen.‹ Aber er sagte es so seltsam – ich denke, daß irgend etwas vor sich geht. Etwas . . . ziemlich Schreckliches. Er kam erst kurz vor Sonnenaufgang wieder hier an. Übrigens will er dich sprechen.«

»Ich werde gleich angezogen sein. Wo sind all die anderen heute morgen?«

»Colin schläft noch. Elspat und sogar Kirstie sind weggegangen. Es ist niemand hier – außer dir und mir und Dr. Fell. Alan, es ist nicht der Kater und nicht wegen Swan, und es sind nicht meine Nerven. Aber – ich habe Angst. Bitte komm so schnell du kannst nach unten.«

Als er sich beim Rasieren schnitt, sagte er sich, daß daran das Gebräu der vergangenen Nacht schuld sei. Er sagte sich außerdem, daß seine eigene Nervosität ihren Grund in seinem verdorbenen Magen und dem Pech des armen Swan habe.

Shira war auffällig ruhig. Nur die Sonne drang in jeden Winkel des Hauses. Wenn man einen Wasserhahn auf- oder zudrehte, gingen geheimnisvolle Klopf- und Rüttelgeräusche von oben bis unten durchs Haus, bis sie tief im Boden verebbten. Als Alan zum Frühstück nach unten kam, sah er Dr. Fell im Wohnzimmer sitzen.

Dr. Fell, der seinen alten schwarzen Alpacaanzug und eine schmale Krawatte trug, nahm das ganze Sofa ein. Er saß mit seiner Meerschaumpfeife zwischen den Zähnen und einem geistesabwesenden Gesichtsausdruck im warmen, goldenen Sonnenlicht und sah aus wie ein Mann, der über einen gefährlichen Plan nachdenkt und nicht genau weiß, wie er vorgehen soll. Die Wülste in seiner Weste hoben und senkten sich im Rhythmus seiner langsamen, leicht keuchenden Atemzüge. Graue Strähnen seines Haarschopfes waren ihm über ein Auge gefallen.

Alan und Kathryn nahmen Toastbrot mit Butter und noch einen Kaffee zu sich. Sie sprachen nicht viel. Sie wußten beide nicht recht, was sie tun sollten. Sie fühlten sich wie Schulkinder, die nicht wissen, ob sie zum Rektor zitiert worden sind oder nicht.

Aber diese Frage wurde ihnen schnell beantwortet.

»Guten Morgen!« rief eine Stimme.

Sie eilten in die Halle.

Alistair Duncan stand in einem braunen, fast schrill gemusterten sommerlichen Anzug in der offenen Vordertür. Er trug einen weichen Hut auf dem Kopf und eine Aktentasche in der Hand. Als ob er sein Eindringen in das Haus erklären wollte, hob er seine Hand an den Türklopfer.

»Es schien niemand da zu sein«, sagte er. Seine Stimme sollte offenbar freundlich klingen, hatte aber einen leicht irritierten Unterton.

Alan schaute nach rechts. Durch die offene Tür des Wohnzimmers sah er, wie Dr. Fell sich rührte, grunzte und den Kopf hob, als hätte man ihn geweckt. Alan schaute zum Anwalt zurück, dessen große Gestalt mit den hängenden Schultern sich im Türrahmen vor dem schimmernden Loch abzeichnete.

»Darf ich reinkommen?« fragte Duncan höflich.

»J-Ja bitte«, stammelte Kathryn.

»Danke.« Übertrieben behutsam trat Duncan über die Schwelle und nahm seinen Hut ab. Er ging zur Tür des Wohnzimmers, warf einen Blick hinein und stieß einen Ruf aus, von dem Alan nicht wußte, ob er erfreut oder ärgerlich klang.

»Bitte kommen Sie herein«, polterte Dr. Fell. »Sie alle, bitte. Und machen Sie die Tür zu.«

Der Geruch von feuchtem Ölzeug, altem Holz und Gestein, der schon normalerweise in diesem muffigen Zimmer herrschte, wurde jetzt durch die Sonnenstrahlen erst richtig zur Entfaltung gebracht. Die Photographie von Angus, immer noch mit schwarzem Krepp drapiert, sah ihnen vom Kaminsims entgegen. Die Sonne ließ die dunklen, schlechtgemalten Ölbilder in ihren vergoldeten Rahmen richtig kitschig aussehen und betonte die abgewetzten Stellen im Teppich.

»Mein lieber Herr«, sagte der Anwalt und legte Hut und Aktentasche auf den Tisch, auf dem die Bibel ihren Platz hatte. Die Worte klangen wie die Anredefloskel in einem Brief.

»Bitte nehmen Sie Platz«, sagte Dr. Fell.

Ein leichtes Stirnrunzeln huschte über Duncans hohen, ziemlich kahlen Schädel. »Ihrem Telefonanruf Folge leistend«, antwortete er, »bin ich nun hier.« Er machte eine humorvolle Gebärde. »Aber dürfte ich Sie darauf hinweisen, Sir, daß ich ein vielbeschäftigter Mann bin? Ich bin aus dem einen oder anderen Grund im Lauf dieser Woche fast täglich in diesem Haus gewesen. Und so ernst dieser Fall natürlich war – jetzt, wo er abgeschlossen ist . . .«

»Er ist nicht abgeschlossen«, sagte Dr. Fell.

»Aber . . .!«

»Bitte setzen Sie sich alle«, sagte Dr. Fell.

Er blies eine dünne Schicht Asche von seiner Pfeife, steckte diese wieder in den Mund, lehnte sich zurück und zog daran. Die Asche verteilte sich auf seiner Weste, aber er klopfte sie nicht ab. Er sah die anderen lange an, und Alans Unruhe steigerte sich zu einem Gefühl der atemlosen Furcht.

»Meine Herren – und Miss Campbell . . .«, fuhr Dr. Fell fort und sog den Pfeifenrauch durch die Nase ein, »gestern nachmittag sprach ich, wenn Sie sich erinnern, von einer Wahrscheinlichkeit von eins zu einer Million. Ich wagte nicht, mir viel davon zu versprechen. Aber bei Angus war genau dieser Fall eingetreten, und ich hoffte, er könnte auch bei Forbes eintreten. Er ist eingetreten.« Er schwieg einen Augenblick und sprach dann in dem gleichen normalen Tonfall weiter. »Ich weiß jetzt, mit wel-

chem Instrument Alec Forbes in gewissem Sinn ermordet wurde.«
Der Tabakrauch kräuselte sich an den gestärkten Spitzengardinen entlang ins Sonnenlicht hinauf. Die tödliche Stille dauerte nur ein paar Sekunden.

»Ermordet?« brach es aus dem Anwalt heraus.

»Genau.«

»Sie werden mir verzeihen, wenn ich vorschlage . . .«

»Sir«, unterbrach ihn Dr. Fell und nahm die Pfeife aus dem Mund, »im Grunde Ihres Herzens wissen Sie doch, daß Alec Forbes ermordet wurde, genauso wie Sie wissen, daß Angus Campbell Selbstmord begangen hat. Ist es nicht so?«

Duncan sah sich schnell um.

»Es ist schon in Ordnung«, versicherte ihm der Doktor. »Wir vier sind – noch – ganz unter uns. Darauf habe ich geachtet. Sie können vollkommen offen sprechen.«

»Ich habe gar nicht die Absicht zu sprechen, weder offen noch sonstwie«, sagte Duncan kurz angebunden. »Haben Sie mich den ganzen Weg hierher machen lassen, um mir das zu sagen? Ihre Idee ist absurd!«

Dr. Fell seufzte. »Ich glaube, Sie werden sie nicht mehr für ganz so absurd halten, wenn Sie den Vorschlag hören, den ich zu machen habe.«

»Vorschlag?«

»Ein Angebot. Ein Geschäft, wenn Sie so wollen.«

»Hier steht kein Geschäft zur Debatte, mein lieber Herr. Sie selbst haben mir gesagt, daß es sich um einen klaren und abgeschlossenen Fall handele. Das ist auch die Auffassung der Polizei. Ich habe heute morgen mit Mr. MacIntyre, dem *Procurator Fiscal*, gesprochen.«

»Ja. Das gehört zu meinem Vorschlag.«

Duncan war drauf und dran, die Geduld zu verlieren. »Würden Sie mir freundlicherweise sagen, Doktor, was Sie von mir wollen – falls Sie überhaupt etwas von mir wollen? Und insbesondere, woher Sie diese verwerfliche und geradezu gefährliche Idee haben, daß Alec Forbes ermordet wurde?«

Dr. Fells Gesicht war ausdruckslos. »Ursprünglich kam mir diese Idee«, antwortete er und blies dabei seine Backen auf, »wegen des Stücks Verdunkelungsmaterial – Teerpappe auf einem Holzrahmen –, das am Fenster von Forbes' Cottage hätte angebracht sein sollen, es aber nicht war.

Die Verdunkelung war in dieser Nacht tatsächlich am Fenster gewesen, sonst wäre das Lampenlicht von der Bürgerwehr gesehen worden. Und die Lampe – Sie erinnern sich an dieses Indiz – hatte tatsächlich gebrannt. Und doch war es aus irgendeinem Grund nötig gewesen, die Lampe auszumachen und die Verdunkelung vom Fenster zu nehmen.

Warum? Das war das Problem. Wie ich gestern schon bemerkte: Warum ließ der Mörder die Verdunkelung nicht einfach an ihrem Platz und die Laterne brennen, als er verschwand? Auf den ersten Blick schien das ein unlösbares Problem zu sein.

Der folgerichtige Ansatzpunkt war der Gedanke, daß der Mörder die Verdunkelung abnehmen mußte, um zu verschwinden – und daß er, nachdem er die Hütte verlassen hatte, die Verdunkelung nicht mehr am Fenster anbringen konnte. Dieser Ansatzpunkt ist sehr einleuchtend, wenn Sie ihn durchdenken. Wie zum Beispiel konnte er das Gitter aus Stahldraht überwinden, aber so, daß es anschließend noch an seinem Platz war?«

Duncan schnaubte. »Das Gitter war doch von innen festgenagelt.«

Dr. Fell nickte gewichtig. »Ja. Festgenagelt. Das kann der Mörder also wohl kaum getan haben, oder?«

Duncan stand auf. »Es tut mir leid, Sir, daß ich nicht länger bleiben und diese absurden Ideen anhören kann. Doktor, Sie schockieren mich. Der bloße Gedanke, daß Forbes . . .«

»Wollen Sie denn nicht erst meinen Vorschlag anhören?« fragte Dr. Fell und schwieg dann für einen Augenblick. »Es ist vorteilhaft für Sie.« Wieder eine Pause. »Sehr vorteilhaft.«

Duncan, der schon im Begriff gewesen war, Hut und Aktentasche von dem Tischchen zu nehmen, ließ die Arme sinken und richtete sich auf. Mit bleichem Gesicht starrte er Dr. Fell an.

»Herr im Himmel!« flüsterte er. »Sie wollen doch nicht andeuten, daß – äh – ich der Mörder bin?«

»Oh nein«, antwortete Dr. Fell. »Tz, tz! Gewiß nicht.«

Alan atmete erleichtert auf. Auch ihm war dieser Gedanke gekommen, besonders wegen des Tonfalls, in dem Dr. Fell gesprochen hatte.

Duncan fuhr mit einem Finger an der Innenseite seines losen Kragens entlang. »Es freut mich, wenigstens das zu hören«, sagte er. Sein Versuch, seinen trockenen Humor unter Beweis zu stellen, war nicht sehr überzeugend. »Also los, Sir! Wir wollen die

Karten auf den Tisch legen. Welchen Vorschlag, der mich interessieren könnte, haben Sie mir zu machen?«

»Einen, der das Wohlergehen Ihrer Klientel betrifft, kurz gesagt, das der Familie Campbell.« Wieder blies Dr. Fell beiläufig eine Schicht Asche von seiner Pfeife. »Sehen Sie, ich kann beweisen, daß Alec Forbes ermordet worden ist.«

Duncan ließ Hut und Aktentasche wieder auf das Tischchen fallen, als handele es sich um glühende Kohlen. »Beweisen? Wie denn?«

»Weil ich das Instrument habe, mit dem er in gewissem Sinn ermordet wurde.«

»Aber Forbes war am Gürtel eines Hausmantels aufgehängt!«

»Mr. Duncan, wenn Sie die höchsten Autoritäten auf dem Gebiet der Kriminalistik studieren würden, dann würden Sie feststellen, daß sie sich in einem Punkt einig sind. Nichts ist schwieriger, als zu bestimmen, ob ein Mann durch Erhängen starb, oder ob er zuerst stranguliert und anschließend aufgehängt wurde, um den Tod durch Erhängen vorzutäuschen. Letzteres geschah mit Forbes.

Forbes wurde von hinten angegriffen und erwürgt. Womit weiß ich nicht. Vielleicht mit einer Krawatte oder einem Schal. Und dann wurden all diese kunstvollen Vorkehrungen von einem Mörder getroffen, der sein Geschäft verstand. Wenn diese Dinge sorgfältig gemacht werden, kann das Ergebnis nicht von einem echten Selbstmord unterschieden werden. Unser Mörder hat nur einen Fehler gemacht, der allerdings unvermeidlich, aber eben fatal war. Denken Sie doch nur noch einmal an das vergitterte Fenster . . .«

Duncan streckte fast flehend die Hände aus. »Aber wo ist denn nun Ihr geheimnisvoller ›Beweis‹? Und wo ist Ihr geheimnisvoller ›Mörder‹?« Er zog die Augenbrauen zusammen. »Wissen Sie, wer es ist?«

»Oh ja«, sagte Dr. Fell.

»Sie sind nicht in der Lage«, sagte der Anwalt und klopfte mit den Knöcheln auf den Tisch, »zu beweisen, daß Angus Campbell Selbstmord begangen hat.«

»Nein. Aber wenn bewiesen werden kann, daß Forbes' Tod Mord war, dann entwertet das ja wohl das ›Geständnis‹, das hinterlassen wurde. Ein Geständnis, das praktischerweise auf einer Schreibmaschine geschrieben wurde, also von jedermann geschrieben werden konnte – und natürlich vom Mörder geschrieben wurde. Was würde die Polizei darüber denken?«

»Was genau wollen Sie damit sagen?«

»Sie wollen mein Angebot also anhören?«

»Ich höre alles an«, erwiderte der Anwalt, ging zu einem Stuhl, setzte sich und verkrampfte die Hände so ineinander, daß seine großen Knöchel hervortraten, »wenn Sie doch nur einmal die grobe Richtung angeben wollten, in die es gehen soll. Wer ist dieser Mörder?«

Dr. Fell sah ihn an. »Sie haben keine Ahnung?«

»Nein, das schwöre ich Ihnen! Und ich behalte mir immer noch vor, äh, alles anzuzweifeln, was Sie zu sagen haben. Wer ist dieser Mörder?«

»Offen gesagt: Ich glaube«, antwortete Dr. Fell, »daß der Mörder jetzt hier im Haus ist und jeden Augenblick bei uns auftauchen wird.«

Kathryn warf Alan einen ziemlich verstörten Blick zu.

Es war sehr warm im Zimmer.

Eine verspätete Fliege flog hinter den gestärkten Gardinen immer wieder gegen eine der Fensterscheiben. In der Stille waren deutlich Schritte zu hören, die durch die Halle nach vorne kamen.

»Das müßte unser Freund sein«, fuhr Dr. Fell in unverändert unbeteiligtem Ton fort. Dann hob er die Stimme und rief laut: »Wir sind im Wohnzimmer! Kommen Sie doch zu uns!«

Die Schritte verharrten kurz und näherten sich dann der Zimmertür.

Duncan schoß von seinem Stuhl hoch. Seine Hände waren immer noch ineinander verkrampft, und Alan hörte seine Handknochen knacken.

Zwischen dem Augenblick, als sie zum ersten Mal die Schritte gehört hatten, und dem Augenblick, als sich der Türknopf drehte und die Tür aufging, verstrichen vielleicht fünf oder sechs Sekunden.

Seit damals hat Alan diese Zeitspanne immer als die längste seines Lebens bezeichnet. Jedes Stück Holz im Raum schien plötzlich ein eigenes Knarren von sich zu geben; jeder Gegenstand schien lebendig und gespannt zu sein – wie die Fliege, die unermüdlich gegen die Fensterscheibe flog.

Die Tür ging auf, und alle Anwesenden starrten auf die Person, die hereinkam.

»Das ist der Mörder«, sagte Dr. Fell.

Sein Finger wies auf Mr. Walter Chapman von der Hercules-Versicherungsgesellschaft.

Kapitel 20

Der Schuldige

Jede Einzelheit der Erscheinung Chapmans wurde vom Sonnenlicht hervorgehoben: die kleine, breite Gestalt in ihrem dunkelblauen Anzug; das helle Haar; der frische Teint; die seltsam blassen Augen. Mit der einen Hand hielt er seine Melone, mit der anderen befingerte er seine Krawatte. Er hatte den Kopf zur Seite geneigt, als käme etwas auf ihn zugeflogen, dem er ausweichen wollte.

»Wie bitte?« sagte er mit einer leicht schrillen Stimme.

»Ich sagte, kommen Sie doch herein, Mr. Chapman«, antwortete Dr. Fell, »oder sollte ich sagen: Mr. Campbell? Ihr richtiger Name ist doch Campbell, nicht wahr?«

»Wovon zum Teufel sprechen Sie? Ich verstehe Sie nicht.«

»Vor zwei Tagen«, sagte Dr. Fell, »als ich Sie zum ersten Mal sah, standen Sie an fast derselben Stelle wie jetzt. Ich stand gerade dort drüben am Fenster – erinnern Sie sich? – und schaute mir eine Porträtaufnahme von Angus Campbell genau an. Wir waren einander noch nicht vorgestellt worden. Ich hob meine Augen von der Photographie und fand mich in der Wirklichkeit einem so auffällig ähnlichen Gesicht gegenüber, daß ich Sie fragte: ›Welcher Campbell sind Sie?‹«

Alan erinnerte sich. In seiner Vorstellung wurde aus der kleinen, breiten Gestalt vor ihm die kleine, breite Gestalt von Colin oder Angus Campbell. Aus dem hellen Haar und den blassen Augen wurden – ja, das war es! – das helle Haar und die blassen Augen von Robert Campbell auf dem Bild aus dem Familienalbum. All diese Bilder waren verzerrt und verschwammen ineinander wie übereinanderliegende Spiegelbilder im Wasser, aber alle zusammen bildeten sie ein festes Ganzes in der Gestalt des lebendigen Menschen, der vor ihnen stand.

»Erinnert er Sie jetzt an jemanden, Mr. Duncan?« erkundigte sich Dr. Fell.

Der Anwalt ließ sich auf seinen Stuhl sinken. Seine langen, mageren Gliedmaßen schienen wie ein Wäscheständer zusammenzuklappen, als er mit den Armen, nach den Armlehnen suchend, herumruderte und sie schließlich fand.

»Robbie Campbell«, sagte er. Es war kein Ausruf, keine Frage oder irgendeine mit einem Gefühl verbundene Äußerung; es war einfach die Feststellung einer Tatsache. »Sie sind Robbie Campbells Sohn«, sagte er.

»Ich muß darauf bestehen ...«, hob der angebliche Chapman an, aber Dr. Fell schnitt ihm das Wort ab: »Die plötzliche Gegenüberstellung von Angus' Bild mit dem Gesicht dieses Mannes hat mich auf einen anderen Umstand gebracht, den einige von Ihnen sicherlich übersehen haben. Lassen Sie mich Ihr Gedächtnis auffrischen.« Er sah Alan und Kathryn an. »Elspat hat Ihnen doch erzählt, daß Angus Campbell die fast unheimliche Gabe hatte, Familienähnlichkeiten zu entdecken – er konnte eine Person aus seinem Zweig der Familie selbst dann noch erkennen, wenn sie sich ›das Gesicht schwärzen und die Stimme verstellen‹ würde. Diese Gabe besitzt auch Elspat, wenn auch nicht so ausgeprägt.«

Dr. Fell schaute Duncan an: »Deshalb schien es mir sehr seltsam und interessant, daß, wie Sie selbst wohl gesagt haben sollen, Mr. ›Chapman‹ Elspat immer aus dem Weg ging und ihr unter keinen Umständen begegnen wollte. Das schien mir untersuchenswert. Die schottische Polizei kann die Möglichkeiten von Scotland Yard nicht ausnutzen. Aber ich, durch meinen Freund Superintendent Hadley, kann das. Es brauchte nur ein paar Stunden, die Wahrheit über Mr. Walter Chapman herauszufinden, obwohl ich auf meine interkontinentale Telefonanfrage, die mir Hadley anschließend auf Staatskosten vermittelte, erst heute in den frühen Morgenstunden eine Antwort bekam.«

Dr. Fell nahm einen bekritzelten Briefumschlag aus der Tasche, blinzelte ihn an und rückte dann seinen Kneifer zurecht, um Chapman anzustarren.

»Ihr wirklicher Name ist Walter Chapman Campbell. Sie besitzen oder besaßen den Reisepaß Nr. 609 48 der Union von Südafrika. Vor acht Jahren kamen Sie aus Port Elizabeth, wo Ihr Vater heute noch lebt – allerdings ist er krank und gebrechlich – nach England. Sie ließen das ›Campbell‹ in Ihrem Namen wegfallen, denn der Name Ihres Vaters hatte keinen guten Klang bei der

Hercules-Versicherungsgesellschaft, für die Sie arbeiteten. Vor zwei Monaten – das sollen Sie selbst gesagt haben – wurden Sie von England nach Glasgow versetzt und zum Abteilungsleiter der Firma ernannt. Dort hat Angus Campbell Sie natürlich entdeckt.«

Walter Chapmans Zunge fuhr über seine Lippen. Er trug ein starres, skeptisches Lächeln im Gesicht. Aber seine Augen schnellten blitzartig zu Duncan hinüber, als wolle er sehen, wie der Anwalt diese Mitteilung aufnähme.

»Seien Sie kein Narr«, sagte er.

»Leugnen Sie diese Tatsachen, Sir?«

»Zugestanden«, sagte Chapman, dessen Kragen plötzlich enger geworden zu sein schien, »daß ich aus Gründen, die nur mich etwas angehen, nur einen Teil meines Namens benütze – aber was um Himmels willen soll ich getan haben?« Er bewegte sich unruhig hin und her, was die Anwesenden an Colin erinnerte. »Ferner wüßte ich gerne, Dr. Fell, warum Sie und zwei Armeeoffiziere mich letzte Nacht – mitten in der Nacht – in meinem Hotel in Dunoon aus dem Schlaf gerissen haben, nur um mir alberne Fragen über Versicherungen zu stellen. Aber lassen wir das. Ich wiederhole, was um Himmels willen soll ich getan haben?«

»Sie haben Angus Campbell dabei geholfen, seinen Selbstmord zu planen«, erwiderte Dr. Fell, »Sie haben versucht, Colin Campbell zu ermorden, und Sie haben Alec Forbes ermordet.«

Die Farbe wich aus Chapmans Gesicht. »Das ist absurd.«

»Sie kannten Alec Forbes nicht?«

»Allerdings nicht!«

»Sie waren nie in der Nähe seines Cottage bei den Wasserfällen von Glencoe?«

»Nie.«

Dr. Fell schloß die Augen. »In diesem Fall wird es Ihnen nichts ausmachen, wenn ich Ihnen nun erzähle, was Sie meiner Meinung nach getan haben.

Wie Sie selbst sagten, kam Angus zu Ihnen in Ihr Büro nach Glasgow, um die letzte Versicherung abzuschließen. Ich glaube, daß er Sie schon vorher einmal gesehen hatte. Er bezichtigte Sie, der Sohn seines Bruders zu sein; Sie leugneten dies, mußten es aber schließlich doch zugeben.

Und dies war es natürlich, was Angus' Plan die endgültige, dreifache Sicherheit verlieh. Er überließ nichts dem Zufall. Er wußte, daß Ihr Vater ein durch und durch schlechter Kerl war;

und seine Menschenkenntnis war gut genug, Sie für genauso schlecht zu halten. Als er also diese letzte, ziemlich überflüssige Versicherung abschloß – als Vorwand, um Sie aufzusuchen! –, erklärte er Ihnen genau, was er vorhatte. Sie würden die Untersuchung eines seltsamen Todesfalles durchführen. Wenn auch nur das Geringste schief ginge, würden Sie helfend und vertuschend eingreifen können und klarstellen, daß sein Tod Mord war. Denn Sie würden ja wissen, was wirklich passiert ist.

Sie hatten alle Veranlassung, Angus zu helfen. Er machte Ihnen klar, daß Sie schließlich nur Ihrer eigenen Familie halfen. Wenn er tot wäre, stünde nur noch der fünfundsechzigjährige Colin zwischen einer Erbschaft von fast achtzehntausend Pfund, die Ihr eigener Vater und letztlich Sie bekommen würden. Er konnte an Ihren Familiensinn appellieren – und die Familie war ja für Angus das einzige Heiligtum auf Erden.

Aber für Sie war sie kein Heiligtum, Mr. Chapman Campbell. Denn plötzlich sahen Sie, daß Sie Ihr eigenes Spiel spielen konnten. Wenn Angus tot war und Colin auch stürbe ...«

Dr. Fell machte eine Pause.

»Sehen Sie«, wandte er sich dann an die anderen, »der Mordversuch an Colin machte mich ziemlich sicher, daß unser Freund hier der Schuldige sein mußte. Wissen Sie denn nicht mehr, daß es Mr. Chapman und kein anderer war, der Colin dazu getrieben hat, im Turm zu schlafen?«

Alistair Duncan stand auf, setzte sich dann aber wieder.

Es war heiß im Zimmer, und kleine Schweißtropfen erschienen auf Chapmans Stirn.

»Denken Sie bitte an zwei Gespräche zurück. Das erste fand am Montag abend im Turmzimmer statt. Davon ist mir berichtet worden. Das zweite fand am Dienstag nachmittag in diesem Zimmer statt, und ich war persönlich anwesend.

Wer war der erste, der das Wort ›übernatürlich‹ in die Debatte warf? Das Wort, das auf Colin immer wirkt wie das Tuch des Matadors auf den Stier? Es war Mr. Chapman, wenn Sie sich erinnern. Am Montag abend im Turm brachte er es ganz bewußt – und obwohl es in der Situation fast unpassend erschien – ins Gespräch. Niemand hatte zuvor eine Andeutung in diese Richtung gemacht.

Colin schwor, daß es kein Gespenst gäbe. Also mußte ihm unser erfinderischer Freund natürlich ein Gespenst präsentieren.

Ich habe die Frage schon einmal gestellt: Was war der Grund für den Mummenschanz mit diesem Geist eines Highlanders mit dem weggeschossenen Gesicht, der Montag nacht im Turmzimmer erschien? Die Antwort ist einfach. Er sollte den ausschlaggebenden Ansporn für Colin Campbell liefern; den letzten Stachel, auf den Colin einfach reagieren mußte.

Die Maskerade war nicht schwierig durchzuführen. Der Turm steht vom Haus isoliert. Er hat einen ebenerdigen Ausgang zum äußeren Hof, so daß ein Fremder kommen und gehen kann, wie es ihm paßt. Dieser Ausgang ist gewöhnlich offen; wenn nicht, hilft ein gewöhnlicher Schlüssel für ein Vorhängeschloß weiter. Ein Plaid, eine Schottenmütze, ein bißchen Wachs und Farbe – und schon ›erschien‹ der Geist dem armen Jock Fleming. Wenn Jock nicht dagewesen wäre – jeder andere Beobachter hätte es auch getan.

Und dann? Am Mittwoch zur frühen Morgenstunde war Mr. Chapman auf alles vorbereitet. Die Gespenstergeschichte war im Umlauf. Er kam her und – erinnern Sie sich nicht mehr? – hat dem armen Colin mit seinen Äußerungen zum Thema Gespenster den Rest gegeben.

Welche Bemerkung hat bei Colin das Faß zum Überlaufen gebracht? Welche Bemerkung hat Colin dazu gebracht zu sagen, ›Jetzt reicht's mir‹, und zu schwören, im Turm zu schlafen? Es war Mr. Chapmans schüchtern und schlau vorgebrachte kleine Serie von Äußerungen, die in den Worten gipfelte: ›Dies ist ein komisches Land und ein komisches Haus, und ich sage Ihnen, *ich* hätte keine Lust, in diesem Zimmer da oben eine Nacht zu verbringen.‹«

In Alans Gedächtnis nahm die Szene wieder Gestalt an.

Chapmans Gesichtsausdruck blieb auch jetzt noch unverändert. Jedoch spürte man nun, daß er sich immer mehr in die Ecke gedrängt fühlte.

»Es war absolut notwendig«, sponn Dr. Fell seinen Faden weiter, »Colin dazu zu bringen, im Turm zu schlafen. Der Trick mit dem Trockeneis hätte zwar überall funktioniert, aber Chapman hätte ihn nicht überall funktionieren lassen können. Er konnte nicht in diesem Haus herumschleichen. Der Plan mußte in diesem isolierten Turm ausgeführt werden, der einen separaten Eingang hat, durch den Chapman kommen und gehen konnte. Kurz bevor Colin sich lauthals von jedermann verabschiedete und all diese Stufen hinaufstrauchelte, konnte Chapman die Box mit dem Eis dort deponieren und verschwinden.

Lassen Sie mich rekapitulieren. Bis zu diesem Zeitpunkt konnte Chapman natürlich keine Sekunde lang so tun, als wüßte er auch nur das Geringste über Angus' wahre Todesursache. Er mußte sich so verdutzt stellen wie alle anderen. Er mußte immer wieder sagen, daß er es für Selbstmord hielt – ein glänzendes Stück Schauspielkunst.

Natürlich durfte noch kein Wort von dem Trockeneis fallen. Noch nicht. Denn dann wäre der Bann gebrochen gewesen, und er hätte Colin nicht mit Gespensterdrohungen in den Turm locken können. Also sagte er immer wieder, daß Angus sich aus freien Stücken getötet und grundlos aus dem Fenster gestürzt haben müsse – darauf bestand unser Freund beharrlich – oder daß, wenn es doch einen Grund dafür gebe, er im Bereich des Übernatürlichen zu suchen sein müsse.

Diese Strategie galt, bis er Colin losgeworden war. Dann sollte sie vollkommen umgeworfen werden.

Dann nämlich würde die offensichtliche Wahrheit unübersehbar ans Licht kommen. Colin würde gefunden werden – gestorben an einer Kohlendioxydvergiftung. Man würde sich an das Trockeneis erinnern. Wenn nicht, dann war unser erfinderischer Freund darauf vorbereitet, die Sache selbst ins Spiel zu bringen. Er würde sich an die Stirn schlagen und sagen, daß dies natürlich doch Mord sei und die Versicherungssumme selbstverständlich ausbezahlt werden müsse. Und wo war dieser Schuft Alec Forbes, der zweifellos hinter allem steckt? Deshalb war es notwendig, sofort – in der selben Nacht noch, in der er Colin losgeworden war – auch Alec Forbes loszuwerden.«

Dr. Fells Pfeife war ausgegangen. Er steckte sie in die Tasche, hakte seine Daumen in seine Westentaschen und taxierte Chapman leidenschaftslos.

Alistair Duncan schluckte mehrmals. Sein Adamsapfel hüpfte in seinem langen Hals auf und ab. »Können Sie ... all das beweisen?« fragte er mit schwacher Stimme.

»Das brauche ich nicht zu beweisen«, sagte Dr. Fell, »denn ich kann den Mord an Forbes beweisen. Am Hals aufgehängt zu werden, bis Sie tot sind, Mr. Chapman, und Gott sei Ihrer armen Seele gnädig, ist als Strafe für einen Mord doch genauso wirkungsvoll wie für zwei. So ist es doch, Mr. Chapman?«

Chapman war zurückgewichen. »Es kö... könnte sein, daß ich ein- oder zweimal mit Forbes gesprochen habe ...«, krächzte er heiser und unvorsichtig.

»Mit ihm gesprochen!« sagte Dr. Fell. »Sie haben doch eine regelrechte Bekanntschaft mit ihm angefangen! Sie haben ihm sogar eingeschärft, sich rauszuhalten. Nachher war es zu spät.

Bis zu diesem Zeitpunkt war Ihr Plan dreifach abgesichert. Denn, sehen Sie, Angus Campbell hatte ja tatsächlich Selbstmord begangen. Als der Mordverdacht aufkam, waren Sie die einzige Person, die auf gar keinen Fall verdächtigt wurde; Sie waren ja auch nicht schuldig. Ich würde wetten, daß Sie für die Nacht von Angus' Tod ein hieb- und stichfestes Alibi vorweisen können.

Aber ein grober Schnitzer ist Ihnen unterlaufen, als Sie sich nicht vergewisserten, daß Colin wirklich tot war, nachdem er Dienstag nacht aus dem Turmfenster gestürzt war. Und ein noch gröberer Schnitzer war es, daß Sie anschließend in Ihr Auto stiegen und zu den Wasserfällen von Glencoe hinausfuhren, um Alec Forbes ein letztes Mal zu treffen. Wie lautet das amtliche Kennzeichen Ihres Wagens, Mr. Chapman?«

Chapman riß beide Augen auf – diese seltsam hellen Augen, die das auffälligste Merkmal in seinem Gesicht waren. »Was?«

»Wie ist Ihre Autonummer? Sie lautet doch«, Dr. Fell schaute auf die Rückseite des Briefumschlags, »MGM 1911, oder etwa nicht?«

»Ich ... ich weiß nicht. Doch, wahrscheinlich schon.«

»Ein Auto mit der Nummer MGM 1911 wurde an der Straße bei Forbes' Cottage gesehen; es war dort zwischen zwei und drei Uhr morgens abgestellt worden. Es wurde von einem Mitglied der Bürgerwehr gesehen, das bereit ist, dies zu bezeugen. Sie hätten daran denken sollen, Sir, daß diese einsamen Straßen nicht mehr einsam sind. Sie hätten daran denken sollen, daß sie spät nachts noch von den Patrouillen kontrolliert werden.«

Alistair Duncans Gesicht war noch weißer geworden. »Sind das all Ihre Beweise?« fragte der Anwalt.

»Oh nein«, sagte Dr. Fell. »Das ist der unwichtigste Teil der Beweisführung.« Er rümpfte seine Nase und sah zur Decke hinauf. »Jetzt kommen wir zum Problem des Mordes an Forbes und wie der Mörder es fertigbrachte, ein von innen verschlossenes Zimmer zurückzulassen. Mr. Duncan, verstehen Sie etwas von Geometrie?«

»Geometrie?«

»Ich muß gleich dazusagen«, erklärte Dr. Fell, »daß ich nur noch wenig von dem weiß, was ich einmal lernen mußte, und am liebsten noch weniger wüßte. Meine Geometriekenntnisse gehören dem Reich der Vergessenheit an, wohin sie zusammen mit Algebra, Volkswirtschaft und anderen trostlosen Dingen aus meiner Schulzeit verbannt wurden. Zwar ist es mir unmöglich zu vergessen, daß das Quadrat der Hypotenuse gleich der Summe der Quadrate der beiden anderen Seiten ist, aber darüber hinaus ist es mir gelungen, meinen Kopf von diesem dummen Zeug zu entlasten.

Trotzdem aber könnte die Geometrie, und wenn es nur dieses eine Mal im Leben ist, brauchbar sein. Vergegenwärtigen wir uns doch einmal die geometrische Form von Forbes' Cottage.« Er nahm einen Bleistift aus der Tasche und malte damit eine Zeichnung in die Luft. »Das Cottage ist ein Quadrat; eine Seitenlänge mißt ungefähr vier Meter. Stellen Sie sich vor: in der Mitte der Wand, vor der Sie stehen – die Tür. Stellen Sie sich vor: in der Mitte der Wand rechts – das Fenster.

Ich stand gestern in dem Cottage und habe mir über dieses teuflische Fenster, das einen verrückt machen kann, den Kopf zerbrochen.

W a r u m war es notwendig gewesen, die Verdunkelung abzunehmen? Der Grund kann nicht gewesen sein, wie ich schon vor ein paar Minuten bemerkt habe, daß es dem Mörder irgendwie gelungen wäre, seinen Körper durch das vergitterte Fenster zu zwängen. Diese Vorstellung kann, wie die Mathematiker so gerne sagen, ausgeschlossen werden.

Die einzige andere Erklärung ist die, daß das Fenster zu irgend etwas benutzt werden mußte. Ich habe mir das Gitter aus Stahldraht genau angeschaut, erinnern Sie sich?« Die Frage war an Alan gerichtet.

»Ich erinnere mich.«

»Um seine Stabilität zu prüfen, steckte ich einen Finger durch das Gitter und rüttelte daran. Auch da wartete ich noch vergebens auf den Strahl der Erleuchtung, der den dichten Nebel der Ignoranz durchdringt, welcher mein Hirn umwölkte. Ich war darin versunken und verloren, bis ich von Ihnen«, sein Blick fiel auf Kathryn, »einen Hinweis erhielt, der sogar für einen Einfaltspinsel wie mich eine Spur darstellte.«

»Von mir?« rief Kathryn.

»Ja. Sie sagten, die Besitzerin des Glencoe Hotels habe Ihnen erzählt, daß Forbes öfters zum Fischen herausgekommen sei.«

Dr. Fell breitete die Hände aus. Seine donnernde Stimme hatte einen um Verzeihung bittenden Unterton. »Die Indizien waren natürlich alle da. Das Cottage roch sozusagen fischig. Forbes' Fischreuse war da. Seine Fliegen waren da. Seine Gummistiefel waren da. Aber erst jetzt, erst jetzt fiel mir auf, daß ich in der ganzen Hütte nicht die Spur einer Angelrute gesehen hatte. Keine Rute wie zum Beispiel diese hier.«

Dr. Fell hievte sich mit Hilfe seines Stocks hoch und griff hinter das Sofa. Dort zog er einen großen Koffer hervor und öffnete ihn.

Darin lag – in zerlegtem Zustand – eine Angelrute aus schwarzem Metall mit einem vernickelten Korkgriff, in den die Initialen A. G. F. graviert waren. Auf der Rolle befand sich keine Angelschnur. Statt dessen war an die Öse aus Metall an der Spitze des vordersten Teils der Rute ein kleiner Angelhaken mit Draht fest angebunden.

»Ein feines Instrument«, sagte Dr. Fell. »Der Mörder fiel Forbes von hinten an und erwürgte ihn. Dann hängte er ihn auf und verstreute kunstfertig all die Selbstmordindizien. Er drehte die Lampe aus und schüttete das übrige Öl fort, damit es so aussah, als sei sie ausgebrannt. Er nahm die Verdunkelung herunter.

Mit dieser Angelrute in der Hand marschierte der Mörder dann zur Hüttentür hinaus. Die Tür machte er von außen zu und ließ den Knopf des Riegels dabei in der Stellung, in der der Riegel verschiebbar ist.

Er ging außen um das Cottage ans Fenster. Er steckte die Rute durch das Gitter – dafür ist reichlich Platz, denn ich konnte sogar meinen dicken Zeigefinger leicht durch diese Maschen stecken – und reichte damit diagonal durch die Hütte zur Tür hinüber.

Mit diesem Haken, den er an der Spitze der Rute befestigt hatte, griff er den Knopf des Riegels und zog daran. Es war ein neuer Riegel – erinnern Sie sich? –, der im Mondschein glänzen mußte und den der Mörder deutlich sehen konnte. Auf diese Weise zog er also mit der größten Leichtigkeit und Einfachheit an dem Riegel und verschloß so die Tür.«

Vorsichtig setzte Dr. Fell den Koffer aufs Sofa. »Natürlich hatte er dazu die Verdunkelung abnehmen müssen, und, sehen

Sie, jetzt konnte er sie nicht mehr anbringen. Ferner war es lebensnotwendig für ihn, die Rute mitzunehmen. Der Griff und die Rolle paßten ohnehin nicht durch das Fenster, und wenn er die anderen Teile durch das Gitter geworfen hätte, wäre seine Tat dem Erstbesten sofort klar gewesen.

Er verließ den Tatort. Als er in sein Auto stieg, wurde er gesehen und identifiziert ...«

Chapman stieß einen unterdrückten Schrei aus.

»... und zwar vom selben Mitglied der Bürgerwehr, dem schon sein Auto aufgefallen war. Auf dem Rückweg nahm er die Rute auseinander und warf ihre Einzelteile in Abständen ins Farngesträuch. Ich machte mir zuerst keine Hoffnungen, die Rute wiederfinden zu können, aber auf Bitte von Inspector Donaldson von der Argyllshire County Constabulary hat die örtliche Einheit der Bürgerwehr eine Suchaktion durchgeführt.«

Dr. Fell sah Chapman an. »Diese Teile sind mit Ihren Fingerabdrücken übersät. Das wissen Sie ja wahrscheinlich. Als ich Sie mitten in der Nacht in Ihrem Hotel mit der Absicht aufsuchte, Ihre Fingerabdrücke auf einer Zigarettenschachtel zu bekommen, wurden Sie gleichzeitig auch als der Mann identifiziert, der just nach der Mordzeit gesehen wurde, wie er von Forbes' Cottage wegfuhr. Wissen Sie, was mit Ihnen passieren wird, mein Freund? Sie werden hängen.«

Walter Chapman Campbell stand da und befingerte immer noch seine Krawatte. Sein Gesichtsausdruck war der eines kleinen Jungen, der am Marmeladeschrank erwischt worden ist.

Seine Finger wanderten nach oben, berührten seinen Hals, und er zuckte zusammen. In dem heißen Zimmer lief ihm der Schweiß breit wie ein Backenbart über die Wangen.

»Sie bluffen«, sagte er, nachdem er durch ein Räuspern seine Stimme stabilisiert hatte. »Es stimmt nicht, nichts davon ist wahr, und Sie bluffen!«

»Sie wissen doch genau, daß ich nicht bluffe. Ihr Verbrechen, das gebe ich zu, war des Sohnes des schlausten Mitglieds Ihrer Familie würdig. Angus tot, Colin tot, Forbes der Schuldige – Sie hätten seelenruhig nach Port Elizabeth zurückkehren können. Ihr Vater ist krank und gebrechlich. Er hätte es als Erbe der fast achtzehntausend Pfund nicht mehr lange gemacht. Sie hätten sich das Geld aneignen können, ohne noch einmal nach England oder Schottland zurückkommen zu müssen oder von irgend jemand gesehen zu werden. Aber jetzt werden Sie es sich nicht aneignen, mein Junge. Glauben Sie, Sie hätten die kleinste Chance, dem Strick zu entrinnen?«

Walter Chapman Campbell nahm die Hände vors Gesicht. »Ich wollte niemandem etwas zuleide tun«, sagte er. »Mein Gott, ich wollte niemandem etwas zuleide tun!« Seine Stimme überschlug sich. »Sie werden mich doch nicht der Polizei ausliefern?«

»Nein«, sagte Dr. Fell ruhig. »Nicht, wenn Sie das Schriftstück unterschreiben, das ich Ihnen diktieren möchte.«

Der andere ließ die Hände sinken, und eine vage Hoffnung keimte in seinem Blick auf. Alistair Duncan mischte sich ein.

»Was hat das zu bedeuten, Sir?« fragte er scharf.

Dr. Fell klopfte mit der offenen Hand auf die Armlehne des Sofas. »Es hat zu bedeuten und soll bezwecken«, erwiderte er, »Elspat Campbell glücklich und zufrieden zu Ende leben und dann sterben zu lassen, ohne daß sie glauben muß, Angus' Seele schmore im Höllenfeuer. Es soll bezwecken, Elspat und Colin bis an ihr Lebensende zu versorgen, wie es Angus' Absicht war. Das ist alles. Sie werden dieses Dokument abschreiben«, Dr. Fell nahm mehrere Bögen Papier aus der Tasche, »oder Sie schreiben folgendes Geständnis auf, das ich Ihnen diktiere. Sie werden schreiben, daß Sie Angus Campbell vorsätzlich ermordet haben ...«

»Was?«

»... daß Sie versucht haben, Colin zu ermorden, und daß Sie Alec Forbes ermordet haben. Das wird, zusammen mit den Beweisen, die ich präsentieren werde, die Versicherungen zufriedenstellen, und das Geld wird ausbezahlt werden. Ja, ich weiß, daß Sie Angus nicht getötet haben! Aber Sie werden sagen, daß Sie es waren; Sie hatten jedes nur denkbare Motiv dafür.

Ich kann Sie nicht decken, selbst wenn ich es wollte. Und ich will und beabsichtige es auch nicht. Aber folgendes kann ich tun. Ich kann der Polizei dieses Geständnis achtundvierzig Stunden lang vorenthalten – Zeit für Sie, zu verschwinden. Normalerweise bräuchten Sie eine Ausreisegenehmigung, um das Land zu verlassen. Aber wir sind hier nicht weit von Clydeside, und ich denke, Sie sollten einen entgegenkommenden Skipper finden können, der Sie an Bord seines Schiffes nimmt. Wenn Sie das tun, können Sie in diesen schlimmen Zeiten sicher sein, daß Sie niemand zurückholen wird. Wenn Sie sich dazu bereit erklären, lasse ich

Sie laufen. Wenn nicht, gehen meine Beweise innerhalb der nächsten halben Stunde an die Polizei. Was sagen Sie dazu?«

Der andere starrte Dr. Fell an. Entsetzen, Verwirrung und Unsicherheit verschmolzen zu einem skeptischen Mißtrauen.

»Ich glaube Ihnen nicht!« rief Chapman schrill. »Woher weiß ich, daß Sie mit meinem Geständnis nicht sofort zur Polizei gehen?«

»Weil Sie, wenn ich töricht genug wäre, so etwas zu tun, alles über den Haufen werfen würden, indem Sie die Wahrheit über Angus' Tod sagen würden. Sie würden unsere beiden hier um das Geld bringen, und Elspat würde erfahren, was ihr verehrter Angus wirklich getan hat. Sie würden mich daran hindern, das zu erreichen, was ich erreichen will. Wenn Sie sich auf mich verlassen, dann vergessen Sie dabei nicht, daß ich mich auch auf Sie verlassen muß.«

Wieder befingerte Chapman seine Krawatte. Dr. Fell nahm eine große goldene Uhr heraus und befragte sie.

»Dies«, krächzte Alistair Duncan mit trockener Kehle, »ist das gesetzloseste, betrügerischste ...«

»Jawohl!« warf Chapman dazwischen. »Sie würden nämlich gar nicht wagen, mich gehen zu lassen! Es ist ein Trick! Wenn Sie diese Beweise in der Hand hätten und das Geständnis wirklich zurückhielten, dann wären Sie wegen Beihilfe nach der Tat dran!«

»Das glaube ich nicht«, sagte Dr. Fell höflich. »Wenn Sie Mr. Duncan hier um Auskunft bitten, wird er Ihnen verraten, daß es im schottischen Recht den Begriff der Beihilfe nach der Tat nicht gibt.«

Duncans Mund klappte auf und gleich wieder zu.

»Glauben Sie mir«, fuhr Dr. Fell fort, »daß jede Einzelheit meiner betrügerischen Schufterei wohldurchdacht ist. Ferner möchte ich vorschlagen, daß die wirkliche Wahrheit über diesen Fall nicht über den Kreis der hier im Raum Anwesenden hinausgeht; daß wir hier und jetzt einen Eid der Geheimhaltung bis ans Ende unserer Tage schwören. Ist das für jeden akzeptabel?«

»Für mich ja!« rief Kathryn.

»Für mich auch«, stimmte Alan zu.

Duncan stand in der Mitte des Zimmers und fuchtelte mit den Händen in der Luft herum. Wenn man sich überhaupt vorstellen konnte, dachte Alan, daß jemand stottert, ohne daß das lustig wirkt – ja, nicht einmal drollig –, sondern nur von Bestürzung zeugt, dann beschrieb das sehr genau Duncans Verhalten.

»Ich bitte Sie, Sir, bevor es zu spät ist, einzuhalten und zu überdenken, was Sie da vorschlagen! Es sprengt alle Grenzen! Kann ich, als Mann von Rang und Namen in meinem Beruf, so etwas überhaupt anhören, geschweige denn gutheißen?«

Dr. Fell blieb unbeeindruckt. »Das will ich hoffen«, antwortete er ruhig. »Genau das werde ich nämlich tun. Und ich hoffe doch, daß besonders Sie, Mr. Duncan, den Karren, den Sie so lange und mit so sichtlicher Anstrengung geholfen haben, aus dem Dreck zu ziehen, jetzt nicht wieder in den Graben fahren werden. Kann ich Sie als Schotte nicht davon überzeugen, vernünftig zu sein? Müssen Sie praktisches Denken erst von einem Engländer lernen?«

Duncan unterdrückte ein Stöhnen.

»Dann«, sagte Dr. Fell, »gehe ich davon aus, daß Sie Ihre romantischen Vorstellungen von juristischer Gerechtigkeit aufgegeben haben und mit uns am gleichen Strick ziehen werden. Die Entscheidung über Leben oder Tod liegt jetzt allein bei Mr. Walter Chapman Campbell. Ich halte dieses Angebot nicht den ganzen Tag aufrecht, mein Freund. Also, was sagen Sie? Werden Sie zwei Morde zugeben und davonkommen, oder werden Sie beide leugnen und für einen hängen?«

Der andere schloß die Augen, dann öffnete er sie wieder.

Er sah sich im Zimmer um, als sähe er es zum ersten Mal. Sein Blick schweifte aus dem Fenster über das glänzende Wasser des Loch, über all das Gebiet, das ihm nun entglitt; aber das Haus, das er nun verlassen mußte, hatte seinen Frieden wiedergefunden.

»Ich tu's«, sagte er.

Der Neunuhrfünfzehn von Glasgow nach Euston kam mit nur vier Stunden Verspätung in Euston an. Es war ein sonnengoldener Morgen, der sogar diese verrußte Höhle ein wenig freundlicher erscheinen ließ. Der Zug glitt herein und hielt mit einem dampfenden Seufzer. Türen knallten. Ein Gepäckträger streckte seinen Kopf in ein Schlafwagenabteil erster Klasse, und sein Herz sank beim Anblick der zwei steifsten, respektabelsten und beim Trinkgeld sicherlich knausrigsten Wichtigtuer, die ihm jemals über den Weg gelaufen waren.

Da war zum einen eine junge Dame mit einem strengen Zug um den Mund und mit hochnäsigem Benehmen, die finster durch eine Perlmuttbrille blickte. Und da war zum anderen ein gebildet dreinschauender Mann, der nicht weniger hochnäsig wirkte.

»Gepäckträger, Ma'am? Gepäckträger, Sir?«

Die junge Dame unterbrach ihren Redefluß für einen kurzen Moment, um ihn zu beäugen. »Ich bitte Sie«, sprach sie dann weiter. »Es dürfte Ihnen doch sicherlich klar sein, Dr. Campbell, daß die Denkschrift des Grafen von Danby, adressiert an den König von Frankreich und vom König selbst mit dem Vermerk versehen: ›Ich billige dies; C. R.‹, keinesfalls von solchermaßen patriotischen Erwägungen inspiriert worden sein kann, wie Ihre unselige Tory-Interpretation unterstellt.«

»Die Schrotflinte hier, die gehört doch nicht Ihnen, Ma'am, was? Oder etwa Ihnen, Sir?«

Der Herr sah ihn geistesabwesend an.

»Äh ... doch«, sagte er. »Wir entfernen die Indizien aus der Schußweite der Ballistikexperten.«

»Sir?«

Aber der Herr hörte nicht zu.

»Wenn Sie sich an die Rede zurückerinnern würden, Madam, die Danby im Dezember 1680 im Unterhaus hielt, glaube ich doch, daß gewisse vernunftgeleitete Erwägungen in eben derselben selbst die Wolke aus Vorurteilen durchdringen müßten, mit der Sie sich umgeben zu haben scheinen. Zum Beispiel ...«

Niedergeschlagen und unter der Last der Koffer gebeugt, trottete ihnen der Gepäckträger über den Bahnsteig hinterher. Floreat scientia! Der Kreis war geschlossen.

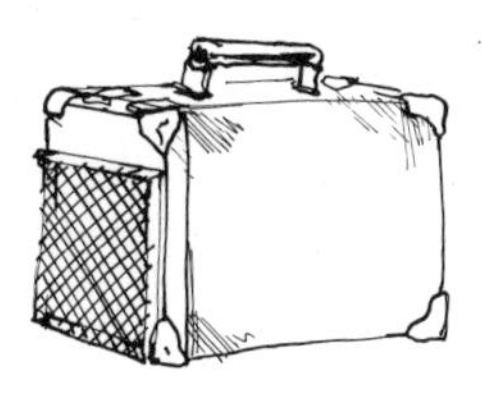

Nachwort

John Dickson Carr, Sohn Amerikas und Bewunderer Großbritanniens, hat sich die Britischen Inseln wie einen fremden Kontinent nach und nach erschrieben, seitdem er Anfang der 30er Jahre seinen Wohnsitz dort genommen hatte. Trotz des langen Aufenthalts hat er den fremden Blick auf dieses traditionsreiche Land nie verloren, was gemäß einem englischen Sprichwort durchaus seine Vorzüge hat, denn »der Zuschauer hat das meiste vom Spiel«. In den beiden bisher in dieser Reihe erschienenen Romanen ist es deshalb ein junger Amerikaner, der, wie Carr in diesen Jahren selbst, England »erfährt«, den schauerlichen »Hexenwinkel« in Lincolnshire (»Tod im Hexenwinkel«, DuMont's Kriminal-Bibliothek 1002) ebenso wie den vom Nebel wie von seiner blutigen Vergangenheit verdüsterten Londoner Tower (»Der Tote im Tower«, DuMont's Kriminal-Bibliothek 1014).

Im 1941 erschienenen »Case of the Constant Suicides« ÷ so der Originaltitel – ist es ein Brite schottischer Abstammung, der wegen einer Familienangelegenheit zum ersten Mal in seinem Leben ins Land seiner Väter reist. Mit seinen Augen sehen wir das Hochland, die Berge, die Lochs, mit ihm lernen wir die seltsamen Eingeborenen dieser Region kennen, die nicht nur ein eigenes Rechtssystem und eine entsprechende Terminologie haben, sondern auch eine eigene Sprache, wobei der schottische Akzent bei der Übersetzung leider verlorengeht. Für die romantische Einstellung, mit der der Neuling Alan Campbell diese exotische Welt vor der englischen Haustür dem Leser vermittelt, sorgen seine durch das Lesen der Werke von Sir Walter Scott, Robert Louis Stevenson und John Buchan gewonnenen Erfahrungen mit historischen und gegenwärtigen Abenteuern. So enthält der Roman durchaus Elemente eines Reiseberichts – die Zugverbindungen, die Straßen, die Seen und die Orte existieren wirklich und sind auf jeder guten Schottlandkarte zu finden. Nur Burg Shira wird man an der Lake Shira genannten Bucht des Loch Fyne vergeblich suchen, sie ist Carrs Erfindung. Allerdings ist sie in historischem Gelände angesiedelt: Unweit vom Lake Shira stand im Glen Shira die Hütte des legendären geächteten Freiheitskämpfers Rob Roy, den Scotts gleichnamiger Roman aus dem Jahre 1817 unsterblich machte.

Auch die rätselhaften Ereignisse auf Burg Shira, eben »die schottische Selbstmord-Serie«, sind mit der schottischen Geschichte, und zwar mit einem ihrer dunkelsten Kapitel, verknüpft, dem Massaker von Glen Coe von 1692. MacIan, der Clan-Chief der MacDonalds von Glen Coe, hatte den von der englischen Regierung von den Clans zum Jahresende 1691 geforderten Treueeid auf William III. mit leichter Verspätung geleistet. Dies nahm die Regierung zum Anlaß, ein Exempel zu statuieren und alle MacDonalds von Glen Coe unter 70 Jahren zu liquidieren. Eine Truppe vom Clan der Campbells nahm in Glen Coe Quartier und genoß fast zwei Wochen die Gastfreundschaft der MacDonalds. Am 13. Februar 1692 schlugen sie dann frühmorgens los; 40 MacDonalds, darunter Frauen und Kinder, wurden auf der Stelle massakriert, die andern flohen, wobei viele in den Bergen im Schneesturm umkamen; die Siedlung der MacDonalds of Glen Coe wurde niedergebrannt.

Laut John Dickson Carr war ein Vorfahr der heutigen Campbells auf Burg Shira an diesem Meuchelmassenmord beteiligt. Sein Gewissen ließ ihm hinfort keine Ruhe mehr: Von einem seiner grausig zugerichteten Opfer verfolgt, stürzte er sich aus dem Fenster an der Spitze des Burgturms in den Tod.

Der ungeklärte Tod des Burgherrn auf Shira, der die Handlung durch das daraufhin einberufene Familientreffen der Campbells in Gang setzt, scheint diese unheilige Familientradition aufzunehmen: Auch er ist wie sein schurkischer Ahn aus der hochgelegenen Turmstube gestürzt. Glaubt man nicht an Gespenster – auch wenn sie sich bald darauf am Turmfenster zeigen und von unverdächtigen Zeugen beobachtet werden –, so kommt nur Selbstmord in Frage. Die Turmstube war hermetisch abgeriegelt, kein Angreifer kann sie betreten haben. Doch die Familie weigert sich, die Selbstmordtheorie zu akzeptieren, und dafür hat sie gute Gründe. Das ganze Vermögen der Familie besteht aus den Ansprüchen an diverse Lebensversicherungen des alten Angus Campbell, und alle Policen enthalten eine Selbstmordklausel. Die letzte Lebensversicherung hat Angus zudem wenige Tage vor seinem Tod abgeschlossen – warum sollte er bei dieser Sachlage sozusagen aus heiterem Himmel Selbstmord begehen? Es trägt keineswegs zur Klärung bei, daß auch Angus' Erbe, der neue Schloßherr Colin Campbell, unter exakt denselben Umständen aus dem Turm stürzt. Doch da hat man schon längst Gideon Fell, den Privatgelehrten, Fachmann für abstruse Nebengebiete der Kulturgeschichte und vor allem Privatdetektiv von hohen Graden, hinzugezogen. Wie seinen Vorgänger Sherlock Holmes reizen ihn keineswegs Spukgeschichten, sondern deren reale Substrate. Fell findet sie – und dafür war sein Schöpfer Carr zu dieser Zeit bereits weltberühmter Spezialist – in immer neuen Variationen des Mordes im verschlossenen Zimmer, der anscheinend nur eine übernatürliche Erklärung zuläßt. Doch wie Holmes vertritt Fell die Devise, daß man zunächst das Unmögliche ausscheiden müsse. Was dann übrig bleibt, ist die Lösung, wie unwahrscheinlich sie auch zunächst aussehen mag.

Wie schon in »Tod im Hexenwinkel« und zahlreichen anderen seiner Werke steht Carr hier deutlich in der Tradition des »explained supernatural«, d. h. der Erzählungen, die bis fast zum Schluß nur eine übernatürliche Erklärung zuzulassen scheinen und bei deren schaurigen Wundern es letztlich doch mit rechten Dingen zugegangen ist. Diese Tradition reicht von der Engländerin Ann Radcliffe vom Ende des 18. Jahrhunderts über E. T. A. Hoffmann, Honoré de Balzac, Edgar Allan Poe, Sir Arthur Conan Doyle, Edgar Wallace' Schwarzen Äbten und Grünen Bogenschützen bis zu Carr und den Franzosen Pierre-Louis Boileau und Thomas Narcejac, die geradezu eine Spezialdisziplin daraus machten. Der Zweck solchen Umgangs mit dem Übernatürlichen ist nicht die rationale Auflösung am Ende, sondern das Spiel mit den Dingen zwischen Himmel und Erde, von denen sich die Schulweisheit des Lesers nichts träumen läßt. Daß der in der Regel bis zum Ende im dunkeln tappt, liegt wiederum an der Erzähltechnik: Die Perspektive Alan Campbells vermittelt uns nicht nur die Exotik Schottlands, sondern auch den nicht weniger befremdlichen Gideon Fell. Schweigsam wie Sherlock Holmes zeigt er seinem Watson Alan zwar die Clues, aber deutet sie nicht – die Erklärung des Ganzen, das Zusammenfügen der Puzzlesteine zum Bild, soll Alan und mit ihm der Leser selbst vornehmen. Auf Seite 131 f. begegnet uns deshalb wie bei Ellery Queens »Der mysteriöse Zylinder« (DuMont's Kriminal-Bibliothek 1 008) eine Variante der »Herausforderung an den Leser«: Fell weist

Alan darauf hin, daß er nunmehr im Besitz aller Fakten sei, um selbst die Lösung zu finden. Doch dem gelingt das ebensowenig wie wohl dem durchschnittlichen Leser, obwohl noch ein weiterer veritabler »Selbstmord« im hermetisch verschlossenen Raum hinzukommt, so daß es der traditionellen Schlußerklärung des Detektivs bedarf, um alle, Beteiligte wie Leser, ins Bild zu setzen.

Daß der Leser die Ereignisse um Castle Shira nie ganz richtig ernst nehmen kann, liegt u. a. am »Fluch der Campbells« – nicht dem, der seit dem Massaker von Glen Coe auf der Familie liegt, sondern an dem uralten Whisky gleichen Namens, der im Keller der Familie ruht. Wann immer er getrunken wird, reißt er die echten Campbells zu Taten hin, deren Opfer nicht ein Angehöriger des MacDonald-Clans ist, sondern ein junger Amerikaner und Möchtegern-Schotte, der seine Abkunft auf den nichtexistenten Clan MacHolster zurückführt. Hier tritt noch einmal Carrs Lieblingsfigur auf – der Amerikaner, der sich in Großbritannien nicht auskennt –, diesmal in der Variante des Watschenmanns der Varieté-Bühne. Dazu passen die Slapstick-Gags, die den Roman von der gelehrten Diskussion über die Körperfülle einer längst verblichenen Dame am Anfang bis zum Schluß durchziehen. Die Tragik, die noch in den ersten Romanen Carrs hintergründig zu spüren war, ist einer Heiterkeit gewichen, die dem Kunstcharakter des Detektivromans als Spielform der Literatur gut zu Gesicht steht. So legitim Kriminalromane sind, die der Gesellschaft die Maske abreißen wie die von Maj Sjöwall und Per Wahlöö oder die die Tiefen der Psyche bis ins Unbewußte ausleuchten wie die von Ross Macdonald – auch das heitere Spiel mit dem Grauen, wie es der spätere Carr praktiziert, hat seinen eigenen Reiz und Rang, und Autoren wie Michael Innes oder Edmund Crispin sind ihm dankbar gefolgt.

Übrigens entspricht Carrs Roman in seiner gesamten Konstruktion in allen Einzelheiten einem der berühmtesten Detektivromane aller Zeiten. Dies ist wohl kaum als Plagiat aufzufassen, sondern als Hommage an einen Meister, dem Generationen von Autoren gern ihren Tribut zollten und ihre Verehrung darbrachten. Welchem, darf hier selbstverständlich nicht preisgegeben werden – aber da der Leser im Besitz aller Fakten ist, wird er es leicht herausfinden.

Volker Neuhaus

Band 1002

John Dickson Carr

Tod im Hexenwinkel

Einer der schönsten Romane dieses in Deutschland beinahe unbeachtet gebliebenen Meisters: Mit diesem Band stellt John Dickson Carr seinem Publikum zum ersten Mal den schwergewichtigen Amateurdetektiv Gideon Fell vor, Privatgelehrter und Biertrinker aus Passion. Er eroberte mit diesem Fall 1933 auf Anhieb die Zuneigung der Leser durch seinen Scharfsinn, seinen sarkastischen Humor und seinen unerschütterlichen Gleichmut.

Band 1014

John Dickson Carr

Der Tote im Tower

Eine Serie scheinbar verrückter Verbrechen versetzt ganz London in helle Aufregung. Ein offenbar Geistesgestörter stiehlt Hüte und dekoriert mit ihnen öffentliche Plätze. Doch was als recht harmloser Spaß beginnt, endet mit einem Mord. Der ›Verrückte Hutmacher‹, wie der Unbekannte bald nur noch genannt wird, schlägt wieder zu. Doch diesmal schmückt ein gestohlener Zylinder keine Statue, sondern das Haupt einer Leiche! Der Tote, der – mit einem Armbrustpfeil in der Brust – im Tower gefunden wird, heißt Philip Driscoll. Er war bei allen beliebt, was die Tat noch mysteriöser erscheinen läßt.

Band 1027

John Dickson Carr

Die Schädelburg

Zu Lebzeiten war Myron Alison ein berühmter Schauspieler, und selbst sein Todeskampf wird noch zu einem letzten Auftritt. Lichterloh wie eine Fackel brennend, stürzt er von den Zinnen der halbverfallenen, malerisch am Rhein gelegenen Burg Schädel. Auf Wunsch des steinreichen Industriellen Jérôme D'Aunay übernimmt der Chef der Pariser Polizei, Henri Bencolin, die Ermittlungen. In einer Villa trifft er auf eine interessante Gesellschaft, deren Teilnehmer den Toten alle nicht besonders schätzten ...

Bencolin steht vor einem seiner schwersten Fälle, scheint doch selbst das Übernatürliche seine Finger im Spiel zu haben. Findet der Geist des vor 17 Jahren gestorbenen Magiers Maleger keine Ruhe und vollbringt noch aus dem Grab heraus sein größtes Zauberkunststück?

Band 1042

John Dickson Carr

Der verschlossene Raum

Der Wissenschaftler Dr. Charles Vernet Grimaud, Experte auf dem Gebiet der Schwarzen Magie, glaubt nicht an Gespenster, Hexen und Vampire. Aber ausgerechnet er wird Opfer eines mysteriösen Mörders, der aus dem Nichts auftaucht und nach der Tat spurlos aus einem hermetisch verschlossenen Raum verschwindet. Selbst Gideon Fell, der scharfsinnige Privatgelehrte und Amateurdetektiv, ist ratlos – bis ihn eine Spur zu drei Gräbern im fernen Transsylvanien führt.

Band 1049
Michael Innes
Zuviel Licht im Dunkel

In einem Raum, der nur durch den im Innenhof liegenden Garten eines noblen Londoner Colleges zu betreten ist, wird ein toter Professor inmitten von Knochen und Schädeln gefunden. Nur wenige Personen haben überhaupt Zugang zu dem abgelegenen Zimmer – und alle haben ein gutes Alibi. Zudem muß der Täter bereits Minuten nach der Tat aus dem verschlossenen Raum verschwunden sein – spurlos! Eine knifflige Aufgabe für Inspektor Appleby, denn im Laufe seiner Ermittlungen stößt er auf immer mehr Menschen mit einem Mordmotiv . . .